KB123498

글로벌 이주와
다문화의 이해

임영언·이영범 공저

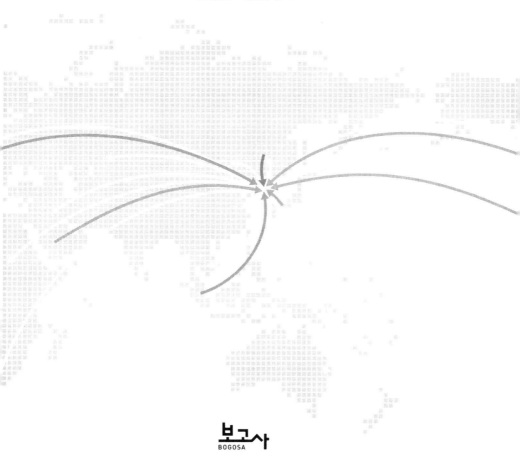

보고사
BOGOSA

서문

　글로벌 시대 사람의 이동은 다양한 국가와 사회변화의 시작이자 원동력이라 할 수 있다. 전 지구적 차원의 국제 이주로 인한 이주민의 증가는 이중 언어의 사용, 다양한 문화의 결합, 사회구조의 근본적 변화 등 동질적이면서도 이질적인 지구공동체를 형성하고 있다. 한국 사회도 예외 없이 1990년대 전후 국가 간의 글로벌 이주로 인한 노동력의 국제 이동, 국제결혼 이주여성, 유학, 난민, 망명 등 다양한 인적 이동으로 한국의 다문화사회 진입을 앞당겨 왔다. 이 교재에서 사용하는 다문화사회의 개념은 글로벌 이주로 인한 인종과 민족의 결합, 이를 통해 발생 되는 갈등과 타자성의 인정에 의한 다양성 수용과 조화, 사회통합과 공존을 지향하는 사회라고 정의할 수 있다.

　법무부 출입국·외국인정책본부(2023)에 따르면, 2023년 6월 말 국내 체류 외국인은 2,411,277명으로 국적별 중국이 37.2%(896,362명), 베트남이 10.9%(263,289명), 태국이 8.4%(202,904명), 미국이 7.6%(183,999명), 우즈베키스탄이 3.5%(83,778명) 등의 순서였다. 이들 등록외국인의 권역별 집중지역은 수도권에 725,183명(57.1%), 영남권에 239,751명(18.9%), 충청권에 152,393명(12.0%), 호남권에 106,595명(8.4%) 순으로 거주하고 있는 것으로 나타났다. 국내 체류 외국국적동포는 831,793명으로 전체 체류 외국인(2,411,277명)의 34.5%를 차지하였다. 국적별로는 중국이 643,767명으로 전체의 77.4%를, 미국이 48,104명(5.8%), 우즈베키스탄이 42,606명(5.1%) 등을 차지하였다. 체류자격별로는 재외동포

(F-4) 519,344명, 방문취업(H-2) 105,736명, 영주(F-5) 126,753명, 방문 동거(F-1) 36,191명 등의 순서였다.

이상과 같이 2023년 현재 한국에 체류하는 외국인은 200만 명을 훨씬 초과하고 있는데, 이는 외국인 이민자들이 우리나라 전체 인구의 5%에 육박하는 비율이다. 그런데 한 가지 유의할 점은 국내 체류 외국인의 구성원을 보면, 베트남, 태국 등 결혼이주여성도 상당한 비율을 차지하고 있지만, 중국, 미국, 우즈베키스탄 등 외국국적동포 비율이 높고 체류자격 측면에서 재외동포와 방문취업, 영주와 방문 동거 비율이 높다는 점이다. 이 책은 이 점에 착안하여 다문화사회의 이해는 곧 재외동포의 이해라는 차원에서 출발하고 있다. 글로벌 시대 한국인의 해외 이민은 오랜 이민 경험과 문화적 교류를 바탕으로 다문화사회에 필요한 다양성, 수용성, 감수성, 포용성, 통합성 등의 토양에 착근하고 있을 것으로 기대하기 때문이다.

이처럼 한국 사회가 빠르게 다문화 사회화되어가는 과정에서 이 책은 아직 다문화 인식이 낮은 한국 사회의 다문화사회 현상을 쉽게 이해하고 공감할 수 있는 인식의 필요성에서 기획되었다. 현재 수없이 많이 쏟아지고 있는 다문화 관련 책들이 한국의 다문화사회에 대해 명쾌하게 전달하고 있는 책이 많지 않기 때문이다.

한국에서 다문화사회의 구성원은 결혼이민자, 외국인 유학생, 이주배경 자녀, 외국인 근로자, 북한 이탈주민, 난민 등 계속해서 더욱 다양화되는 추세다. 한국에서 다문화사회의 도래와 이주민의 다양화는 선주민과 이주민의 문화적 갈등과 반다문화주의 등장, 이민자의 사회적응, 중도 입국 청소년들의 한국어 능력 문제와 학교생활 부적응, 외국인 근로자들의 한국 사회 정착 등 다양한 문제들을 야기하고 있다.

이러한 상황에서 이 책은 한국 다문화사회를 학문적으로 연구하는 전공자, 다문화사회에 관심 있는 일반인들에게 다문화 현상에 대한 올바른 인식제공, 다문화사회와 관련된 일을 현장에서 겸하고 있는 실무자들에게 이러한 문제의 해결 방안의 실마리를 제공해 줄 수 있을 것으로 생각된다.

이 책의 특징은 두 가지다. 하나는 19세기 후반부터 본격화된 한국인 이민자들이 해외 이민에서 경험했던 재외동포와 다문화사회를 다루고 있다. 또 하나는 1990년대 후반부터 시작된 외국인 근로자와 재외동포 유입으로 시작된 한국 다문화사회의 도래와 정주의 시작, 그리고 차세대의 정착 문제까지를 실무적 차원에서 다루고 있다는 점이다. 더 나아가 이 책은 한국 사회의 인구감소와 지역소멸 시대의 대체재로서의 해결 방안이 모색되고 있는 상황에서 국내외 거주 재외동포와 이민자의 역할까지도 고려하고 있다. 따라서 이 책의 한 권으로 한국 사회의 과거 해외 이민의 시작에서부터 현재 다문화사회의 근원인 귀환 이민까지를 이해할 수 있을 것으로 기대한다.

이 책의 내용은 총 2부 10장으로 구성되어 있다. 제1부에서는 재외동포와 다문화라는 주제로 총 7장으로 구성하여 글로벌 시대 한국인의 해외 이주와 재일동포, 재중동포, 재미동포, 고려인동포, 유럽동포, 중남미동포, 입양인동포와 다문화를 다루었다. 제2부에서는 한국 사회와 다문화 현상 이해라는 주제로 총 3장으로 구성하여 국내 이주 외국인과 한국 정부의 다문화 정책, 귀환동포, 다문화 차세대의 문제를 정리하였다.

이 책은 이미 국내 다문화가정 외국인 결혼이주여성, 외국인 근로자, 다문화 차세대 등이 다수를 차지하고 있는 한국 다문화사회를 이해하기 위한 학생용 교재일 뿐만 아니라 현장에서 다문화사회 전문가로서 활동하는 실천가의 지침서로도 활용할 수 있도록 구성하였다. 따라서 이 책은 재외동포청 시대를 맞이하여 다문화사회의 현장 실천가와 관심 있는 학생들에게 현장의 현실적 요구와 다문화 인식 확대, 사회적 정책적 수요에 대한 참신한 아이디어 제공, 문제 해결 방안과 대안 모델 제시, 그리고 새로운 연구의 지평을 열어줄 것으로 기대한다.

이 교재는 저자들의 다문화 관련 오랜 교육과 연구 성과물을 바탕으로 탄생하였다. 이 책의 내용은 다문화사회의 도래와 변화의 새바람을 불어넣기 위한 헌신적인 열정과 노력으로 완성되었기 때문에 실제 다문화교육과 정책에 적용할 수 있을 것이다. 끝으로 이 책이 매우 부족함에도 기꺼이 출판을 허락해 주신 보고사의 김홍국 사장님과 섬세한 손길로 내용을 깔끔하게 다듬어주신 이경민 편집자님께 깊은 감사를 드린다.

2023년 8월

저자 임영언·이영범

차례

제Ⅱ부 한국 사회와 다문화 현상 이해

표 목차

자료 목차

제1부
재외동포와 다문화

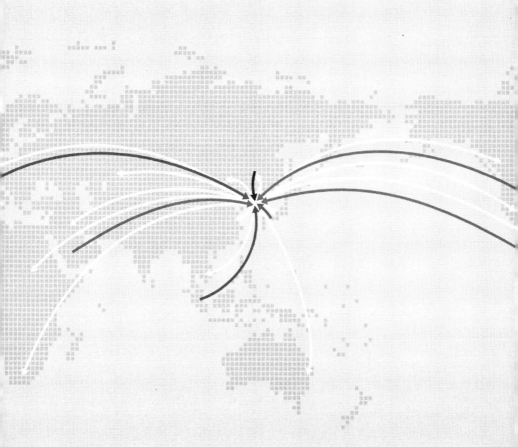

제1장
재일동포와 다문화

▓ 제1절 재일동포 이주와 역사

재일동포의 다수가 일본에 거주하기 시작한 것은 1910년 일제에 의한 조선의 강제 병합 이후다. 일본은 1854년 근대화의 물결 속에서 미국의 함포 외교에 의해 강제적으로 개국 통상조약을 체결하였고, 유럽 국가들과도 차례로 통상조약을 체결함으로써 자본주의 경제체제로 편입되기 시작했다. 이러한 과정에서 재일동포가 도일하기 시작했지만, 1875년 강화도에 일본 군함 '운양호'가 출현하였다. 그리고 이 사건을 계기로 1876년 '강화도조약'이 체결됨에 따라 당시 조선은 원산항과 인천항을 개항해야만 했고, 일본에 유리한 관세 설정, 영사재판의 설정(치외법권 인정), 그리고 개항장에서 일본 화폐가 유통되는 등 강제로 쇄국의 빗장을 열어야만 했다.

당시 조선의 개항장에 일본인들이 거주하기 시작한 것과는 달리 일본 정부는 원칙적으로 조선인과 중국인의 일본 거주를 인정하지 않아, 1909년까지 통계적으로 일본 거주 재일동포는 790명 정도였다. 그러나 통계상 밝혀지지 않고 있지만, 이들 외에도 일본 거주 조선인은 훨씬 더 많았을 것으로 추정된다.

일본 제국이 1910년 조선을 강제로 병합한 후 일제강점기에 조선의

경성부에 설치한 조선총독부는 한반도에서 전면적인 토지조사 사업을
실시했다. 따라서 주인이 없는 무소유지 또는 공용지, 입회지 등이 일
본인 지주나 당시 식민지경영회사였던 동양척식주식회사의 소유지가
되었다. 이에 따라 자작농(자작 농민)들이 대부분 소작농으로 전락하였
고, 높은 소작료로 인해 농촌을 떠나게 되었다. 당시 조선의 산업 구조
상 전 인구의 약 80%가 농민이었는데, 농촌을 떠난 많은 농민이 도시
주변의 하층 노동자로 전락하였고, 이에 따른 농촌경제의 붕괴는 대량
의 도시 과잉인구로 이어졌다.

　이러한 조선 농촌경제의 붕괴와 농민들의 지속적인 궁핍한 삶으로
인해 농촌에서 도시로의 인구이동은 계속 증가하게 되었다. 이와 더불
어 미국이나 일본 등 해외로 이주하는 농민들도 증가하기 시작했다.
조선이 일제에 의해 강제로 병합당할 당시 약 3,000명 정도였던 재일동
포의 수가 1920년경에는 약 30,000명으로 증가했고, 1935년에는 65만
여 명에 달했다. 이 시기에 재일동포의 일본으로의 이주를 '간접 강제'
라고 부른다. 그 이유는 조선에서의 일본의 식민지정책이 조선 농촌이
해체되고 조선 농민들이 일본 도시빈민층으로 전락하는 직접적인 원
인이 되었기 때문이다.

　일제에 의한 조선의 강제 병합 이후 조선인의 일본 도항은 당분간
자유로웠지만, 1919년부터 1929년까지 도항 희망자들에 대한 도항 금
지제도 등이 실시되었다. 그 이유는 일본에서 1918년 제1차 세계대전
이 끝난 이후 경제불황으로 노동력 과잉 상태가 발생했기 때문이다.
이와 같은 상황 속에서 당시 일본과 조선 사이의 유일한 교통로였던
관부연락선은 일본으로 조선인 노동력 유입의 수급을 조절하는 역할
을 담당하였다.

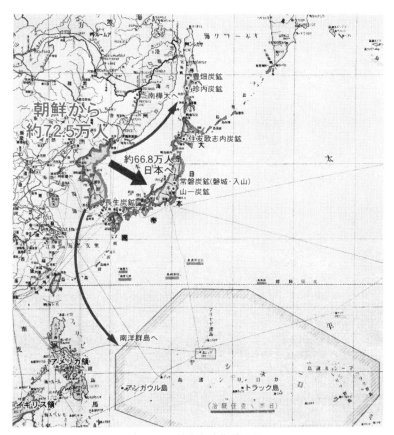

〈자료 1〉 조선인의 강제 이주 루트

  당시 농촌의 해체와 경제적 궁핍에 직면하게 된 조선 농민들의 이주
는 일본뿐만 아니라, 동북아의 여러 지역으로 확대되었다. 한반도의
남부지역 출신자들은 관부연락선의 항로로 인하여 도일하는 자가 많았
고, 북부지역 출신자들은 중국 동북부나 구소련의 연해주 지역으로
이주하였다. 오늘날 중국 동북부 길림성을 중심으로 약 200만 명의
중국 조선족들이 연변 조선족 자치주를 형성하고 있으며, 구소련의
연해주 지역에 거주했던 수십만 명의 조선인들이 스탈린 시대인 1937년

에 중앙아시아로 강제로 이주당했다.

당시 일본에 의해 식민화된 조선으로부터 도항한 조선인들의 대부분은 일본 북규슈나 후쿠오카, 고베, 오사카, 교토 등의 관서지방, 도쿄와 요코하마 등의 대도시지역에 진출하여 토목건설업 노동자, 쓰레기 수집인, 행상인, 금속 수거인, 인력거꾼 등으로 종사하였다. 또한, 일본 광산이나 발전소 등에서 잡부로 일하면서 어느 정도 생활이 안정되면, 친척이나 친구들을 초청해 함께 생활하였다. 이처럼 1945년 이전 재일 동포는 일본 자본주의 경제발전에 중요한 노동력으로 이용되었다.

〈자료 2〉 관부연락선(좌)과 조국의 해방에 기뻐하는 모습(우)

■■ 제2절 재일동포의 지리적 분포와 거주 현황

재일한국인, 또는 재일조선인(혹은 재일동포)의 명칭이 일제강점기 이후 사용되기 시작하면서 대한민국 정부수립 이전까지는 '재일조선인'으로 불렸으며, 1952년 '샌프란시스코조약' 발효 이후 일본의 외국인등록 국적란에 '조선'으로 표기되었지만, 1965년 한일기본조약 체결에 따라 한국적으로 전환하였다. 1970년 후반부터 1980년에 걸쳐 '재일한국·조선인'이라는 명칭이 확대되었다.[1] 국적 선택에 따라 재일조선인이나 재일한국인으로 구별되었으며, 재일한국·조선인 전체를 '재일조선인' 또는 '재일동포'로 칭하기도 했다.

1970년대부터 한국을 지지하는 재일본대한민국민단(민단)은 재일동포의 명칭이 '재일한국인'이어야 한다고 주장하고 있으며, 이와 달리 북한을 지지하는 재일본조선인총연합회(총련)는 계속해서 '재일조선인'으로 불러야 한다는 주장을 펼쳐왔다. 민단도 총련도 일본에 거주하는 조선 민족으로 모두 자신들의 단체와 자신들이 지지하는 국가에 속해야 하며, 명칭도 자신들이 사용하는 것을 사용하여야 한다고 지금도 계속 주장하고 있다. 한편 일본인들은 한국적이든 조선적이든 상관없이 모두 '재일한국인'으로 취급하는 경향이 있다.[2]

이와는 별도로 국적이 아니라 민족정체성 측면에서 '재일조선인'이라고 불리기도 하지만, 한국에서의 민족의 명칭은 '한민족' 등으로 불린다. 글로벌 시대를 맞이하여 최근에는 명칭에 따른 민단과 총련 간 갈등을 피하려고 국적 불문의 명칭인 '재일한국조선인' 외에 '재일코리안'으로 부르기도 한다. 또한, 재일한국조선인으로서의 민족정체성 회복을 주장하면서 일본에 사는 한반도에서 유래한 주민(일본적이 없는 사람 포함)의 총칭으로 '코리안재패니즈'를 사용하기도 한다. 예를 들어, 재일한국인 작가 가네시로 가즈키(金城一紀)와 아라이 에이치(新井英一) 등이 이러한 명칭을 사용하고 있다. '재일'이라고만 표현할 경우, 일본에 거주하는 재일외국인 일반이 아닌 재일한국조선인(뉴커머를 제외한

---

1) 細井綾女(2010),「「コリアン・ジャパニーズ」・「プール」, の呼称の変遷と国籍問題」,『言葉と文化』, 名古屋大学国際言語文化研究科日本言語文化専攻, 第11号, 81-98쪽.
2) 浮島さとし(2010),「在日国籍の摩訶不思議―「日本には『北朝鮮籍』は存在しない!」」, 日刊サイゾー, 2010.3.25.

특별영주자)을 가리키는 경우가 대부분이었다.

일본에 거주하는 재일동포는 대략 2021년 현재 81만 명으로 추정되고 있다. 재일동포라는 용어는 광의의 개념으로 한국 국적자와 조선적자, 일본국적자를 포함하는 용어로 최근에는 중국 국적을 가진 재중동포들이 증가하는 추세이다. 그리고 우리에게는 낯선 조선적자는 국적 개념이 아닌 민족개념으로 일본 법적으로 지역명에 해당되며, 북일 국교 정상화가 이루어지게 되면 국적 개념으로서 '조선'의 개념이 확립될 것으로 예상된다. 최근에는 재일코리안이라는 용어가 많이 통용되고 있는데 일본 사회에서 차별적인 용어인 '한국 조선'이라는 단어 사용을 피하고 영어로 표현하고자 했던 것에서 유래하고 있다. 여기에서는 일본에 거주하는 한국적과 외국적, 조선적자 동포를 포함하는 광의의 개념으로 '재일동포'라는 용어를 사용하고자 한다.

그러면, 먼저 재일동포의 지리적 분포와 거주 현황에 대해서 살펴보고자 한다. 2020년 12월 기준으로 재외동포 수는 약 732만 명(7,325,143명)으로, 외국 국적 동포(시민권자) 4,813,622명, 재외국민 2,511,521명으로 구성되어 있다. 이들 중 재일동포는 2021년 현재 귀화자를 포함하여 818,865명으로 알려져 있다. 재일동포의 일본 내 지역별 분포를 살펴보면 다음 〈표 1〉에 제시한 바와 같다.

다음 〈표 1〉과 같이 재외동포재단이 공표하고 있는 2021년 재외동포 현황 통계에 의하면, 2021년 현재 재일동포의 수는 818,865명으로 파악되고 있다. 재일동포 수의 변화 추이를 살펴보면, 2011년에 913,097명에서 2015년에 855,725명, 그리고 2021년에 818,865명으로 완만한 감소세를 보이고 있다. 이들 재일동포 수 818,865명 가운데 한국·조선적자의 동포는 434,874명으로 이를 제외한 나머지 383,991명이 일본 국적 취득자로 추정된다.[3]

주지하는 바와 같이 일본 국적 취득자 수는 1952년 이후 일본 법무성
의 귀화허가자 수를 토대로 추정한 것으로 사망 등에 의한 다수의 누락
이 있을 것으로 생각되며 정확한 수치는 확인할 수 없다. 따라서 현재
재일동포 수 818,865명에는 그동안 재일동포 수에 포함되지 않았던
넓은 의미의 재일동포로 포함할 수 있는 더블 등 한국계 일본인(한국에
루트를 가진 자)의 수는 포함되지 않고 있다. 본인의 의사에 의해 일본
국적을 취득한 재일동포와는 다르게 일본인과의 혼인에 따라 발생한
더블 등의 한국계 일본인 수는 정확히 파악되지 않고 있다. 다만, 1945
년 이후 현재까지 일본인과의 혼인으로 출생한 더블의 수는 적어도
30만 명 정도로 추정되고 있다. 이들 더블을 포함할 경우 재일동포의
수는 대략 100만 명 이상을 훨씬 초과할 것으로 추정된다.

〈표 1〉 재일동포 지역별 현황(2015~2021)[4]

연도별	2015	2017	2019	2021	백분율(%)
총계 (귀화자 포함)	855,725	818,626	824,977	818,865	11.18
귀화자*	355,274	365,530	375,518	383,991	46.89
주일본(대)	139,990	130,946	135,526	132,718	16.21
주고베(총)	54,752	48,337	46,325	44,687	5.46
주나고야(총)	47,756	41,692	40,282	38,946	4.76
주니가타(총)	8,740	7,586	7,483	7,192	0.88
주삿포로(총)	4,848	4,213	4,507	4,164	0.51
주센다이(총)	9,679	8,498	8,269	7,764	0.95
주오사카(총)	154,136	139,013	134,036	128,533	15.70
주요코하마(총)	37,459	34,452	34,937	34,456	4.21

---

3) 재외동포재단의 자료에 나타난 한국·조선적자 동포 수 434,874명은 일본 법무성의
   2021년 12월 현재 한국·조선적자의 재류외국인 수인 436,167명과 약간의 차이가
   있는데, 이는 조사 시점의 차이에 따른 것으로 여겨진다.
4) 일본 법무성(2021), 〈1952~2018년 귀화허가자 수(조선적자 포함)〉.

주후쿠오카(총)	24,510	22,735	23,130	22,140	2.70
주히로시마(총)	18,581	15,624	14,964	14,274	1.74
소계	500,451	453,096	449,459	434,874	53.11

일반적으로 일본 내 재일동포 수는 전체적으로 감소하는 추세로 2021
년 현재, 재일동포는 동경과 오사카 지역의 대도시에 집중적으로 분포되
어 있다. 다음으로 고베, 나고야, 요코하마 순으로 다수 분포하고 있다.
다음 〈표 2〉는 일본 내 재일동포의 지역별 분포를 나타내고 있다.

〈표 2〉 재일동포 지리적 분포(2021년 12월 기준)[5]

(단위: 명)

지방	지역	한국 국적	비율	지방	지역	한국 국적	비율
관동지방	도쿄도	89,849	20.60	긴키지방	오사카부	95,021	21.79
	가나가와현	28,142	6.45		효고현	38,852	8.91
	치바현	15,724	3.61		교토부	22,985	5.27
	야마나시현	1,685	0.39		나라현	3,331	0.76
	도쓰기현	2,328	0.53		시가현	4,173	0.96
	이바라키현	4,380	1.00		와카야마현	2,014	0.46
	사이다마현	16,807	3.85		소계	166,376	38.15
	군마현	2,377	0.54	주고쿠지방	히로시마현	7,593	1.74
	시즈오카현	4,706	1.08		오카야마현	4,788	1.10
	나가노현	3,393	0.78		돗토리현	896	0.21
	니가타현	1,727	0.40		시마네현	622	0.14
	소계	171,118	39.23		야마구치현	5,168	1.18
동북지방	미야기현	3,202	0.73		소계	19,067	4.37
	홋카이도	4,562	1.05	규슈지방	후쿠오카현	15,244	3.49
	아오모리현	757	0.17		나가사키현	1,003	0.23
	야마가타현	1,442	0.33		사가현	644	0.15
	이와테현	762	0.17		오이타현	1,639	0.38
	아키타현	501	0.11		미야자키현	530	0.12

---

5) 일본 법무성(2021), 〈체류 외국인통계〉.

	후쿠시마현	1,509	0.35		구마모토현	947	0.22
	소계	12,735	2.92		가고시마현	505	0.12
중북지방	아이치현	29,506	6.76		오키나와현	1,269	0.29
	기후현	3,848	0.88		소계	21,781	4.99
	미에현	4,319	0.99	시코쿠지방	가가와현	854	0.20
	이시카와현	1,409	0.32		에히메현	1,146	0.26
	후쿠이현	2,158	0.49		고치현	471	0.11
	도야마현	927	0.21		도쿠시마현	317	0.07
	소계	42,167	9.67		소계	2,788	0.64
				미상		135	0.03
				통계		436,167	100.00

2021년 12월 현재, 일본 내 한국적 재일동포 인구수가 가장 많은 지역은 오사카 9만 5,021명, 동경도 8만 9,849명, 효고현이 3만 8,853명, 아이치현이 2만 8,506명, 가나가와현이 2만 8,142명, 교토부가 2만 2,985명, 사이타마현이 1만 6,807명, 치바현이 1만 5,724명, 후쿠오카현이 1만 5,244명의 순으로 나타났다. 일본 내 재일동포 인구수가 가장 적은 지역은 도쿠시마현이 317명 거주하고 있는 것으로 나타났다. 이상에서 살펴본 바와 같이 일본 내 한국적 재일동포는 동경과 오사카 등 대도시에 집중되어 있다.

재일동포의 체류자격별 현황을 살펴보면 다음 〈표 3〉과 같다. 2002년부터 2021년까지의 재일동포의 체류자격별 추이를 살펴보면, 특별영주자는 2002년에 48만 5,180명이었으나 이후 감소하여 2010년 39만 5,234명, 2020년 30만 0,786명, 2021년에는 296,416명으로 약 30만 명이하로 감소한 것으로 나타났다. 재일동포 영주자의 수는 2003년 3만 7,121명, 2010년 5만 8,082명, 2020년 7만 2,872명, 2021년에는 73,423명으로 다소 증가하는 추세를 보였다. 이는 구 정주자보다는 신 정주자의 영주자가 증가하는 것을 반영하는 숫자로 생각된다. 일본 내 조선적자는 2021년 12월 말 기준으로 22,214명이지만, 실질적으로 활동하고 있는 숫자는 8만 명에 이를 것으로 추정되고 있다.

〈표 3〉 재일동포 체류자격별 추이(2002~2021)

(단위: 명)

연도	총수	특별 영주자	영주자	일본인 배우자 등	영주자 배우자 등	정주자	기타
2002년	625,422	485,180	37,121	21,868	3,093	—	78,160
2005년	598,687	447,805	45,184	21,837	2,656	—	81,205
2010년	565,989	395,234	58,082	19,761	2,574	8,374	81,964
2015년	491,711	344,744	66,803	14,382	2,271	7,536	55,975
2020년	454,122	300,786	72,872	12,527	2,137	7,213	58,587
2021년	436,167	292,864	73,423	12,140	2,062	7,159	48,519

재일동포의 범주에는 외교부나 재외동포재단(재외동포청)이 분류하고 있는 바에 따르면, 구 정주자로 불리는 특별영주자, 일반영주자, 기술·인문 지식·국제업무 종사자, 일본인의 배우자, 가족 체류자, 유학생, 정주자 등의 신정주자, 일본 국적을 취득한 한국계 일본인, 탈북자, 한국인과 혼인하여 한국 국적을 취득한 일본인 등으로 구분되고 있다.

전반적으로 재일동포의 수는 최근 들어 감소 추세이지만, 내부적으로는 몇 가지 주목할 만한 변화가 감지된다. 그동안 주류로 여겨지던 한국-조선적 구 정주자의 수가 점차 감소하는 추세이지만, 이와는 반대로 일본인과 혼인으로 출생한 더블, 일본 국적을 취득한 귀화자 수, 신정주자 등의 비율은 점차 증가하고 있다. 이에 따라 재일동포 사회 내부의 주류세력 또한 교체가 진행되고 있다.

재일동포의 내적 변화는 통계자료를 보면 더욱 명료해진다. 일본 정부에 의해 1991년 특별영주자의 자격이 부여될 당시 한국-조선적 인구는 693,050명이었다. 이를 경계로 한국-조선적 특별영주자는 계속

감소하였다. 일본 법무성의 자료에 의하면, 한국·조선적 특별영주자는 2021년 12월 말 기준 296,837명(조선적 26,312명 포함)으로 지난 30년 사이에 약 43% 수준으로 감소한 것으로 나타났다. 그러나 재일동포 특별영주자 이외에 신 정주자나 일본 국적 취득자 등의 수는 꾸준히 증가하였다.[6] 특별영주자인 한국·조선적이 재생산되는 방법은 이들 간의 결혼으로 자녀가 태어나는 것인데 1975년까지만 해도 한국·조선적 간의 결혼은 한국·조선적과 일본인 간 및 귀화자 간의 결혼과 거의 비슷한 비율이었다. 그러나 1996~1997년을 경계로 부모 모두 한국·조선적의 경우와 그렇지 않은 경우가 수적으로 역전하는 상황이 나타났다. 그리고 2003년에는 재일동포 간의 비율이 10.7%, 재일동포와 일본인 간의 결혼 비율이 87.2%로, 약 10% 정도만 한국·조선적끼리 결혼하고 있는 것으로 나타났다. 이와 같은 추세에 따라 한국·조선적의 부모에 의해 태어난 자녀의 수는 2006년에 1,527명이던 것이 2017년에는 695명으로 절반 이하로 감소한 것으로 나타났다.(井出弘毅, 2020:68)

재일동포 사회에서 동포 간의 결혼이 계속해서 감소함에 따라 한국·조선적 부모 사이의 자녀보다는 어느 한쪽만이 일본인이거나 혹은 한국·조선적인 이른바 '더블'의 출생 자녀가 재일동포 내에서 다수를 차지하고 있는 상황이 도래하고 있다. 이러한 재일동포의 결혼과 출생의 추세에 더하여 1985년 일본 정부의 '국적법' 개정으로 이전에는 자동으로 한국 국적이 취득되었던 한국인 남성과 일본인 여성 사이의 자녀가 이중국적 또는 일본 국적을 선택할 수 있게 되었다. 이는 일본 내 재일동포에게 한국 국적 동포의 감소로 이어지는 상황을 촉발시켰다.

6) 일본출입국재류관리청 보도자료, https://www.moj.go.jp/(검색일: 2022.11.9).

▌제3절 민족차별과 외국인 참정권

1. 통명의 사용 강요

재일동포는 일본 사회에서 '통명(通名)'[7]의 공적인 사용이 가능하다. 일반적으로 '통명'은 외국 국적의 사람이 일본 국내에서 사용하는 통칭명(通稱名)을 가리킨다. 일본은 외국 국적자에게 자신의 본명이 아닌 '통칭'의 사용을 인정하지만, 일본 국적의 사람들은 통명을 등록할 수 없다. 일본에 체류하는 재일외국인은 외국인등록증에 통명을 기재하는 것이 가능하다. 그 이유는 외국인의 경우, 이름에 가타카나 표기가 많으면, 도장 만들기가 어렵기 때문이다.

일본에 체류하는 재일외국인의 외국인등록증에 표기된 통명은 변경하기가 쉬워 범죄에 악용하는 사례도 가끔 발생하고 있다. 2000년 9월 건강보험증에 표기된 통명을 변경하여 휴대전화를 불법으로 판매한 재일동포가 검거된 사례도 있었다. 또한, 일부 은행에서는 통명으로 계좌개설이 가능하다. 통명을 변경한 후에는 사실상 익명 계좌가 되기 때문에 재일동포가 이러한 방법을 이용해 종종 범죄에 악용하기도 했었다. 일본에서 태어나 일본어와 일본 문화, 사회적 관습을 익힌 외국인의 경우, 특히 아시아 출신 외국인이 통명을 사용하면, 그의 국적을 구분하기가 어렵다. 일본에서 재일동포가 민족차별을 피하려고 통명을 사용하기도 한다.

일본에서 통명을 사용해 범죄 사건이 일어났을 때, 보통 통명이 보도되는 경우가 많고, 실명은 거의 거론되지 않는다. 매스컴 보도에서 통명만 보도할 것인지 아니면 실명도 거론할 것인지에 관한 판단은

---

7) 통칭명의 약자로, 본인 이름 이외의 다른 이름을 사용하는 것.

언론사의 재량에 맡긴다. 언론에서는 '편집 및 검토에 관한 사내 규정'에 의해 통명을 우선 보도한다. 이 때문에 주로 통명을 사용하는 재일코리안 등이 용의자로 지목되는 사건의 경우, 본명보다는 통명을 사용하는 언론도 있다. 언론사 중 아사히신문은 용의자 보도와 관련해 통명과 실명 중 어느 것을 사용할 것인가에 대한 여부를 사건마다 신중히 검토하고 있다.

2. 외국인 참정권

1945년 패전 후 일본 정부는 선거권(피선거권)에 대하여 호적법의 적용을 받는 자로 한정해 왔다. 구 식민지 출신자(조선인, 대만인)들은 이 때문에 해방 이전에 가지고 있었던 선거권을 박탈당하고, 1952년 샌프란시스코강화조약에 의해 일본 국적이 상실되어 지방자치법 제18조의 국적 조항에 따라 지방선거권이 배제되는 것이 원칙이었다.

그러나 재일동포 국적자의 세대교체가 진행됨과 동시에 영주지향이 확정된 1990년대 들어서면서, 재일코리안들 사이에 '납세의 담보로서 선거권을', '억압된 재일동포의 인권 되찾기의 일환으로서 참정권을'이라는 주장들이 나오기 시작했다. 이 시기는 일본인에게도 구 식민지 출신자의 처우에 관한 인권 의식이 높아진 시기다. 바로 이러한 시대적 배경을 통해 지방참정권획득 운동과 지방의회에 대한 지방참정권의 촉구가 민단에 의해 주장되었다.

지방선거의 경우, 1995년 3월 일본의 최고재판소는 영주외국인에게 "그 의사를 반영하기 위하여 법률에 따라 수장이나 의원의 선거권을 부여하는 것은 헌법상 금지되어 있지 않다."라고 판단했다. 또한 "그러한 조치를 할 것인지 아닌지는 국가의 입법정책에 관련된 것이다."라고 판단했다. 이에 따라 국회에서 지방공무원법을 개정하면, '재일동포'의 지방참정권의 행사가 가능하게 되었다.

총련에서는 1996년부터 지방참정권의 획득에 대해 반대하는 태도를 보여왔다. 그 이유는 참정권의 행사가 주로 내정간섭과 연결되고, 선거권 행사로 인해 재일조선인의 동화가 한층 촉진될 것이라고 우려했기 때문이다.

일본 정부의 법제에 의하면, 외국인의 정치적 권리에 관한 규정은 먼저 헌법이 보장하는 집회, 결사 및 언론, 출판 등 표현의 자유, 사상, 양심의 자유 등 기본적인 인권과 관련된 '국민의 권리'는 외국인에게도 적용되는 것이 원칙이었다. 또한, 외국인이 정치자금 규제법에 따라 정치단체를 설립하는 것에 관한 국적 조항도 존재하지 않는다. 지방참정권의 경우, 지방자치법은 그 목적으로서 '지방 공공단체에서 민주적이며 능률적인 행정의 확보'를 제1조로 내걸고 있다.

2002년부터 시가현 마이하라초를 비롯한 몇 개의 자치단체에서 주민투표에 영주외국인의 투표권을 인정하고 있다. 가와사키시는 지방참정권 외에도 지역에 따라 '외국인대표자회의', 오사카부의 '외국인문제유식자회의', 도쿄도의 '외국인도민회의', 교토시의 '외국적시민시책간담회' 등이 실시되어 있다.

재일동포의 국정 참정권 문제는 일본에서 오랫동안 해결되지 못한 채 미해결 상태로 남아있는 문제 중 하나다. 일본 헌법 제15조 제1항에서는 "공무원을 선정하고 이를 파면하는 것은 국민 고유의 권리다". 제43조 제1항에서 "양원은 전 국민을 대표하는 선거로 선택된 의원들이 조직한다."라고 규정하여 외국인의 '국정 참정권'은 인정하지 않고 있다.

일본에서 외국인에게 지방참정권 중 일부를 인정하는 것은 수장이나 의원 선거 등에 공직선거법이 적용되므로, 지방자치 단체의 일부 주민투표에 관한 조례에 국적 조항이 없다는 점에서 기인한다. 전자의 공직선거법에서 선거인은 일본의 국민에 한정되므로 외국 국적자의 참정권은 법률상 인정하지 않는다.[8] 후자의 주민투표에 관한 조례에 관해서는 외국 국적자에게 주민투표권을 인정하자는 움직임을 보이는 지자체도 있다.(이와테현, 시가, 히로시마현, 도쿄 고가네이시, 나가노현 나가노시 등)

일본에서 외국인 참정권 문제의 주요 쟁점은 지방선거권을 외국인에게 부여하는 문제가 검토되고 있는 특별영주 외국인들에 관한 것이다. 그들의 수는 39만 9,106명이며, 이 중 99%인 39만 5,234명이 재일동포이다. 이에 비해 일반영주 외국인은 56만 5,089명이다.(2010년 12월 말 기준)[9] 전술한 바와 같이 재일동포 민족단체들이 외국인의 지방참정권을 요구하는 운동을 전개하고 있고, 일본의 일부 정당의 국회의원들도 외국인에게 지방참정권을 부여하는 문제에 긍정적인 자세를 취하고 있다. 한편, 총련은 외국인의 지방참정권 부여에 대해 일본의 동화정책으로 이어질 수 있다는 위험성 때문에 반대 입장을 표명하고 있다.

3. 지문 날인 반대운동

일본에 거주하는 외국인들은 1992년까지 모두 외국인등록법에 따라 등록 및 갱신 시 지문 날인해야 했다. 재일동포도 이 법의 적용 대상이었는데, 특별영주 자격을 가지고 있는 자들에게는 지문 날인 의무가 면제되어서 1992년에 서명이 사진으로 바뀌었다.

일본에서는 신헌법이 시행된 1947년에는 천황 명의로 '칙령'에 의해 외국인등록령이 시행되었다. 이에 따라 재일동포를 포함한 모든 외국인이 외국인등록을 하도록 의무화되었다. 이 제도는 1945년 이전부터

---

8) 일본 공직선거법 제21 조에서는 선거인명부에 등록되는 것은 "해당 시정촌(市町村)의 구역 내에 주소를 둔 나이 만 20년 이상의 일본의 국민"이다.

9) 국적(출신지)이 다른 체류자격(체류 목적)별 외국인 등록자 독립 행정법인 통계 센터.

일본에 체류하는 조선인의 등록 및 관리가 의무제도였던 '협화회 수첩' 이 외국인등록령의 기초자료가 되었다고 한다. 1946년 GHQ의 지령을 받은 일본 정부는 재일동포의 귀환희망자에게 등록 제도를 시행하여, 등록 의무 위반자에게는 6개월 이하의 징역, 8,000엔 이하의 벌금 등 엄한 벌을 부과하였다.

〈자료 3〉 지문 날인 반대운동과 한종석 기자회견

1952년 국적을 상실하게 된 재일동포들은 외국인등록령에 따른 외 국인등록법의 적용 대상이 되었다. 외국인등록법은 먼저 씨명, 현주소, 생년월일, 근무처, 주소 등 신분 사항에다 본인의 소재를 언제든 확인 할 수 있는 사항을 상세히 망라한 것이다. 이 법에는 재일동포들이 열 손가락 모두를 지문 날인 해야 한다는 의무 조항이 포함되어 있다. 그들에게 등록증의 상시 휴대 의무를 지우고, 이 법을 위반한 자들에게 는 형사법을 적용하는 등 재일동포를 치안상 범죄예비자로 취급하는 인권침해에 관한 내용도 포함되었다. 처음 외국인등록법은 "외국인의 거주 관계 및 신분 관계를 명확히 하여 체류 외국인의 공정한 관리를 목적으로 한다."라는 규정은 표면적인 이유에 불과했고, 외국인 치안

대책의 입법으로 출발하였다. 1955년부터 1961년까지 외국인등록법 위반 혐의로 검거된 재일동포는 9만 8,000명에 이르렀으며, 형사법에 의해 전과 1범이 되기도 하였다.

재일동포들은 외국인등록법이 공포된 초기부터 이 법의 시행에 대해 반대운동을 전개하여, 1950년에는 외국인등록증의 갱신 절차 거부 운동 및 신청 거부 운동을 전개하여, 초기 3년간 이 법의 시행을 연기하였다. 1979년에는 일본이 국제인권규약을 비준함에 따라 지문 날인 거부 운동에도 탄력을 받게 되었다. 지문 날인 제도는 유럽 출신자들에게도 적용되었기 때문에 그들도 인권침해에 대해 비판을 제기하였다. 1985년에는 지문 날인 거부자와 보류자가 1만 명을 초과하여 시민연대운동으로 발전하였다. 1986년 나카소네 내각은 지문 날인을 1회로 제한하여 등록증을 카드제로 바꾸는 등 개정을 단행했다. 지문 날인 반대 운동은 '민족차별과 투쟁하는 연락 회의'가 조직되어, 종래의 민족단체와는 다른 사회운동으로 전개되었다. 이렇게 하여 지문 날인 제도는 1992년 정식 폐지되었다. 1999년 입국관리법 및 외국인등록법 개정으로 1년 이상 체류하는 외국인에 대하여 지문 날인 의무를 폐지하고, 본인의 서명과 가족 사항의 등록으로 바뀌었다. 또한, 본인의 등록 원표에 지문 날인의 사진을 올리는 제도로 바뀌었다.

4. 관동대지진과 조선인 학살

1923년 9월 1일 오전 11시 58분에 발생한 관동대지진은 진원지가 사가미완(相模灣)이었다. 지진으로 인해 도쿄나 가와사키에 대형화재가 발생하여 피해자 340만 명, 사망자와 행방불명자가 10만 5,000명, 가옥의 전소 38만 1,000호, 반파 17만 5,000호 등 큰 피해를 냈다. 지진으로 큰 피해를 입은 가운데 여러 가지 유언비어가 난무하여 그중에서도 "조선인이 우물에 독을 넣었다.", "조선인이 폭동을 일으키고 있다." 라는 유언비어가 구전으로 확대되었다.

〈자료 4〉 재일조선인 강제노동과 관동대지진 학살

이러한 대지진의 패닉 속에서 일본인들이 각지에서 '자경단'이라는 단체를 조직하여 죽창, 괭이, 낫 등으로 무장하여 조선인으로 보이는 자들을 무조건 붙잡아 폭행하거나 살육을 단행하였다. 일본 헌병이나 경찰이 근거 없는 정보를 흘렸기 때문에 피해지의 일본인들이 무기를 손에 들고 자경이라는 구실로 조선인을 발견하면 현장에서 무조건 학 살하였다. 관동대지진 때 조선인 대학살은 그 무렵 일본 민중이 이미 3·1독립운동의 보도, 도일한 조선인들이 일본인의 직업을 점령했다거 나 언어와 생활 습관의 차이 등 편견과 차별의식을 가진 헌병들의 정보 조작으로 발생했다.

당시 아라카와 카메이도(荒川龜戸)에서 일본인에 의해 총살당하거나 학살당한 조선인 수는 약 6,000 이상으로 도쿄부 내에만 1,727명 정도 였다. 당시 전국 재일조선인의 총수가 약 8만 명 정도였기 때문에 희생자의 비율로 보면 상당히 큰 비중을 차지하고 있다. 이들 희생자를 추모하여 도쿄 료고쿠역(東京兩國驛) 북쪽 요코아미초공원(橫網町公園)에는 '관동대지진조선인희생자추도비'가 세워져 있다.

5. 한신 교육 투쟁

1945년 해방 후 일본에서 생활하던 재일동포들은 모국으로의 귀환을 가장 큰 희망으로 삼고 있었지만, 수송체계의 미비, 조국 생활의 불투명한 전망 등 여러 여건으로 인해 현재 상황을 지켜보면서 일본 전국 각지에서 힘든 생활을 영위해 나갔다. 이들이 일본에서 공통으로 정열을 쏟은 것은 민족교육이었다. 당시 재일동포들은 "돈 있는 사람은 돈을, 지혜 있는 사람을 지혜"를 이라는 슬로건 아래 여러 곳에서 창고나 공장의 일부 또는 일본 학교의 교실 한 칸을 빌려 '국어강습소'나 '조선학교'를 세우기 시작했다.

〈자료 5〉 재일동포 한신 교육 투쟁사건

재일동포들은 도일 이후 힘든 노동 생활을 하느라 거의 교육을 제대로 받지 못한 사람들이 대부분이었다. 그리고 그들은 언젠가는 모국에 돌아갈 것으로 생각하여 자녀들에게 조선어의 읽기와 쓰기, 산수 등을 배우게 하여, 그들이 장차 조국 건설에 이바지하게 하려는 생각을 가지고 있었다. 당시 일본 학교에 다니던 학생들은 민족차별의 경험을 잘 알고 있었기 때문에 차별 없는 학교, 즉 자신들이 세운 학교에서 자녀들이 배우기를 원했다. 1948년 초 일본 전국에 존재했던 조선학교는 초등학교와 중학교 및 고등학교(청년학교)를 합쳐 606개교, 약 5만 8,000명의 학생이 공부하고 있었다. 이 학교들 외에도 민단계의 학교가 54개교에 약 6,500명이 재학하고 있었다. 그런데 이 민족학교들에 갑자기 폐쇄 명령이 내려졌다.

1948년 1월 문부성은 재일조선인 학생들에게 일본 학교에 취학할 의무가 있으며, 무인가 조선학교는 인정하지 않는다는 통달을 각 도도부현에 내려보냈다. 여기에 항의하는 조선인들이 각지에서 격렬한 항의운동을 전개하였다. 일본 각지에서 많은 경찰대를 동원하여 교실에 있는 학생들을 밖으로 쫓아내는 폭거를 단행하였다.

3월 24일에는 효고현청에 항의하러 간 조선인과 이를 지원하는 일본인들이 지사, 시장, 시 경찰국장 등과 교섭을 통해 지사로부터 학교 폐쇄령 철회를 약속받았다. 그러나 그날 밤 미국 점령군의 고베 헌병대사령부로부터 '비상사태'가 선포되고, 폐쇄 명령 철회문서가 무효화 되고, 2,000명 이상의 조선인들이 무차별 체포되었다. 오사카 오테마치공원(大手町公園)에 집결되어 있던 조선인 집회에 무장경찰이 권총을 난사하여 조선인 소년 한 명이 사망하였다. 이를 계기로 촉발된 '한신 교육 투쟁'은 체포된 자 2,900명, 점령군의 군사재판 회부자가 213명이었다.

1949년 9월에는 당시 조선인의 최대 결집체였던 조선인연맹과 재일조선민주청년동맹에 '단체규제령'이 적용되어 조선인학교 가운데 조련 설치 학교는 폐교, 민단계 등의 무인가학교에는 해산을 권고하여 응하지 않는 학교는 2주간 이내에 사립학교 인가신청을 하도록 문부성과 법무부 명의 통달이 내려졌다.

미군 점령군과 일본 정부의 강경한 탄압 자세의 배후에는 "일본을 반공의 방파제로 삼는다."라는 미국의 동아시아 세계전략, 재일조선인이 '공산주의 세력의 온상'이라는 인식 등이 깔려 있었다. 사립학교 설립 허가를 신청하여 일본의 교육 체계하에서 존속을 허가받은 학교는 오사카의 1학원 3개교뿐이었다.

한편, 지역 학부모들의 강한 결의와 지원으로 일본 전국에 44개교의 조선학교가 재개되어 자주 운영의 길을 걸었다. 이것이 오늘날 민족학교의 원형이다. 1950년대 후반에 접어들면서 각지에서 조선학교의 재건이 잘 진행되어 공립조선학교의 자주화에 승리한 곳도 생겨났다. 1955년 총련 결성 이후 북한의 원조를 받아 조선학교의 재건과 확충 및 신설이 계속되었다. 이들 학교는 사립학교법에 따라 학교 법인을 운영 모체로 하는 각종학교로서 인가를 도도부현으로부터 받는 형태를 취했다. 즉, 일본의 학제를 따르는 형태로 학년 편성이나 학과편성을 취하면서 교원이나 커리큘럼, 사용언어 등은 민족 독자성을 유지하였다.

1959년에는 도쿄도 코다이라시(東京都古平市)에 조선대학교가 설립되어 총련 조직의 전문연구자나 교원양성의 역할을 했다. 조선학교는 1993년도부터 2011년까지 18년간 35개교가 폐교되고, 약 30.6%가 감소하였으며, 2012년 현재 초급학교 79개교에서 58개교(21개교 감소)로, 중급학교 56개교에서 35개교(21개교 감소)로, 고급학교 12개교에서 9개교(3개교 감소)로 감소하여 총 102개교가 현존하고 있는 것으로 알려져 있다. 이 가운데 오사카의 민단계 2개교(금강학원, 건국학교)는 문부성인가의 일조교(一條校)로 운영되고 있다.

6. 조선인 전쟁범죄 문제

원래 '전쟁범죄자'는 전쟁으로 발생하는 범죄자를 지칭한다. 러시아 극동국제군사재판은 전쟁에 대한 책임을 구 대일본제국의 지도자들에게 묻는 것이었다. 이 재판에서 A급 전범 25명이 유죄, 7명이 사형선고를 받아 형이 집행되었다. 그 밖에도 '일반적인 전쟁범죄' 및 '인도적인 범죄'로 불리는 B급 및 C급 전범으로 피고인이 된 700명 중 조선인이 148명, 대만인이 173명이 포함되어 있었다. 이들 가운데 조선인 23명과 대만인 26명이 사형선고를 받았고, 조선인 18명이 무기형을 선고받았다.

1941년 미국과 일본의 개전과 영국과 일본의 개전 이후 일본의 아시아침략은 중국 외에도 동남아시아, 남태평양제도 등지로 확대되어 갔다. 이 때문에 수백만 명의 일본군 병사가 '황군'으로 파견되어 침략의 선봉에 서게 되었다. 이들은 당시 동남아시아를 식민지로 지배하고 있던 영국, 미국, 네덜란드와 격전을 벌였다. 전장이 확대되면서 필요한 인적 자원을 식민지였던 조선이나 대만에서 모집하였다. 형식적으로는 지원병이었지만, 실질적으로는 조선이나 대만에서 청년들을 강제적으로 모집하여 전선으로 보냈다. 조선총독부나 언론기관들은 이러한 현상을 '내선일체'의 성과로 홍보하였으며, 일본 육군에 동원된 조선인 병사는 약 18만 7,000명, 해군이 약 2만 2,000명이었다. 여기에다 육군과 해군에 군속으로서 군 관련 노무에 동원된 사람들이 15만 명 이상이었다.

이 전장에서 조선인과 대만인 병사들이 황군의 일원으로 전투를 벌였는데, 이들 중 군인과 군속을 모두 합쳐 약 1만 6,000명이 사망하고, 많은 사람이 부상했다. 특히 조선인 군속 중에는 아시아 각지의 포로수용소 감시자로서 근무한 사람들이 많았다. 이들이 다룬 포로들은 주로 영국, 미국, 네덜란드, 오스트레일리아 출신의 병사들이었다.

이 포로들의 취급에 관해서는 포로의 대우에 관한 조약으로 인도적 취급에 따라 강제노동, 강제 감금 등이 금지되었다. 그러나 타이, 자바, 인도네시아, 필리핀 등 연합군의 포로들은 비행장 건설, 철도건설, 토목 건설 등의 현장에 동원되어, 연일 노동에 시달리면서 사고나 영양실조로 인한 희생자들이 속출하였다. 연합군 포로들 가운데 전체 사망자는 약 1만 2,000명이었다. 민간인 사망자의 경우, 자바섬에서 6만 9,000명의 억류자 중 약 6,300명에 달했다. 조선인 병사와 군속은 일본인 상관의 명령에 따라 포로의 감시와 이동을 떠맡는 역할을 담당했다.

1945년 일본이 패전하자, 연합군 측은 각지에서 포로의 수용이나 감시 등 일상 업무를 담당한 일본군의 장교, 병사, 군속 등을 포로 학대 등의 혐의로 체포하여 연합군의 군사재판소에 고발하였다. 그들 중에는 '황군'의 일원으로 침략에 동원된 재일코리안 병사들이나 군속들도 포함되었다. 가령 인도네시아 바타비아재판에 기소된 110명 가운데 46명이 조선인이었다.

7. 종군위안부

일본군의 아시아침략이 격화된 가운데 일본군 장교나 병사들의 성노리개(희생자)가 된 아시아 여성들은 일본 정부의 정식 사죄와 개인 보상을 요구하는 운동을 전개하였다. 이들은 종군위안부 문제를 일본 재판소에 제소하였으며, UN의 인권위원회에도 1996년에 발표된 '여성에 대한 폭력 특별보고서'에서 구 일본군의 성폭력 행위를 '인도적인 죄'로 단정하였다. 이 보고서에서는 다음과 같은 내용을 권고하였다. 권고 내용은 첫째, 종군위안부에 대한 국가에 의한 법적 책임의 인지,

둘째, 피해자 개인에 대한 보상금 지급, 셋째, 모든 자료 공개, 넷째, 피해자 여성에 대한 공개서면 사죄, 다섯째, 교육 장소에서 이해의 심화, 여섯째, 가해자의 책임추궁과 처벌 등이었다.

현재 총 약 10만 명으로 추정되고 있는 '종군위안부'는 한반도나 일본 점령지에서 일본인과 현지 일본군 앞잡이들의 "좋은 직업이 있다. 급료가 높다. 아주 쉬운 직업이다." 같은 감언이설에 속아 일본군 시설의 배치, 수송이나 관리를 담당하는 장소에서 성노예가 되었다. 1930년대 중반부터 본격화된 이러한 군대 시설은 1938년 중반경부터는 명목상 '민영화'되었다.

일본군 위안부들 가운데는 일본 본토에서 강제로 연행된 재인조선인들도 포함되어 있었다. '조선인 강제연행 강제노동일기'(1974)에 따르면, 조선에서 일본인에게 속임 당하거나 강제로 연행된 재일조선인 여성들이 홋카이도(北海道) 탄광이나 삿포로(札幌), 하고다테(函館) 등의 '조선요리점'에서 일을 한 사람들이 있었다. 중국 전선에서 일본군의 침략이 확대됨에 따라 '조선요리점'을 경영하고 있던 조선인 업자들은 일본 경찰들이 만든 조선인 관리기관이었던 '협화회'를 통해 모집한 여성들을 최전선으로 보내기도 하였다. 이 업자들은 조선인 여성들을 데리고 가 일본군 병사의 성노예로 봉사하도록 강요했다. 물론 이들 가운데는 일본인 업자들도 상당수 포함되었다.

▧ 제4절 한국학교와 조선학교

일본에는 재일동포들이 중심인 조선학교와 한국학교 등 민족학교가 존재한다. 일본의 학교는 학교교육법의 제1조인 초등학교, 중학교, 고등학교, 대학교, 고등전문학교, 맹학교, 농학교, 양호학교 및 유치원 등으로 구분되며, 이들 학교를 '일조교(一條校)'라 한다. 이에 반해 민족학교는 학교교육법의 제83조 제1항에 "제1조에 예를 든 이외의 학교교육에 해당하는 교육을 시행하는 기관은 모두 각종학교로 한다."라고 규정하고 있다. 일조교의 설치와 허가, 폐쇄, 변경 명령, 제출사항 등은 도도부현지사(대학 문부대신)에게 있다. 도쿄의 조선대학교는 도쿄도지사의 인가에 의한 것으로 각종학교에 해당한다.

학교교육법 제1조에 명시된 일조교와 제83조에 명시된 각종학교에 해당하는 민족학교의 차이점은 교장과 교원의 자격, 건강진단, 보건조치, 자녀 사용자의 의무교육 조항 폐지 등이다. 또한, 민족학교는 동포사회의 입학 권유에 따라 자녀들이 입학한다는 점도 다르다. 그리고 학교의 커리큘럼, 교과 편성에서도 큰 차이가 있다. 일조교의 경우 초중고등학교 모두 학교교육법의 목적과 교육목표가 정해져 있다. 따라서 교과서도 "문부대신의 검정을 거친 교과용 도서 또는 문부성의 저작 명의가 있는 교과용 도서를 사용하게 되어 있다." 민족학교는 민족학교의 교원이나 교육관계자 등이 작성한 교과서와 부교재 등을 자유롭게 활용하여 교육할 수 있다. 이처럼 일조교와 각종학교 간에는 교원 자격, 건강검진 및 보건 문제, 취학의무, 교과 편성, 검정교과서 사용 등에 있어서 큰 차이점이 있다.

오사카에는 재정권의 문제로 2개교의 일조교가 있다. 즉, 1946년 창립된 백두학원 건국학교(유치원, 초중고교)와 금강학교(유치원, 초중고교)인데, 두 학교 모두 1950년에 일조교(중고등학교는 1986년 전환)로 전환되었다.

'민족학급'은 재일동포들이 집단거주하는 지역의 공립 초중학교에 설치되어 있다. 정규수업 외의 과목으로는 '재일동포'의 자녀들을 모아

서 그들에게 한국인 강사가 한국어나 한국의 역사, 문화 등을 가르치고
있다. 이러한 방식의 교육은 1948년 '한신 교육 투쟁사건' 이후 문부성
학교 교육국장의 통달로 시작되었다. 이와 더불어 일본 학교에서도
민족학급이 설치되었는데, 학부모들이 재일동포 학생들이 한국인으로
서 살기 위한 최소한의 민족교육을 받아야 할 필요성에 대한 요구를
각지의 교육위원회와 교섭한 결과 이루어졌다. 1948년 당시 77개교에
민족학급이 설치되었다. 1997년 오사카시는 '민족클럽기술지도자초
청사업 총괄기술지도자제도'을 설치하여 시내 초중학교 67개교에 설
치된 '민족학급'을 과외가 아닌 학교 교육으로 수용하여 민족 강사의
처우를 개선하였다.

일본에는 재일동포의 민족교육이란 측면에서 학교 법인으로 인증받
지 않은 국제학교, 조선학교, 한국학교, 한글학교 등 다양한 학교들이
존재한다. 조선학교는 북한으로부터 매년 실질적인 재정지원을 받고
있다. 또한, 조선장학회에서 지급하는 재일동포와 한국인 유학생만을
대상으로 한 장학금 제도도 있다.

재일동포 아동을 위한 일본 정부의 지도지침 중 오사카시의 지침
내용을 살펴보면, 다음과 같다. 첫째, 모든 학생에게 재일동포들이 체류
하게 된 역사적 경위와 사회적 배경을 인식시킴과 동시에 한반도의
문화와 역사에 대한 이해를 심화시키도록 노력해야 한다. 이것은 모든
학생이 재일동포 문제에 대해 올바른 지식을 가지고 이해하며 편견과
차별을 극복하기 위한 교육의 일환이다. 일본과 한반도와의 관계에
관해 고대부터 현대에 이르기까지의 역사적 이해와 동시에 문화의 공통
점과 차이점에 대한 이해를 바탕으로 상호 존중하는 노력이 중요하기
때문이다.

둘째, 재일동포 학생들이 본명을 사용하는 것은 본인의 정체성 확립

에 관련된 사항이라는 점이다. 일본의 학교에서는 모든 인간이 서로의 차이를 인정하고 함께 사는 공생 사회 구축을 목표로 재일동포 학생들의 실태 파악에 노력하고 있다. 또한, 재일동포 학생들 스스로 긍지와 자부심을 높이기 위한 본명 사용을 적극적으로 장려하고 있다. 오사카부 내 공립 초·중학교 및 부립 고등학교에 재학 중인 재일외국인 학생 중 대부분이 재일동포 학생들이다. 이들 학교에서는 재일동포 학생들의 현실을 고려해서 그들의 생활실태에 대한 이해를 높이고, 모든 사람이 서로의 차이를 인정하고 함께 사는 사회 만들기라는 공동목표를 가지고 인간관계를 구축하기 위해 노력하고 있다. 또한, 다른 학생들에게도 본명 사용의 중요성을 이해할 수 있도록 세심한 지도와 동시에 학부모들과도 본명 사용의 의의에 대해 충분히 논의하는 등 본명 사용의 환경조성에 노력하고 있다.

셋째, 재일동포 학생들이 자신의 진로를 스스로 선택하고 자아실현을 준비할 수 있도록 진로지도와 동시에 관계기관과의 연계를 통한 학습지도에도 힘쓰고 있다. 재일동포의 취업 현황, 고용조건 등은 국제인권규약에 따라 평등의 정신에 입각한 인권 의식의 고양과 국제화의 진전 등을 반영하여 많이 개선되었지만, 여전히 불평등한 상황에 있다. 오사카 부내에서는 여전히 "재일동포는 채용하지 않는다." 등의 취업 차별이 존재하고 있다. 이것은 재일동포들에게 고용기회균등과 직업 선택의 자유를 박탈하는 심각한 문제이기도 하다.

오사카부 교육위원회는 관계기관과의 협조로 '긴키(近畿)의 '취업통일신청서'의 취지를 철저히 설명하고 채용 전형을 받은 학생의 보고에도 유의하면서, 기업의 채용 전형 등이 합리적으로 진행되도록 촉구하고 있다. 각 학교에서는 진로지도 담당 교원을 중심으로 재일동포의 고용, 취업 문제 등에 대한 이해를 높이고 동시에 공공 직업소개소 및 기업과의 연계를 긴밀히 하여 진로 선택의 기회균등이 보장되도록 노력하고 있다.

넷째, 재일동포 학생들의 지도에 충실을 기하기 위해 교직원 연수에 노력하고 있다. 재일외국인에 대한 이해 교육을 철저히 하여 교직원 스스로가 외국과 민족의 역사, 문화 등을 제대로 이해하고 인권 존중의 정신을 바탕으로 재일외국인에 대한 차별을 용인하지 않는 태도를 견지하도록 노력하고 있다. 재일동포 문제에 대한 지도를 철저히 수행하기 위해 학교에서 지도방침, 지도 방법 등에 대해 교직원들 간 이해 촉진, 자료의 수집 및 교재 연구 등 교직원 연수에 충실을 기하고 있다. 이처럼 오사카시는 재일동포 자녀들에 대한 교육지침을 마련하여 실천을 위해 노력하고 있다.

조선학교에서 민족교육은 재일동포 학교에 관한 '우리 학교'라는 다큐멘터리를 보면 쉽게 이해할 수 있다. 모델 학교는 홋카이도 조선초중고급학교다. 이 학교의 교육목표는 모든 재일동포 자녀들이 민족적 주체성을 가지고 지·덕·체를 겸비한 조선인으로서 자신의 조국과 민족을 위해 이바지하는 인재, 국제화가 진행되는 가운데 일본을 비롯한 세계 모든 국민과의 우호 친선에 이바지하는 인재를 육성하는 것이다.

조선학교의 교육 내용은 교육의 목적에 따라 최근 과학의 성과와 학부모의 요구, 일본의 실정을 고려하여 구성하고 있다. 민족교육의 내용은 무엇보다도 교육에서 민족의 자주성을 지키고 자녀들이 조국과 민족에 대한 올바른 지식을 가지고 민족의 자주 의식을 키우는 것을 기본으로 하고 있다. 또한, 자녀들이 일본에서 생활하는 현실 조건을 고려하여 필요한 지식을 충분히 습득할 수 있도록 일본어와 영어, 일본과 세계에 관한 지식을 습득하는 내용으로 구성되어 있다. 민족교육의 내용은 주체성, 과학성, 현실성을 고려하여 교육과정과 교과과정이 편성되어 있다.[10]

■ 제5절 재일동포의 생활문화와 전승문학

일본에서 재일동포 음식이라 하면 야키니쿠(燒肉)라는 이미지가 강하다. 사실 한국에서는 옛날부터 야키니쿠나 내장을 먹는 습관은 거의 없는 문화로 전통적인 혹은 대표적인 한국 음식과는 거리가 멀다. 일본에서 야키니쿠란 음식은 한국인의 식생활과는 무관하게 '재일동포'들이 일본에서 생활하는 가운데 생겨난 음식문화다. 1945년 이후 재일동포들은 식량부족에다 불안정한 취업상태였기 때문에 생활이 사실상 매우 힘들었다.

따라서 재일동포들은 밭에서 채소 쓰레기를 줍거나 당시 일본인들이 버린 소나 돼지의 내장으로 음식을 만들어 먹었다. 해방 이후 공터나 암시장에서 내장으로 만든 '호르몬야키(ホルモン燒)'라는 가게들이 생겨나자, 재일동포들은 물론이고 배고픈 일본인들도 포장마차에서 이 음식을 사서 먹기 시작했다.

〈자료 6〉 레슬링의 역도산과 야구의 장훈

10) 홋카이도 조선초중고급학교의 교육 목표.

일본경제가 부흥하자, 야키니쿠 점포는 레스토랑으로 변모하였으며, 전국적인 체인점도 생겨났다. 지금은 외식 레스토랑 산업의 붐으로 일본 어디를 가더라도 '한국식 야키니쿠 점포'인 '조선식 음식점'을 볼 수 있다.

재일동포의 일반 가정에서 김치를 담고, 야키니쿠를 매일 먹는다고 생각할 수 있지만, 사실은 그렇지 않다. 2000년대를 전후로 일본에서 김치를 좋아하는 비율이 급증했다.

재일동포의 음악 분야에서는 민족무용이나 다양한 음악을 통하여 자신들이 '재일동포'이며 조선 민족의 일원이라는 증거를 노래나 춤을 통해 승화하려는 이들이 꾸준히 증가해 왔다. 대표적으로 아라이 에이치(新井英一)는 재일동포 현대음악의 대표자이며 교토의 '한마당'은 재일동포 아마추어 연극인들로 구성된 그룹으로 '히노마루와 기미가요 문제', '5·18 광주민주화운동', '한국 노동자 운동' 등을 다룬 창작품들을 공연하기도 했다. 이들의 공연은 재일동포들이 모이는 장소, 집거지의 공민관이나 보육원, 민족학교 등 다양한 장소에서 이루어졌으며, 재일동포의 지역 문화 활동의 거점으로 탄생하였다. 이러한 재일동포의 시도는 도쿄, 오사카, 효고 등에서 1980년대 후반부터 등장하기 시작했다.

최근에는 오사카의 이쿠노(生野) 문화제나 사천왕사 왓소 축제, 고베 나가타지역(京都長田), 교토 히가시쿠조(京都東九條) 등 재일동포의 집거지를 중심으로 매년 지역민들과의 교류 축제가 이루어지고 있다. 이들은 민족단체의 지원보다는 재일코리안 2세와 3세들이 자발적으로 자신들의 문화 활동을 회고하고 창조하자는 마음으로 일본인과의 연계를 구축하기 위해 시작되었다. 이러한 재일동포들의 문화 활동은 일본 사회에서 그들이 만들어 내는 '하위문화'이며, '대항문화'의 일종이라고 볼 수 있다.

재일동포는 예능 분야에서도 미소라 히바리(美空ひばり), 미야코 하루미(都はるみ), 마쓰자카 게이코(松坂慶子), 기타노 다케시(北野武) 등이 활동하고 있다. 이들은 일본에서 신년에 방송되는 홍백가합전에 등장하는 단골들로 영화나 TV의 인기배우들도 상당수 있다.

재일동포 문학에서는 작가 유미리가 1997년 '가족 시네마'로 아구타가와상(芥川賞)을 수상했으며, '풀 하우스', '청춘오월당' 등 많은 작품을 발표하고 있다. 그 밖에도 이회성이 '다듬이질하는 여자'로 1971년에, 이양기가 '유희'로 1988년에 아쿠타가와상(芥川賞)을 수상했다. 재일동포 출신 나오기상(直木賞) 수상자에는 1981년 '카마타 행진곡(蒲田行進曲)'을 쓴 쓰카 고헤이(つかこうへい, 본명 金峰雄), 1966년에 수상한 다치하라 마사아키(立原正秋, 본명 金胤奎) 등이 있다.

식민지 시기와 전후 재일동포 작가로는 1930년대 장혁주와 김사량, 제2세대 작가로는 김학영(1966), 김수길(1981), 김석범(화산도, 1981), 이기승(1985), 양석일(피와 뼈, 1998), 종추월(1970) 등이 있다. 그 밖에도 재일동포 문학가들에는 강신자(아주 보통의 재일한국인), 작가 현월, 시인 김시종, 김양자 등이 있다.

제2장
재중동포와 다문화

■ 제1절 재중동포의 이주와 역사

일반적으로 재중동포란 중국 땅에 거주하고 있는 중국 국적의 한민족(韓民族)을 지칭한다. 중국에 거주하는 조선족은 현재 약 200만 명 이상이다. 중국 조선족(재중동포)은 주로 요녕성, 길림성(연변 조선족 자치구), 흑룡강성 하얼빈 등 동북3성과 여러 지역에 산재해 거주하고 있다. 재중동포는 한마디로 '한민족의 혈통을 지닌 중국 국적의 한인들'이라고 정의할 수 있다. 재중동포는 민족적으로는 한민족에 속하지만, 국적인 측면에서는 '재외국민'보다는 '외국 국적 동포'에 속한다. 왜냐하면, 1999년 8월 '재외동포법'이 국회를 통과하여 발효되면서 재외동포법 제2조 2항에 재외동포를 '대한민국 국적을 보유하였던 자 또는 직계비속으로서 외국 국적을 취득한 자 중 대통령령이 정하는 자'로 규정하고 있기 때문이다.

1910년 일본에 의해 조선이 강제 병합된 이후 급격히 증가한 한인들의 간도로의 이주는 일본 제국주의가 오랫동안 계획한 이민이었다. 즉, 한인들의 간도 이주는 만주에 거주하는 한인들을 통해 정치적, 경제적, 군사적 이득을 취하고자 했던 중국과 일본 간의 외교관계가 복합적으로 작용한 결과였다. 한인 이주는 중국의 여러 지역으로 이동하였지만, 그중에서도 특히 간도 지역에서는 중국인의 간도 이주 규모를 능가할 정도였다. 따라서 만주의 경제생활에서 한인 이주민들이 차지하는 위치는 매우 중요했다. 왜냐하면, 당시 한인 이주민들이 만주지역에서 해마다 증가하는 벼농사와 모내기 파종방식을 최초로 도입했기 때문이다.

조선이 일본에 강제 병합된 이후 10년간 지속한 만주로의 한인 이주 요인에 관한 문제는 직간접적으로 극동의 국제관계나 정치 경제적 발전, 중국의 국가 구성이나 계급투쟁 등에 관심을 두고 연구하는 많은 학자의 관심을 끌었다. 그 이유는 한인 중 대부분이 한반도에서의 물질적 궁핍을 벗어나기 위해 당시 빠른 속도로 발전하던 만주에서의 새로운 가능성에 대한 희망을 품고 중국으로 이주하였기 때문이다.

이러한 한인들의 간도 이주 원인에 관한 연구는 당시 평양신학교 교수들이 1931년 미국 지리학회의 지원으로 중국 길림지방의 중심부에 살던 한인 이주민들을 대상으로 수행한 현지 조사에서도 밝혀지고 있다. 당시 한인들을 대상으로 한 조사에서 이주의 원인에 관한 질문에 단 7가구만이 정치적인 탄압을 그 이유로 들었고, 대부분은 경제적인 이유였다. 즉, 한반도에서 먹을 것조차 구하지 못할 정도로 변변치 못했던 경제적 수입을 가장 중요한 이주요인으로 꼽았다.

한일강제병합 이후 조선에서는 자본주의 시장경제가 발전하여 농업분야로까지 확대하기 시작했다. 일본식민지 시대의 조선은 일본의 수요, 그중에서도 해마다 심각해져 가는 식량문제의 해결을 위한 생산기지의 역할을 담당했다. 당시 일본은 주식인 쌀의 만성적인 부족에 시달리고 있었다. 따라서 일본은 한인들의 주식인 쌀을 공출했는데, 그 공출량이 해마다 증가함에 따라 조선에서는 쌀값이 폭등했다.

이에 따라 쌀의 높은 현금성과 상품성은 토지 소유주의 수입을 높였고, 토지의 매점매석으로 토지가를 상승시켰다. 경작지에 대한 수요의 증가와 농촌으로의 외국 자본의 유입으로 인해 조선의 토지들은 점차 일본인들에게 넘어가기 시작했다. 이는 당시 조선의 경제적 상황이 일본보다 좋지 못했기 때문이며, 일본의 자금과 조선의 자금 간에 벌어진 경쟁에서 일본 자금이 우위를 점했기 때문이다.

조선이 강제 병합된 직후 집중적으로 조선에서 토지 매점이 이루어졌다. 이에 따라 조선의 소작농 가구들은 농업 생산물의 가격상승으로 인해 농업으로는 별다른 이득을 보지 못했다. 또한, 돈이 필요한 농민들은 가을에 수확하자마자 농산물을 내다 팔아야 했는데, 그때는 이미 농산물 가격이 하락한 이후였다. 게다가 조선의 소작농들은 자신들이 수확한 농산물의 상당량을 자신들이 소모해야 했기 때문에 농산물의 가격상승이 큰 의미가 없었다. 따라서 아주 적은 양의 잉여농산물도 조선 농민의 소득 수입에는 큰 도움이 될 수 있었다. 그런데 농산물을 팔아 받은 돈은 대부분 토지에 대한 세금으로 지출되었다.

농사에 필요한 기후조건이 좋아 풍작을 거둔 해에는 소작농들도 일본의 대지주들과의 생존경쟁에서 살아남을 수 있었지만, 홍수나 가뭄, 이른 서리 등으로 수확량이 급감한 경우, 조선 농민들은 높은 이자를 주고서라도 은행이나 고리대금업자로부터 돈을 빌릴 수밖에 없었다. 이로 인한 소작농들의 지속적인 채무 증가는 그들의 경제적 상황을 더욱 악화시켰다. 이것은 다시 조선 농민들의 토지 매매로 이어져, 경작지는 조선과 일본의 대규모 토지 소유주들이 차지하였다.

이처럼 농촌 경제구조의 악순환으로 인한 조선 농민층의 파탄은 토지를 소유하지 못한 소작 농가의 지속적인 증가를 초래하여 1920~30년대에는 이러한 소작농들이 농촌 마을 인구의 대부분을 차지하였다. 소작농들의 토지임대료 납부는 거의 수탈에 가까웠다. 농민 중 거의 대부분은 수확량의 절반 또는 그 이상을 소작료로 지불해야 했다. 만약 어떤 해에 흉년일 경우, 소작농들은 거의 파산했다. 이런 식으로 일제 식민 통치 시기에는 일본인들의 집단적인 토지 수탈로 인해 조선 농민의 빈곤이 심화했다. 그래서 소작농들은 농촌을 떠나서 도시로 이주해 부랑자가 되거나 국경을 넘어 중국으로 이주하기 시작했다.

한편, 이러한 농촌의 피폐로 인한 한인 이주와 더불어 만주로의 한인 이주가 증가한 원인을 정치적인 요인으로 보는 시각도 존재한다. 이러한 정치적인 관점에서 한인 이주는 다음과 같다. 즉, 만주로의 한인 이주의 증가와 관련된 일본의 정책은 "일본인 이주자들을 위해 조선에 가급적 많은 땅을 확보하고, 일본 지배하에 있는 한인들을 만주 전 지역으로 이주시켜 점진적으로 만주에 일본의 신민을 확대하고 그들을 보호한다는 명분을 만들고자 노력했던 일본의 극동지방 정책과 전략의 일환"으로 보는 것이다.

영국 학자 G. 쇼우는 일본이 시행한 한인 만주 이민 장려 정책을 다음과 같이 분석했다. "일본의 신민인 한인들이 만주로 이주한다는 것은 곧 그 지역에서 일본의 영향력 확대를 의미하는 것이었다. 한인들의 만주 이주는 소위 '전술의 도입'으로 볼 수 있다. 여기서 전술은 '무질서 상태'가 벌어질 수 있는데, 이러한 '무질서'가 일본이 그 지역으로 군대를 파견할 수 있는 구실을 제공할 수 있는 그런 지역으로 만드는 것이다."

이처럼 일부 한인들이 정치적 동기로 인해 만주로 이주한 것은 사실이지만, 그들이 전체에서 차지하는 비중은 극히 낮았다. 따라서 그들의 정치적 망명은 개별이주의 원인이 될 수는 있었지만, 집단이주의 공통적인 원인이 될 수는 없었다.

한인 이주민 중 일부는 만주에 있는 일본 정부 기관의 산업시설,

상업 및 농업회사 등에서 근무자 통역이나 무역업자 등으로 일하기도
했다. 그들 중에는 조선에서 극에 달했던 일본인의 탄압을 피해 이주한
독립투사들, 즉 독립운동을 위한 애국주의적 성향의 이주민들도 섞여
있었다.

■ 제2절 한인의 만주 이주와 지역적 분포

1910년에서 1932년까지 당시 만주에 거주하고 있던 한인의 이주
규모나 통계는 현재 존재하는 자료로는 정확히 파악하기 어렵다. 한인
의 만주 이주에 관한 많은 문헌이 존재하지만, 그 내용이 매우 다양하
여 정확히 추정하기는 어렵다. 그런데도 지금까지 만주로 이주한 한인
이주자에 관한 통계는 여러 공식 기관에 의해 발표되어 왔다.

이들 중 몇 가지를 살펴보면, 첫째, 만주지역의 일본 영사기관들이
한인 거주자들을 등록한 적이 있었다. 둘째, 동양척식주식회사와 남만
주철도주식회사가 한인 수와 그 동태를 조사한 적이 있었다. 셋째, 한인
이주에 관심을 보였던 중국의 기관들이 그들을 조사한 적이 있었다.
그러나 거의 모든 만주지역에 한인들이 분포되어 있었을 뿐만 아니라,
그들 중 일부가 중국인으로 귀화하기까지 했던 당시 한인 전체를 등록
하고 그 수를 파악한다는 것은 거의 불가능한 일이었다. 따라서 당시
만주의 한인 인구수에 대한 공식적인 통계자료는 없지만, 1910~1932년
까지 만주와 간도에 거주하던 한인의 수와 인구변화를 추정해 보면
다음 〈표 4〉와 같다.

<표 4> 한인 만주와 간도 거주 현황(1910~1932)

연도	만주	간도
1910	220,000	109,000
1912	238,403	125,500
1915	282,070	자료 없음
1917	337,461	자료 없음
1920	459,427	자료 없음
1923	528,027	323,806
1925	513,973	자료 없음
1927	558,280	382,405
1930	607,119	394,937
1931	630,982	자료 없음

비공식 자료들에 의하면, 만주의 한인 수는 위에 제시한 수보다 훨씬 더 많을 것으로 추정된다. 예를 들면, 1927년에는 100만 명의 한인이 만주에 거주했다고 기록되어 있다. 이와 같은 수치의 불일치는 1920년 대에 들어 더욱 심화했다. 왜냐하면, 같은 시기에 만주에서는 다양한 반일 무장 세력들이 항일투쟁을 벌였는데, 여기에 속한 대다수 한인들 은 중국 정부나 일본 정부에 의해 공민으로 등록되지 않은 자들이 많았 기 때문이다.

대다수 중국 연구자는 공식적인 문서에 나타난 한인의 수보다는 20~25% 정도 더 추가되어야 한다고 주장하고 있다. 이들의 주장에 따르면, 1930년대 초반에 실제로 만주에 거주했던 한인 수는 약 750,000~800,000명에 달한다. 이는 만주 전체 인구의 3%에 조금 못 미친다. 하지만, 한인들은 만주의 총인구에 있어서 중국인 다음으로 많은 수를 차지하였는데, 그들 중 많은 사람이 해방 후 한반도로 귀환 했다.

<표 5> 해방 후 재일조선인의 한반도 귀환 실태

지역	이주자 수	귀환자 수	정주자 수	비고
중국 동북지역	약 216만 명	약 105만 명	약 11만 명	제한적인 귀환 정책
일본	약 200만 명	약 140만 명	약 70만 명	연합국의 귀환 정책
기타 지역	소련, 사할린, 미국 등지의 조선인에 대해서는 귀환 정책도 없었고 실질적인 귀환도 이루어지지 않았음.			

이상에서 살펴본 바와 같이 1910년 일제의 강제병합을 계기로 나라를 잃게 된 조선인들이 만주 일대로 대거 유입되어 각지에 정착하여 오늘날 중국 조선족 사회의 주류를 형성하게 된 것으로 볼 수 있다. 재중동포는 2000년을 기준으로 192만 3,842명이며, 중국 내 56개 소수민족 중 13번째로 많은 인구 규모를 가지고 있다. 재중동포가 가장 많이 거주하는 지역은 길림성인데, 중국 내 조선족 전체 인구의 약 60%인 114만 5,688명이 여기서 살고 있다. 재중동포는 길림성 내에 연변(延邊) 조선족 자치주와 장백(長白) 조선족 자치현 등 두 개의 민족 자치구를 형성하고 있다.

외교부 자료에 의하면, 2021년 현재 중국의 동북3성의 재중동포 인구는 1,577,510명으로 전체 인구의 75.35%를 차지하고 있다. 그럼 24.65%는 어디로 이동하였을까. 먼저 자유무역지역인 홍콩과 마카오는 아닌 듯하다. 외교부 자료에서는 한 명도 없다고 하였다. 동북3성에서 중국 다른 도시로의 재중동포 이동에서 가장 두드러진 곳은 청도(靑島)와 광동성이다. 청도의 재중동포 인구는 102,732명으로 동북 3성 지역을 제외하고 가장 많은 조선족이 거주하고 있다.[1] 그 다음으로 가장 많이 거주하는 곳은 100,000명이 살고 있는 광동성이다. 광동성의 심천경제특구지역을

---

1) 재중동포의 대규모 이주와 청도시에서의 재중동포 집거지의 형성으로 많은 새로운 요구가 어어지고 있지만 현실적으로는 그 요구를 뒷받침하지 못하고 있다. 그 대표적인 예가 민족학교의 설립이다. 동북3성의 조선족학교를 설립해달라는 요구이다.

중심으로 많은 재중동포가 살고 있는 것으로 판단된다. 중국의 대도시로
의 이동 또한 확인 되었다. 북경에 거주하는 재중동포는 40,000명이었고,
상해에도 44,842명의 재중동포가 거주하는 것으로 나타났다. 또한 재중
동포들이 천진 35,000명, 위해 23,925명, 연태 18,138명, 강소성 23,115명
등이 살고 있는 것으로 나타나 그동안 중국 내 연안지역으로의 재중동포
이동이 사실임을 알 수 있었다. 다음 〈표 6〉은 외교부가 발행한 『2021
재외동포현황』을 정리한 것이다.

〈표 6〉 재중동포의 지역별 현황(2021)[2]

구분	도시	인구(외국국적동포)
	북경	40,000
	천진	35,000
	하북성, 산서성, 청해성, 내몽고, 신강, 서장자치구	90,000
	광동성	100,000
	복건성	2,157
	광서장족자치구	2,701
	해남성	973
	상해시	44,842
	강소성	23,115
	절강성	9,691
	안휘성	1,961
동북 3성 1,577,510 75.35%	요녕성(다롄시 제외)	159,537(남25,000+여25,000)
	다롄시	50,000(남78,896+여80,641)
	길림성	1,040,167(남517,257+여522,910)
	흑룡강성	327,806(남164,200+여163,606)
	섬서성	1,671
	감숙성	1,271
	녕하회족자치구	455
	호북성	1,960

2) 외교부(2021), 『2021 재외동포현황』.

	호남성	1,180
	하남성	1,457
	강서성	543
	사천성	1,450
	중경직할시	1,200
	운남성	650
	귀주성	30
	청도	102,732
	위해	23,925
	연대	18,138
	기타	8,935
	홍콩, 마카오	0
		2,093,547

조선족 분포 현황

81만명

17만명   6만명   8만5천명   18만명

베이징·텐진   선전·광저우   상하이·난징·   산동성   동북3성
              (화남지방)   항저우   (지린·랴오닝·
                          (화동지방)   헤이룽장성)

* 중국 외 지역 :
  한국 17만 명, 일본 5만 명, 미국 4~5만 명, 러시아 4~5만 명

*출처: 헤이룽장신문

〈자료 7〉 재중동포의 분포지역 현황

제3절 재중동포의 정착 과정

1. 중국 동북지역 이주

앞에서 언급한 바와 같이 재중동포들은 한반도에서 이주해 온 한민족이다. 한인들은 이주 초기에는 경제생활의 빈곤과 기아 등으로 한반도에서 중국 동북 지방으로 자발적으로 이주하였고, 나중에는 한반도가 일제 식민지로 전락하면서 독립운동가들이 이 지역으로 이주하였다.

이후 일본이 중국 동북지역을 강점하기 시작하면서 한인들을 한반도에서 동북으로 대규모로 강제 이주하기 시작했다. 조선족들은 동북지역에 정착하여 그들만의 집단거주지를 형성하여 한반도의 전통문화를 계승하였으며, 민족교육을 통해 한민족공동체를 유지해왔다.

역사적으로 거슬러 올라가면, 한인들이 중국 동북지역을 삶의 터전으로 일구어 살아가기 시작한 것은 1800년대 중반 이후부터로 추정된다. 1860년대 말 한반도에 심한 기근이 들어, 먹고 살기가 어렵게 되자, 두만강과 압록강 부근의 한인들이 당시 봉금지역으로 묶여 있던 만주로 건너가 농사를 짓기 시작했다. 청나라가 봉금령을 해제하고, 일제가 한반도를 식민지 지배하면서, 그 부근의 함경도와 평안도 지역주민에 한정되지 않은, 즉 한반도 전역의 한인들이 동북지역으로 이주하기 시작했다.

특히 일본이 한반도를 강제 점령한 이후에는 수많은 조선인 중 일부가 경제적인 어려움과 생활고를 해결하기 위해서, 다른 일부는 일제로의 압박을 피해 독립운동을 전개하기 위해 만주로 이주하였다. 1931년 만주사변 이후에는 적지 않은 조선인이 일제의 군량미 생산을 위해 이주했고, 일부 조선인들은 일본을 돕기도 하였다. 이에 따라 1930년대에는 만주지역 전체 주민의 76%가 조선인들이 차지할 정도로 이 지역은 조선인의 절대적인 영향력 밑에 놓이게 되었다. 1945년 해방 무렵 동북지역의 조선인 수는 약 216만 명에 달했는데, 이는 전체 조선인의 약 9% 정도였다.

1905년에 일본과 맺은 을사조약에 이어 1910년에 강제 합병된 조선은 일제의 식민지로 전락했다. 그러자 많은 조선인이 한반도와 가깝고 이미 많은 조선인이 거주하고 있던 중국 동북지역으로 이주하여, 독립운동의 전초기지로 삼았다. 이곳으로 이주한 조선인은 농민들이 대다수였지만, 그들 중에는 일제에 저항하고 조국의 독립을 쟁취하기 위한 활동과 직간접적으로 연관된 독립운동가도 상당수 포함되어 있었다. 실제로 두만강과 압록강 인접 지역은 물론 동북 지방 전역에는 독립운동의 발자취들이 오늘날까지 남아 있다.

물론 그들 중에는 일본의 식민정책을 이용하여 친일 행각을 벌인 자들도 적지 않았다. 특히 일제는 중국 동북지역에 만주국을 세운 이후, 이른바 내선일체를 주장하며 조선인을 중국인보다 상대적으로 우대하면서 만주 통치에 조선인들을 적극적으로 활용했다. 일제는 당시 일본인을 1등 민족, 조선인을 2등 민족, 만주족을 3등 민족, 한족을 4등 민족 등으로 서열화했다. 1930년대 초 중국에서 발생한 만보산사건과 민생단 사건은 일제의 조선인 우대정책에 대한 중국인들의 불만이 표출된 사건 중 하나였다.

해방 이후 중국공산당이 만주지역을 장악한 뒤 이른바 친일 잔재 청산 운동을 전개하여 중화인민공화국 수립 후에는 조선족 사회 내부의 친일 잔재는 대부분 청산되었다. 중국 동북지역에서는 많은 조선인들이 독립운동을 전개하였다. 당시 신민부는 중국국민당 정부와 연합전선을 결성하여 당시 일제와 결탁하고 조선인 탄압에 앞장섰던 동북지역 중국 군벌인 장학량 세력을 타도할 계획을 세웠다. 그러나 이 계획이 실패로 돌아가자 민족주의 계열의 독립운동이 급격히 쇠퇴했다. 당시 중국은 신해혁명 이후에 과도기적 상황에서 장개석의 국민당 정부에 의해 통치되었으나, 동북지역은 예외였다. 왜냐하면, 중국공산당과 투쟁하던 국민당 정부가 동북지역까지 신경을 쓸 여력이 없어서 사실상 방치되고 있었기 때문이다. 이처럼 당시 동북지역에까지 중앙 권력이 미치지 못한 상황에서 만주가 조선인들이 독립운동하기에 가장 적합한 공간 중 하나였던 셈이다. 그러나 장학량이 이끄는 중국 군벌이 동북지역에서 영향력을 행사하면서 일제를 도와 조선인 탄압에 앞장서기 시작했다. 그러던 중 일제는 마침내 1931년 9월 18일 만주사변을 일으켜, 만주국 괴뢰정부를 세운 후 동북지역을 직접 통치하였다.

1931년 만주사변 이후 항일운동이 크게 위축됨에 따라 중국공산당은 당원을 확충하고 군사력을 강화하기 위해 이 지역에 살던 조선인들에게 당원 가입을 종용했다. 당시 조선인들 또한 일제의 탄압으로 독립운동의 맥이 끊긴 상황에서 독립운동을 위해 중국공산당에 가입하지 않을 수 없는 상황이었다. 이에 조선인과 중국공산당이 연합해서 만든 항일유격대에는 조선인이 훨씬 더 많았다. 하지만 항일유격대를 지도한 쪽은 중국공산당이었다. 이러한 상황 속에서 조선인들은 부당한 핍박을 받거나 갈등이 발생하기도 했다. 그러나 중국공산당이 민생단 사건을 해결하는 과정에서 조선인에 대한 우호 정책을 제시함에 따라 이후 비교적 원만한 관계를 유지할 수 있었다.

2. 동북지역 한인의 이주와 정착

한인들의 동북지역 이주는 19세기 후반부터 1945년 해방이 되기까지 3차에 걸쳐 진행되었다. 한인들의 제1차 이주는 자유이민 시대인데, 1875년부터 1910년까지의 시기이며, 19세기 후반부터 본격화되었다.

당시 쇠퇴하던 청(淸)나라가 러시아의 남하를 막고자 동북지역으로의 이주 금지 정책을 해제했기 때문이다. 이에 따라 인접 지역에 거주하던 평안도와 함경도의 농민들이 압록강과 두만강을 건너 이주했다. 또한, 1875년 청나라 정부는 재정수입을 늘리기 위하여 봉금령을 해제하고, 이민실변정책3)을 실시했다. 즉 청나라는 이곳에 무민국을 설치하여, 조선인 이주자들이 두만강을 건너와 밭을 개간하는 것을 허용하였다. 청나라 정부는 1883년 3월에 조선 정부와 '봉천여조선변민교역장정'을 체결하여, 조선의 이민자들이 중국 동북에 이주하여 거주할 수 있도록 허락하였다. 당시 큰 수재로 인해 기근에 허덕이던 조선인들이 동북지역으로 대거 월경하였다. 1904년에 약 50,000명에 불과하던 만주지역의 조선인 이주자의 수는 1909년에 184,867명에 달했다.

한인의 제2차 이주는 1910년부터 1930년까지의 시기다. 1910년 일본은 조선을 식민 통치하면서 대량의 토지를 농민에게서 강탈하였다. 그러자 파산한 농민들이 두만강과 압록강을 건너 중국의 동북지역으로 이주해 갔다. 많은 애국지사와 반일 의병들도 일본 침략자들의 탄압을 피해 중국 동북으로 건너가 반일 투쟁을 벌였다. 1910년대에 들어서면 한일강제병합에 저항하는 독립운동가들이 동북지역에 이주함에 따라 이 지역의 조선인 이주자들의 수는 20만 명을 초과하였다. 1919년 한반도에서 3·1운동이 일어난 직후 일본은 반일 운동에 대한 탄압을 강화했다. 그 결과 수많은 조선인 반일 지사들과 독립운동가들이 동북으로 망명하여, 1919년 동북지역에는 조선인 이주자가 약 43만 명에 달했다. 일본의 식민 통치 지배의 강화로 조선인들은 계속해서 중국 동북지역과 러시아 연해주 등지로 이주해 갔다.

---

3) 청나라 정부가 변강지구의 국방을 강화할 목적으로 이민을 끌어들여 변방을 건설하기 위해 제정한 정책.

한인의 제3차 이주는 일제의 강제 이주 시기인 1931년부터 1945년까지로 볼 수 있다. 1931년 9월 18일 일본은 '만주사변'을 일으켜 동북지구를 강점하였다. 이때부터 동북지역의 약 3,000만 명의 중국인들은 일제의 망국 생활을 강요당했으며, 약 60만의 조선인 이주자들도 일본의 지배하에 들어갔다. 일제는 동북지역을 중국을 침략하기 위한 병참기지로 만들기 위해 조선인 이주자들을 강압적으로 동북지역에 강제로 이주시켜 침략전쟁을 위한 군량을 생산하도록 강요했다.

이상과 같이 조선인의 만주 이주는 한반도가 일제에 강점당하면서 더욱 증가하기 시작했다. 일제가 조선을 식민지로 지배한 이후 토지조사 등의 명목으로 조선인 소유의 농토를 강제로 수탈하였다. 그러자 땅을 잃은 농민과 생업을 상실한 유민들의 숫자가 늘어나면서 전국의 조선인들이 만주로 이주했다. 특히 그 과정에서 수많은 경상도 지방의 농민들이 일제의 괴뢰국인 만주국의 흑룡강성으로 강제 이주한 것으로 전해지고 있다.

그러나 다행스러운 것은 1945년 해방을 맞이하여 조선인들의 이주 흐름이 다음과 같이 바뀌었다. 처음에는 동북지역에 주둔한 중국국민당은 관할지역 내의 조선인을 '한교'로 간주해서, 자산을 몰수하고 한반도로 귀환을 강요했다. 그러나 나중에는 중국공산당이 한인들을 '중국 소수민족'의 일원으로 인정하고, 중국 국적을 부여했다. 이렇게 중국 56개 소수민족의 일원인 '중국 조선족'이 탄생하게 되었다.

3. 재중동포의 모국귀환과 위상

일제로부터 해방될 무렵 중국 동북지역에는 한반도에서 이주한 약 216만 명의 조선인이 거주하고 있었다. 그들 중 약 절반은 해방 후 연고지가 있는 남한 또는 북한으로 귀환하였고, 중화인민공화국이 수립된 1949년 10월 무렵에는 중국 동북지역에 약 111만 명의 조선인이 잔류하였다.

그 무렵 약 216만 명의 조선인 중 약 절반정도의 중국 동북지역 조선인이 한반도로 귀환하지 않은 이유는 일본 거주 재일조선인들이 귀환하지 않은 사유와 여러 측면에서 다르게 나타나고 있다. 재일조선인의 경우, 연합국이 나서서 그들의 귀환을 돕기 위한 구체적인 조치를 하자 모국귀환이 이루어졌다. 그러나 중국 동북지역 조선인들은 국민당 정부 세력이 관할하던 서부권에서의 귀환 정책이 제한적으로 추진되어 소수의 조선인만 이 귀환 정책의 도움으로 귀국했고, 대부분 조선인은 각자가 판단해서 자력으로 귀환했다.

중국에서 중화인민공화국이 수립될 때까지 한반도로 귀환하지 않고 동북지역에 정착한 약 111만 명의 조선인의 원적지를 확인할 수 있는 자료는 현재 찾아보기 어렵다. 그러나 여러 정황으로 추정해 볼 때, 대체로 북한지역과 남한지역 출신이 6:4 정도의 비율인데, 북한지역 출신이 훨씬 더 많았을 것으로 추정된다. 특히 지리적으로 북한과 가까운 만주지역 조선인들의 경우 해방 후 바로 중국공산당의 영향 아래에 있었다. 따라서 그들이 이념적으로도 북한과 밀접한 관계를 맺고 있어서 귀환의 필요성을 남한지역 출신보다 상대적으로 적게 느꼈을 것이다. 중화인민공화국이 수립된 이후 중국 정부는 소수민족 식별 조사를 통해 동북지역 조선인에게 '조선족'이란 명칭을 부여할 때, 조선족 대신 북한과의 관계를 고려하여 북한 공민인 '조교'로 분류되기도 하였다.

결국, 오늘날 중국에서 거주하는 중국 조선족은 해방 이후 여러 가지 이유로 한반도로 귀환하지 않고 중국에 잔류하게 된 사람과 그 후손들로 정의할 수 있다. 중국당국이 중국에 거주하는 같은 조선인임에도 불구하고 산해관 이남에 거주하던 사람들은 조선족이 아닌 '조교'로

분류한 것도 조선족의 출현 시점과 관련하여 주목받는 부분이다. 그들
은 해방 이전 중국에서 살았기 때문에 이후 역내 질서가 재편되는 과도
기 과정을 거치면서 소수민족인 조선족이면서 동시에 중국 공민의 일
원으로 삶을 살게 되었다.

중국 내 국공내전에서 승리한 중국공산당은 1949년 10월 1일 중화
인민공화국을 수립하였다. 이 역사적인 사건은 중국 동북지역에 정착
한 조선인들에게는 또 다른 선택을 강요당하는 순간이었다. 재중동포
들은 자신들이 만주지역에 정착하겠다고 결정한 후 이 지역에서 전개
된 국공내전에 참전하여 싸웠다. 다른 한편으로는 북한을 조국으로
생각하면서 통일의 날을 손꼽아 기다리고 있었다. 그러나 북한에서
조선인민공화국이 수립된 이후, 중국에서도 중화인민공화국이 수립됨
에 따라, 그들은 북한과 중국 중 어느 한쪽을 조국으로 받아들여야
하는 상황을 맞이하게 되었다.

1948년 9월 북한에 조선인민공화국이 수립됐을 때, 중국에 정착한
조선인들이 가장 기뻐했다. 일제로부터 해방됨에 따라 '조국이 있는
민족'이 된 사실에 자긍심을 가지고 북한과의 연대 가능성에 강한 기대
감을 보였기 때문이다.

실제로 북한에 공산정권이 수립된 직후인 1949년 1월 중국공산당
내에서 연변 등 일부 동북지역 조선인들의 장래에 관한 열렬한 논쟁이
있었다. 이 논쟁에서 북한 측 대표는 이 지역과 조선인들을 북한에
편입하거나 가맹공화국으로 독립시켜 줄 것을 제안했지만, 중국공산
당 측의 의중이 크게 반영되어, 이 지역과 조선인들을 중국공산당의
통치 밑에 두고 자치권을 부여하는 방식으로 정리되었다.

이런 점에서 보면, 중국공산당은 연변 등 조선인 밀집 지역을 포함한
동북지역에 정착한 조선인들의 장래 문제에 대하여 이미 정책적으로

정리하고 있었던 것으로 보인다. 그러나 조선인들, 특히 일반 대중들은 이러한 사실을 전혀 몰랐을 것으로 추정된다.

이런 사정과는 별개로 동북지역에 정착한 조선족들은 중국공산당이 내전에서 승리하고 정권을 수립한 것에 크게 환영했다. 이는 당시 조선족들이 마음속의 조국인 북한과 깊은 유대감을 가지고 있었지만, 다른 한편으로는 중국에 정착하려는 마음을 가지고 있었기 때문이다. 당시 조선족들은 중국공산당의 조선족 우호 정책에 따라 무상으로 토지를 분배받고 생활근거지를 확보한 상황에서 중화인민공화국이 수립되어, 향후 자신들의 삶이 전반적으로 안정될 것으로 기대했다.

결국, 재중동포들은 그동안 북한을 자신의 조국으로 인식하며 몸과 마음을 별개로 생각해왔는데, 이제는 중화인민공화국이 수립되자, 자신들의 생각을 한쪽으로 정리해야 하는 새로운 상황을 맞이하게 되었다. 1948년 이후 국민당 정부의 영향 하에 있던 조선족 중 상당수가 한반도로 귀환했다. 그리고 사실상 중화인민공화국이 수립된 1949년 10월 무렵 중국 동북지역에 남아있던 조선인들은 중국공산당을 지지하거나 중국공산당의 정책에 동조하는 조선인들만 남게 되었다. 한편, 중국공산당을 지지하지 않고 있던 조선인들도 동북지역에 남아있는 한 그들을 지지하지 않을 수 없게 되었다.

재중동포는 국적이나 민족이 일반적으로 역사적인 범주에 속하지만, 단순히 역사적인 의미보다는 정치적인 의미가 더 강했다.[4] 우선 재중동포가 중국에서 하나의 소수민족으로 편입될 때, 개인 차원의 법적인 절차에 따라 편입된 것이 아니라 위로부터 내려온 규정에 따라 편입되었다. 그리고 재중동포는 이러한 방식으로 편입된 이후에도 북한과의

---

4) 정인갑(1999), 『한민족공영체』 제7호, 59-160쪽 참조.

특수한 정치적 혈맹관계 및 조선족과 북한과의 혈연적인 관계 등으로 국적 개념이 매우 모호했다. 예를 들면, 1958~1959년 사이 북한에서 국가복구건설을 위해 인력지원을 중국 정부에 요청했을 때, 중국에서는 조선족을 모집하여 보내 주었다. 그리고 1960~1962년과 1966~1969년 에는 북한에 건너간 중국 조선족에 대해 중국은 자국민과 거의 똑같이 대우해 주었다. 즉, 중국 조선족은 자신의 고유하고 선명한 민족적 특성 과 문화적 전통을 가지고 있으면서도 이미 중국 국적을 취득했기 때문에 중국 헌법에 따라 보호받는 중국의 소수민족 공동체가 되었다.

▧ 제4절 조선인에서 중국 조선족으로 전환

중화인민공화국이 수립된 이후에도 재중동포들은 한동안 '조선인' 이나 '조선 민족'이라는 호칭을 일반적으로 사용하였다. 이 명칭은 3년 후 중국 내 자치구를 자치주로 축소하면서, 조선 민족에서 '민'자를 생략하고, '연변 조선족 자치구'로 변경하였다. 이때부터 '조선족'이란 명칭을 공식적으로 사용하게 되었다. 하지만 조선족 동포사회에서 조 선족이라는 명칭이 보편적으로 사용된 것은 1950년대 말 동북지역에 서 진행된 조선족 대상의 민족 정풍운동을 겪고 난 이후로 추정된다.

'중국 조선족'이란 명칭은 중국공산당이 동북지역에 정착한 조선인 들의 지위를 정상화하는 과정에서 중국 공민을 구성하는 소수민족의 일원으로 인정함에 따라 사용된 것이다. 따라서 이 명칭은 민족적 관점 이 아니라, 중국공산당이 조선인을 다민족 사회인 중국 사회의 정상적 인 일원으로 수용하기 위한 정책적인 의견을 반영하고 있다. 따라서 오늘날 보편적으로 사용되는 '조선족'이란 명칭은 중국공산당이 중국

에 정착한 조선인을 중국 공민을 구성하는 56개 소수민족의 일원으로
공식화하면서 사용한 정치적 개념이라고 할 수 있다. 중국 조선족 동포
들은 중국공산당이 그들을 조선족으로 호칭하면서, 그들에게 중국 공
민의 지위를 부여함에 따라, 8·15해방과 함께 시작된 동북지역에서의
정착 투쟁이 종말을 맞게 되었다. 이로써 중국 조선족들은 자신의 조국
인 북한을 선택해야 할 것인가에 대한 갈등이나 중국에서의 민족차별
에 대한 두려움을 극복하고, 명실상부하게 동북지역의 소수민족으로
정착하였다.

중국 조선족들은 오랫동안 중국에서 벼농사를 짓는 데 만족감을 표
시하면서 비교적 안정된 생활을 영위해 왔다. 그들은 자신들의 피나는
노력과 중국의 소수민족 우대정책에 힘입어 경제적으로도 상대적으로
여유 있는 생활을 누리게 되었다. 정치적으로도 공민의 권리와 의무를
수행할 수 있게 되었으며, 민족 자치권도 행사할 수 있게 되었다. 그러
나 조선족 사회는 전통적인 삶의 방식과 벼농사 위주의 산업 경제구조
에서 오랫동안 벗어나지 못했다. 하지만 최근 중국 내 경제적인 변화에
따라 조선족들의 경제 관념과 인식도 크게 바뀌었다. 이에 따라 조선족
농민들이 도시로 대거 진출하면서 조선족 사회의 경제와 사회구조도
크게 변화되었다.[5]

과거 중국 조선족 인구의 약 80%가 벼농사 위주의 농업에 종사했지
만, 최근 조선족들의 도시진출과 더불어 2차 산업과 3차 산업에 종사하
는 비중이 높아져, 이 산업들이 민족경제의 주축을 이루고 있다.

또한, 중국 조선족은 중국의 개혁 개방으로 자본주의 경제에 일찍
눈을 떴으며 이 기회를 선점한 많은 조선족이 친척방문이나 노무자

---

5) 연변자치주(1998), 『연변통계년감』, 35쪽 참조.

송출로 부를 축적하기도 했다. 그들은 중국에 진출한 한국기업들에 취업하여 일자리를 얻을 수도 있었다. 아울러 이러한 자본들은 다시 조선족 사회의 음식점과 유흥업소로 흘러 들어갔다. 이렇게 중국 조선족 사회는 다른 소수민족 사회들보다 2차 및 3차 산업에서 빠르게 성장할 수 있었다. 또한, 중국 조선족들은 기업을 창업하는 데도 열성적이어서 1980년대 이후 심양화신그룹, 상해동진집단과 같은 조선족 대기업들이 출현하기 시작했다. 이와 더불어 한국기업이 중국에 진출한 사례도 증가해 왔다. 중국진출 한국기업에는 많은 조선족이 근무하였다. 그들은 한국어로 소통이 가능할 뿐만 아니라 중국 수준의 급여를 받았다. 이 때문에 한국기업들은 다른 나라에서 진출한 기업들보다는 상당히 유리하기도 했다.

중국 조선족 사회는 한민족의 오랜 전통을 간직한 상부상조의 정신과 공동체 의식이 강했다. 한국 특유의 인연, 지연, 혈연을 중심으로 예로부터 형성된 상부상조의 마을 공동체 의식을 키워왔던 우리 민족의 전통 문화도 초기 중국 조선족 집거지의 형성에 도움이 되었다.[6] 중국 조선족들의 집거지는 그들을 단결하는 튼튼한 지주로서 역할을 담당했고, 그들의 정신적인 기반이 되었다. 조선족 민족공동체는 조선족 농민들이 삶의 어려움을 극복해가는 데 힘이 되었으며 그들을 단결시키는 응집력이 되었다. 중국 정부가 소수민족 보호정책을 시행하면서 중국 조선족들의 경제, 사회문화, 교육, 예술사업 등에 많은 지원을 해주었고, 그들의 생활 수준도 크게 개선해 주었다. 이처럼 여러가지 어려운 여건과 상황 속에서도 조선족 공동체는 해체되지 않았으며, 조선족들을 끈끈하게 이어주는 전통 관습과 문화를 그대로 유지하였다.

---

6) 한희운(1992), 『중국조선족이민실록』, 연변 인민출판사, 92쪽 참조.

중국 조선족들이 중국에서 소수민족으로서 민족 전통을 잘 유지할 수 있었던 주요 요인 중 하나는 집단거주지의 형성이다. 19세기 중엽 조선인들이 국경을 넘어 만주에 새로운 삶의 터전을 개척할 때, 현지에는 선주민인 만주족을 제외한 한족의 인구는 조선족보다 적었다. 당시 만주에서는 한족도 조선족과 마찬가지로 이방인으로 여겨질 정도로 만주 지역에서 한족의 역사는 그리 오래되지 않았다. 따라서 중국 조선족이 만주(연변) 지역에서 문화적 전통을 잘 보존할 수 있었던 것은 집단거주와 모국어 사용, 생활 형태와 문화적 가치의 지향 등에서 동질성을 유지할 수 있었기 때문이다. 특히 조선족들은 집단거주지에서 전통문화와 생활방식을 공유하였다. 이를 통해 자신의 문화와 관습을 유지하기가 다른 소수민족들보다 훨씬 쉬웠다. 그리고 그들은 소수민족 비교 우위의 대상을 항상 중국 한족으로 삼았기 때문에 상대적으로 문화적 동질감을 느끼면서 단단히 결속할 수 있었다. 즉, 중국에서 조선족의 비교 상대는 항상 한족일 수밖에 없었다. 그래서 그들의 민족정체성이 상대적으로 강화되었고, 중국 조선족의 문화정체성을 유지하는 데 도움이 되었다.[7]

특히 중국 조선족은 만주지역에서 논농사를 개척하여 성공적으로 정착할 수 있었고 문화적 전통이 더 강하게 존속되었다. 그러나 최근 중국 조선족 농촌 여성의 중국 내 도시진출과 한국진출로 인해 연변 조선족 사회의 해체와 위기의식이 점점 고조되어 왔다는 점도 상기할 필요가 있다.

---

7) 정재남(2008), 『중국의 소수민족』, 살림.

■ 제5절 재중동포의 모국 귀환

1. 재중동포 사회의 해체

재중동포의 한국으로의 귀환은 1950년대 말부터 시작되었다. 당시 모택동이 주도한 대약진운동이 실패하고, 중국에서 대기근이 발생하면서 재중동포의 한국 귀환이 시작되었다. 재중동포들은 항일전쟁이 승리한 후 애국주의 문화 전통을 발휘하여 중국 인민해방 전쟁에 이바지했다. 신중국, 즉 중화인민공화국이 건립된 이후 그들은 중국에서 법률적으로 국가의 주인이자 소수민족 공동체의 일원이 되었다. 1952년에는 연변 조선족 자치주의 성립과 더불어 자치권까지 행사하게 되었다. 1978년 12월 중국공산당은 제11기 중앙위원회 제3차 전체 회의를 열고, "계급투쟁을 고리로 하는" 시행착오의 정부 방침을 포기하고 경제건설을 당과 국가의 중점사업으로 결정하였다. 이후 중국은 개혁개방 정책을 채택하여 특색 있는 사회주의를 건설하기 시작하였다. 개혁개방 이래 중국 경제는 전례 없는 경제성장을 달성하였다. 개혁개방 이후 10년째인 1990년 중국 국민의 수입은 개혁개방 전인 1978년의 23.2배에 달했다. 중국 농촌 주민의 1인당 소득은 3,255위안으로 1978년에 비해 24.3배로 증가했다. 이에 따라 중국의 국제적 위상도 크게 높아져 G2라는 경제 대국을 달성하고, 군사 대국을 향해 나아가고 있다.

농업 중심의 지역공동체를 통해 민족정체성을 잘 유지해 오던 재중동포 사회는 1978년 중국 정부의 개혁개방 정책 채택 이후 연해(沿海) 지역을 중심으로 전개된 산업화와 현대화의 시대적 흐름에 적응하기 힘든 지리적인 여건에 놓이게 되었다. 1980년대 말에는 중국의 개혁개방정책이 본격화되고 한중 문화교류가 시작되었다. 1988년 서울올림픽은 재중동포들에게 잊어버린 모국에 대해 '잘사는 한국'이라는 의식

을 일깨워주었으며, 한국으로의 조선족 이주가 본격화하도록 만들었
다. 재중동포들은 1992년 한중수교와 중국의 본격적인 개혁개방을 계
기로 전통적인 거주지와 과거 농업 중심의 생산활동 영역인 연변을
벗어나 중국 각지와 전 세계로 이주하기 시작했다.

국제화 시대에 재중동포 사회도 개혁개방의 바람을 타고 정치, 경제,
문화 등 다양한 측면에서 커다란 성과를 거두었다. 하지만 연변의 농촌
인구는 도시화가 가속화되면서 크게 감소하기 시작했다. 전통적인 농
업 체제가 붕괴하고, 많은 농민들이 토지를 버리고 도시로 이주하기
시작했다. 중국의 개혁개방 정책은 중국 조선족 사회를 크게 변화시켰
고 조선족 사회에 새로운 문제를 발생시켰다. 예를 들면, 조선족의 급
속한 인구이동에 따라 조선족 집거지의 농촌 인구의 격감, 조선족 여성
들의 국외 유출, 한족과 타민족들에게 경작지의 양도, 전통 집거지의
소멸, 민족교육의 약화, 농촌총각의 결혼문제, 장기 출국과 국외 체류
에 따른 가정파탄, 동족이 아닌 타민족들과의 혼인으로 인한 조선족
인구의 자연 감소 등이었다.

재중동포의 인구가 감소하는 주요 원인을 살펴보면 다음과 같다.
첫째, 조선족 사회가 농업 위주의 산업 체제로 경제발전이 더딘데다
경제적 수입이 타민족들에 비해 비교적 낮았기 때문이다. 개혁개방
이래 연변지역의 경제는 큰 발전을 이루었고 사람들의 생활 수준도
높아졌다. 문제는 모든 재중동포의 생활 수준이 높아진 것은 아니었다
는 데 있다. 중국 변경지역의 오지에 있는 재중동포의 집거지는 원래
산업화 시설이 매우 부족한 곳이었다. 조선족 자체 내에 수많은 인재를
보유하고 있음에도 불구하고 신흥산업의 발전 속도는 매우 느린 곳이었
다. 결과적으로 조선 사회 내부에 빈부격차가 커짐에 따라 대규모 인구
유출이 발생했다. 조선족 학계에서는 이를 조선족 해체 위기로 진단했

다. 그만큼 조선족 사회에 대한 우려의 목소리가 나타나기 시작했다. 이처럼 재중동포 사회는 인구의 급격한 감소와 그에 따른 조선족 집단 거주지의 해체 위기 등으로 인해 가장 심각한 사회문제를 안게 되었다. 이승률(2007)은 그의 저서『동북아 시대와 조선족』에서 "만일 조선족 사회가 해체의 위기를 맞는다면 동북아지역은 귀한 민족자산을 잃게 될 것이며, 또한, 한국으로서는 21세기 역사 발전을 위해 가장 중요한 대륙진출의 교두보를 상실하게 될 것이다."라고 주장했다.[8]

2. 재중동포와 한국 정착의 문제

1990년대 이후 중국 조선족들이 대거 한국으로 귀환하면서 그들의 집거지는 서울과 경기 지역에 집중되고 있다. 서울지역에는 구로구, 영등포구, 금천구 등에 가장 많은 조선족이 거주하고 있으며, 경기도 지역에는 안산시, 성남시, 수원시 등에 거주하고 있다. 그리고 기타 지역에는 창원, 울산, 부산, 대구 등에 많이 거주하고 있다.

특히 재중동포들은 한국경제의 3D산업 분야에서 중요한 역할을 담당해왔다. 한국 내 재중동포의 직업은 전문직보다는 대부분 일용직 노동자 또는 식당 보조와 웨이터 등 단순 노무직에 종사하는 경우가 많았다. 그들은 대개 특정 지역의 재중동포 집거지에 모여 살며, 노동 조건은 매우 열악한 편이다. 하지만 한국에서 받는 급여가 중국에 비해 동일 직종의 3배 이상 많이 받을 수 있다. 따라서 그들은 단순히 돈을 벌기 위해 한국에 오는 경우가 많았다.

그러나 최근 한국 사회에서도 조선족의 체류가 장기화하면서 전문 직으로 성공한 조선족들도 속속 등장하고 있다.[9] 가령 김앤장 법률사

---

8) 이승률(2007), 『동북아시대와 조선족』, 박영사.
9) 예동근 외(2011), 『조선족 3세들의 서울 이야기』, 백산서당.

구분	국내 체류자 (체류/등록 비율)	거소 신고자 (F-4)	방문취업 (H-2)	영주 자격 (F-5)	국적 귀화/회복 (중국 전체)
2018.6	715.953 (31%/59%)	323,853	215,891	89,241	4,838/144
2019.6	730.468 (30%/58%)	339,770	215,042	94,083	4,371/181
2020.6	695.348 (32%/56%)	346,896	176,490	101,607	7,932/120
2021.6	639.575 (32%/58%)	354,103	118,883	108,235	5.145/185
2022.6	619.048 (30%/55%)	353,926	97,677	114,647	

*출처: 행정안전부

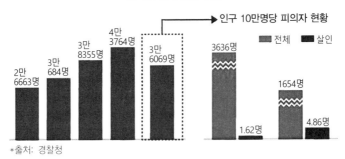

외국인 범죄 발생 현황

〈자료 8〉 재한중국동포 현황10)과 외국인 범죄율의 증가

*출처: 경찰청

무소에서 중국 법률 관련 업무를 맡는 양초염 변호사는 조선족이다. 그는 2007년 상하이 명문 교통대학 재료공학과를 졸업한 후 상하이 재경대 법학원에 진학하여 졸업한 후 2009년 중국 변호사 자격증을 취득했다. 이후 상하이 법률회사에서 근무하던 그는 김앤장에 스카우트되어 한국으로 이주했다. 그는 성공한 조선족이지만, 대부분의 재중동포는 한국에서 단순 노무직에 종사하는 경우가 많다.11)

이처럼 재중동포들이 한국으로 오는 목적은 대부분 돈을 벌기 위해

---

10) 법무부(2022.6.), 〈외국인통계 자료〉.

11) 중앙일보, 〈고단한 이주 역사 이겨낸 조선족〉, 2013.8.13 참조.

서다. 이 때문에 많은 경우 그들은 한국인의 혈통이라는 점을 중시하면
서도 한국에서의 악덕 업자나 기업의 부당한 대우, 임금 체불 등으로
인해 모국에 대해 부정적으로 인식하기도 한다.

재중동포들이 한국에서 체류하기 위한 비자는 H-2와 F-4 비자다.
비자 유형이 H-2인 비자는 방문취업 비자다. 이 비자는 단순노동자로
입국하는 이들을 위한 체류 비자다. F-4 비자는 단순 노무직을 제외한
전문직 비자다. 이 비자는 한국에서 계속해서 갱신할 수 있는 특혜를
주는 비자다. 이처럼 한국에서도 재중동포들에게 전문직의 경우 비자
특혜가 주어진다. 하지만, 단순노동자들은 비자 갱신이 안 될 경우,
불법체류자가 된다.

또한, 한 가지 지적해야 할 점은 최근 한국에서 재중동포들에 의한
범죄가 사회문제로 비화하면서, 한국 사회에서 그들에 대한 이미지가
좋지 않다는 점이다. 최근 외국인 범죄율의 국적별 현황을 보더라도
중국 국적이 약 50%를 차지하고 있다. 이들 중에는 재중동포들이 다수
포함되어 있다. 이는 외국인 단순 범죄율과 비교했을 경우, 외국인 체
류 인구 대비 재중동포의 범죄율은 높은 편이 아니다. 그러나 외국인
전체 비율로 따지면, 4대 강력범죄에서 외국인에 의한 범죄 발생 비율
은 증가하고 있다. 이는 한국에서 외국인 체류자가 많아지고, 다문화사
회가 진행될수록 또 다른 부정적인 측면이 나타나고 있음을 보여준다.

제3장

재미동포와 다문화

■ 제1절 재미동포 이주의 역사적 배경

재미동포의 이주 역사는 다문화 국가로 구성된 미국에서 다른 아시아계 이민자들과 마찬가지로 미국의 과거와 현재와 미래를 창조하는 데 능동적으로 참여해 온 것으로 평가되고 있다. 과거 조선은 일본으로부터 1592년(임진왜란)과 1597년(정유재란)이라는 두 차례의 침략과 1627년(정묘호란)과 1636년(병자호란)이라는 중국 만주족(후금)의 침략으로 황폐화되었다. 이후 한국은 250년 이상 중국 외에는 외국과의 접촉이 없었기 때문에 '은둔의 왕국'으로 알려져 왔다. 그 이유는 조선은 중국과 일본으로부터 침략을 경험하면서 17세기 이후 외국 문물을 수용하는 데 상당히 두려움을 느꼈기 때문이다.

하지만 조선은 1875년 일본 선박 '운요호'가 강화도 수병들에 의해 퇴각당하는 사건을 계기로 1876년 일본과 강화도조약을 체결하면서 외국과의 불리한 외교관계를 받아들일 수밖에 없는 처지에 놓이게 되었다. 조선과 일본 간에 체결된 '강화도조약'으로 일본은 조선의 무역권 대부분을 차지하였다. 강화도조약은 그동안 조선 스스로가 자초한 고립과 쇄국을 반강제적으로 끝내면서, 궁극적으로 서구 열강들과 조약을 체결해야만 하는 불평등 조약의 시발점이 되었다. 이로 인해 한반도에 외국인들이 유입되면서 조선의 국토는 점차 혼란스러운 전쟁터로 변했다. 이후 주변 열강들의 틈바구니에 끼어 청일전쟁(1894~1895)과 러일전쟁(1904~1905)을 경험하게 되었다. 두 차례에 걸친 전쟁에서 승리한 일본은 그 기세와 여파를 등에 업고 1910년 조선을 강제 병합하였다.

이처럼 조선이 열강들 사이에 끼어 외부로부터 사회경제적 위기를 당하고 있을 때, 당시 미국의 의료 선교사이자 외교관이었던 알렌이 고종에게 한인들의 하와이 이주를 허락하도록 간청하였다. 1860년대 이후 한인들이 국내의 경제적 궁핍으로 인해 가까운 만주와 러시아 연해주 등지로 이주하기는 했지만, 한반도에서 멀리 떨어진 이국땅 하와이로 이주한다는 생각 자체를 하지도 못한 때였다. 하와이 한인 이주의 첫 발상은 1896년 하와이 사탕수수농장주 조합(HSPA)의 이민자 수용 제안에서 비롯되었다. 당시 미국 내에서도 하와이를 강제 병합하려는 기세가 높아짐에 따라 하와이 사탕수수농장주들은 특정 인종이 농장의 노동력을 장악하는 것을 방지하기 위하여 다양한 소수민족들을 농장에 적절히 배치하려는 계획을 세우고 있었다.

하지만 하와이 농장주들이 오랫동안 다양한 민족을 고용해온 그들의 노동력 정책이 미국의 하와이 강제병합 정책으로 인해 심각한 위협을 받는 상황이 전개되었다. 하와이가 미국에 합병되면, 그들은 더 값싼 중국인 노동력을 고용할 수가 없게 되고 당시 하와이 농장 노동력의 3분의 2를 차지하던 일본인 노동자들을 견제할 노동력이 없어지기 때문이다. 왜냐하면, 미국 본토에서 1882년 이후 시행되어온 중국인 이민 금지법이 하와이에서도 적용되어 하와이 농장에서 일본인들의 노동력 독점을 방지할 방법이 없었기 때문이다.

조선은 1900년대 초반부터 시작된 심각한 기근과 가뭄 등 대규모 자연재해로 말미암아 수많은 농부의 삶이 피폐해진 상황이었다. 이러한 조선 사회의 경제적 배경은 알렌이 고종을 설득하는 데 매우 유리하게 작용했다. 당시 주업이었던 농업에서 일정한 수입과 식량의 모든 원천을 잃어버린 농부들은 일자리를 구하기 위해 평양과 인천 등지의 항구 도시로 이주했다. 알렌은 그들에게 하와이 농장에서 일하자고 권유하였다. 하지만 조선의 사회적 상황에서 선교사들이 자기의 농부 신자들에게 하와이, 즉 '기회로 가득 찬 그리스도의 나라'로 가자고 적극적으로 설득할 때까지는 실제로 고국을 떠나 그곳에 가려는 농부들은 많지 않았다.

당시 조선의 신문은 하와이의 풍요로운 삶을 부각해 크게 보도하기 시작했다. 이에 가난과 정치적 불안정에 허덕이던 조선인들은 주택 무료 제공, 높은 임금, 무상의료 서비스 등을 약속했던 신문광고에 매료되었다. 신문광고에는 하와이를 설명하는 글귀 중 '천국의 섬'이라는 문구가 실려 있었다. 이러한 신문보도와 광고는 많은 조선인이 하와이 농장으로 이주하는 계기가 되었다. 조선인들은 당시 노동자 모집책인 데이비드 데쉴러가 인천에 설립한 데쉴러 은행으로부터 대출받아 도항 자금을 마련하였다.

하와이 사탕수수농장협회의 자본금으로 조선에 설립된 데쉴러 은행은 조선인들이 하와이 농장에 도착해 일을 시작하면, 그들이 받는 월급에서 일정 금액의 대출액을 공제한다는 조건으로 100달러의 도항비를 대출해 주었다. 미국 선교사들과 조선인 노동자 모집책들이 적극적으로 노력을 기울인 결과, 다양한 배경의 많은 조선인(전직 군인, 농부, 정부 관리, 장인, 노동자 등)이 하와이로 이주하였다.

당시 조선인들은 이미 하와이로 이주하여 그곳의 사탕수수농장에서 일하고 있던 일본인 노동자들을 목격하였다. 그들은 저임금과 열악한 노동 환경에 맞서 노동 쟁의를 벌이고 있었다. 그들이 기록한 통계에 의하면, 1900년부터 1905년 사이에 일본인 노동자들은 하와이에서 농장주를 상대로 34회의 파업을 벌였다.

이에 사탕수수농장주들은 하와이 농장 전체 노동력의 2/3를 차지하고 있던 일본인 노동자들의 노동 투쟁을 무마하기 위해 "다른 어떤 동양인들보다 순종적이며 고용주를 존경한다."라고 알려진 조선인 노동자들을 모집하는 데 커다란 관심을 보였다.

〈자료 9〉 하와이 최초 이민선 갤릭호

조선으로부터 하와이로의 첫 이민은 1902년 하와이 사탕수수재배자 협회의 비숍 회장이 조선을 방문하여 대한제국 정부와 이민 협정을 체결함으로써 본격적으로 시작되었다. 19세기 중후반 미국의 남북전쟁 이후 하와이의 사탕수수와 파인애플 농장들은 부족한 노동력을 확보하기 위해 동북아지역으로 눈길을 돌리기 시작했다. 이러한 노동력 수요에 따라 하와이 농장주들은 각국에 하와이 풍습, 구체적인 작업내용, 미국 달러로 임금 지급 등을 골자로 하는 내용의 홍보 포스터를 각 항구 도시마다 내걸고 이민노동자를 모집하였다. 1883년부터 1902년 사이에 미국으로 건너간 조선인들은 극소수였지만, 그들의 신분은 주로 외교관, 학생, 상인들이었다. 그리고 마침내 1903년 102명의 조선인을 태운 미국 상선 갤릭호가 호놀룰루 항구에 도착한 이후 조선인 이민자의 숫자는 점점 더 늘어나기 시작했다.

조선에서도 하와이 사탕수수농장에서 일할 노동자를 모집한다는 홍보 포스터가 나붙었다. 모집 홍보 포스터에 "하와이는 기후가 온화하여 극심한 더위나 추위가 없고 무료 교육을 받을 수 있으며 1년 내내 어떤 절기든지 직업을 얻기가 쉽다."라고 적혀 있었다. 이 신문광고의 내용은 "하와이는 나무에도 돈이 열린다."라는 소문과 함께 조선 사회에 급속도로 퍼져 나가, 지원자들이 몰려들었다. 그 결과 크리스천이 중심이 된 122명(통역 2명 포함)의 첫 이민집단이 꾸려졌다. 이 이민집단은 1902년 12월 22일 인천항을 출발해 일본 고베항에 도착한 후 신체검사를 받았다. 그리고 신체검사 결과 20명이 부적합으로 판정돼 탈락하고, 나머지 102명이 하와이 사탕수수재배협회의 노동자 신분으로 1903년 1월 13일 미국 상선 갤릭호를 타고 호놀룰루 항에 도착했다. 한편, 조선인 이민자들은 대부분이 하와이로 건너가기 전까지 농촌보다는 도시에서 거주하는 자들이 많았다. 이주자의 대부분은 독신 남성들로 구성되었다. 조선의 미국 선교사들이 그들을 노동자로 모집하는 데 주력했다. 따라서 1903년부터 1905년까지 미국에 도항한 조선인의 약 40%가 크리스천이었다.

이후 1903년부터 1905년까지 약 7,000명의 조선인이 하와이로 도착했다. 하지만 1905년 일본과의 '을사조약(제2차 한일협약)'이 강제로 체결되면서 이민 문호는 굳게 닫히고 말았다. 왜냐하면, 당시 일본 정부가 하와이의 일본 노동자들을 조선인 노동자들과의 경쟁으로부터 보호하고, 미국에서 조선인들이 전개하는 독립운동을 막기 위한 목적으로 비자 발급을 중단시켰기 때문이다.

1905년까지 약 7,200명의 조선인
이 하와이 사탕수수농장의 노동자
로 일하기 위해 이주하였다. 1910년
부터 1924년 사이에는 하와이 사탕
수수농장에서 일하는 조선인 노동
자들과 사진만 보고 결혼한 신부(사
진결혼 신부)들이 하와이에 도착하기
시작했다. 1924년 '동양인 배척법'이
생겨날 때까지 약 14년 동안 1,000여

〈자료 10〉 하와이 한인 이민노동자 1세대

명의 조선인 신부들이 '사진결혼'을 통해 하와이로 도착했다. 이후 사실
상 중단된 미국이민은 1965년 린든 존슨 미국 대통령이 '개정이민법'에
서명하면서 재개되었다. 1965년 이후에는 이민 쿼터제 시행으로 매년
20,000여 명의 한인이 '아메리칸드림'을 꿈꾸며 미국으로 이주하였다.
　이에 힘입어 1970년대 후반부터 한인들의 미국 이주자 수가 급격
히 증가했다. 경제적·사회적 이유로 이민을 떠난 한인 이주자는 연
평균 24,200명에 달했다. 이는 1960년대에 비해 7배나 증가한 수치였
다. 1980년대에 들어서 한인 이주자 수는 계속 증가세를 보여, 매년
30,000여 명이 넘는 한인이 미국으로 도항하였다. 이처럼 폭발적인
증가세를 보이던 한인 이주자 수는 1980년대 후반 한국경제의 부상,
사회 안정 등으로 점차 감소세를 보이기 시작했다. 한인 이주자들의
수는 1990년대부터 연간 14,000~15,000명 수준으로 계속 하락하고
있다. 한편, 2012년 말 기준 미국 거주 재미 한인의 수는 약 200만
명이었다.

▣ 제2절 재미동포의 이주 과정과 현지 정착

1860년경부터 시작된 조선의 해외 이주사를 살펴보면, 1945년 전까지는 주로 경제적 빈곤과 일제의 억압에 의한 이주로 볼 수 있다. 초기 미국 이주자들에 대한 하와이 농장주들의 가장 큰 고민은 조선인 노동자들이 농장에서 도시로 급격히 이동하는 문제였다. 하와이 조선인 노동자들이 도시로 진출하는 속도는 매우 빨랐다. 1906년대 말 그들의 수는 3,615명 정도였다. 이는 전체 노동력의 9%에 해당하여 중국인 노동자의 수와 비슷했다. 1907년에는 약 1,000명의 조선인이 하와이 사탕수수농장을 떠났다. 사탕수수농장에는 2,638명의 조선인 노동자만 잔류했는데, 이는 전체 농장노동자의 6% 수준에 불과했다. 1908년에는 잔류 조선인 노동자는 2,125명이었는데, 이는 전체 노동자의 4.5%에 해당했다. 말하자면 매년 약 4분의 1 정도의 조선인 노동자가 이 농장을 떠난 셈이다. 1909년에는 하와이에서 노동자들에 의한 대규모 노동쟁의파업이 발생하여 농장에 잔류한 조선인은 약 1,700명에 불과했다.

이러한 조선인 노동자들이 도시 등 다른 지역으로 이동하는 것을 방지하기 위해 하와이 농장주들은 농장에서 기독교 전도 사업을 진행했다. 하와이 농장주들은 조선인 노동자들이 크리스천이 되면, 그들을 더욱 신뢰할 수 있게 될 뿐만 아니라 실정법을 준수하는 등 더 나은 노동자들이 될 것이라고 보았다. 즉, 하와이 농장주들은 기독교적 신앙이 농장에서 조선인들의 삶을 보다 안정되게 만들고 농장에서 이탈하거나 타지로 이동하는 것을 사전에 방지할 수 있다고 믿었다. 조선인 이민자들이 고국을 떠나기 전에 어떤 식으로든 기독교와 연관되어 있었으므로 농장주들의 이러한 접근 방법은 어느 정도 효과가 있었다.

하와이 농장주 대부분이 기독교인이어서 농장에서 조선인들을 대상으로 선교하는 것을 반대하지는 않았다.

하지만 하와이 농장주들도 모르는 사이에 대부분의 조선인 노동자는 이미 스스로 신앙생활에 전념하고 있었다. 기록에 의하면, 하와이에서 최초의 조선인 예배가 1903년 7월 4일 오아후섬의 모쿨레이아(Mokuleia)에서 있었다. 조선인 노동자들이 하와이에 처음 도착한 후 6개월 만에 드린 예배였다. 당시 기록에 "우리는 기독교회를 조직하고, 약 50명의 한인이 윤치봉의 지도로 주일마다 예배를 보았다."라고 적혀 있다. 그러나 당시 조선인들이 세운 예배당이 없었다. 따라서 그들은 농장 숙소의 부엌에서 예배를 보았다. 그리고 목회는 조선에서 약간의 목사 자격훈련을 받은 사람들이 전담했다.

조선인의 하와이 이민은 1924년 '동양인 배척법'과 1945년 제2차세계대전의 종결로 거의 중단되었다. 그러나 1965년 미국 이민법이 개정된 이후 미국 이주가 다시 활기를 띠기 시작했다. 1970년 미국 국세조사에 의하면, 미국 전역에 거주하는 한국인은 미국 시민권 취득자를 포함하여 7만 명 정도였으며, 이후 매년 2~3만 명 정도씩 이주자의 수가 증가하고 있는 것으로 나타났다. 당시 미국 이민법에 따른 이민 쿼터제는 연간 20,000명 정도 할당되었지만, 미국 시민의 부모, 자녀, 배우자 등 직계가족의 이민 쿼터에는 제한이 없었기 때문에 연고 초청에 의한 이민자까지 합치면, 연간 약 3만 명이 이주한 것으로 추정된다.

1971년부터 1975년 사이에 미국이민의 사회경제적 특성을 살펴보면, 우선 남녀성비(性比)에 서 여성이 100대 64.8의 비율로 남성보다 더 높았다. 이러한 현상은 여성의 수명이 남성보다 상대적으로 길다는 점, 주한 미국인이 귀국 시 한국인 아내를 동반했다는 점, 미국인들이 해외 입양 시 여자아이의 입양을 선호했다는 점 등으로 설명될 수 있다.

연령은 상대적으로 젊은 층이 대부분이었으며, 교육 수준은 아시아계 이민자가 가장 높았다.

한국의 해외 이주가 인구정책 차원에서 추진된 것은 남아메리카로의 농업이민을 권장한 데서 비롯되었다. 한국 농업이민의 첫 사례는 1902년 하와이로의 농업노동 이민자 121명이었다고 볼 수 있다. 그리고 대한민국 정부 수립 이후의 해외 이주는 1962년 '해외이주법'의 공포와 더불어 시작되었다. 그리고 같은 해 12월 브라질 농업이민자 92명이 제1진으로 출국하였다. 그러나 당시 해외 이주는 정부 당국의 장기적이고 합리적인 이민정책이 선행되지 않았던 상태에서 진행되었다. 이러한 해외 이주는 사적인 교섭과 자연인 자격으로 시작된 집단이민이어서 브라질 정부가 인정한 영농이민과는 동떨어진 결과를 초래하였다. 그리고 이러한 형태의 이주 결과는 이후 한국인의 브라질 이주에 큰 장애가 되었다. 1964년 정부 주도의 브라질 집단이주와 1966년 가톨릭 영농이주가 실패로 돌아갔다. 그러자 브라질 정부는 한국 이민자를 더 이상 받아들이지 않겠다고 선언했다. 이처럼 브라질로의 이민이 막히자, 일부 민간 이민 주선단체들이 남미의 볼리비아나 파라과이 등지로 이민을 추진하였다.

1962년부터 1976년 사이 남미 이주 동포는 1만 8,555명 정도였다. 남미 이주는 남미의 당사국들이 농업개발을 위해 요청한 농업이민이었다. 그 나라에서 농사를 짓기 위해 건너간 것이었지만, 실제 농업이민 정착률은 10%에도 미치지 못해 많은 문제점이 노출되었다. 당시 공식적인 남미 이주자들은 약 2만 1,000명으로 추산되지만, 실제로는 불법 이주자들이 많아 두 배가 넘을 것으로 추정된다.

1981년 당시 남미지역의 한국 이민자들의 직업별 분포를 보면, 상업 80%, 제조업 10%, 농업 3%, 기타 7%다. 이는 농업이민이라는 이민

취지와 목적에서 많이 벗어나 있다. 이에 따라 1977년 5월에 남미지역
으로부터 이민 제한 조치가 취해졌고, 이후 이민자의 수가 급감하였다.
1981년에는 칠레와 아르헨티나가 한국이민을 받아들이기 시작하자,
한국 정부는 이민 장려 정책을 시행하였다. 따라서 기타 남미지역으로
의 해외 이주 문호가 개방되었다.

  이상과 같이 해방 이후 한인들은 하와이를 포함한 북미나 남미로
대량 이주했다. 그들의 이주 형태에 대해 살펴보면, 다음과 같다. 첫째,
정부 주도의 농업이민 등 집단이민의 형태다. 이러한 이민 형태는 남미
이민이 중단된 1977년 이후 제한되었다가, 5년 후인 1981년에 재개되
었다. 둘째, 민간 주도의 계약이민 형태다. 이러한 이주 형태는 정부가
이주 알선법인 등에 의한 계약이주를 적극 권장하거나, 이민사업 자체
를 민간 주도로 추진하는 경우다. 셋째, 초청 연고 이민 형태이다. 보통
시민권이나 영주권을 가진 이민자의 직계가족, 형제자매가 이민초청
자의 대상이다. 그런데 캐나다는 이주자의 조카와 삼촌까지도 초청
이민이 가능하다. 초청자는 초청장(이민국 발행)과 현지 이주 후 생계를
보장하는 재정 보증서를 첨부하여 한국에 있는 초청 대상자에게 우송
하면, 이민 절차가 진행된다.

  넷째, 취업 이민 형태다. 이러한 이민은 특정 기술을 가진 사람들이
현지 법인 업체와 취업 계약을 체결하면 가능하다. 1982년 '해외이주
법'이 개정되어, 해외 이주 알선이 일반기업에도 개방되었다. 1970년대
이후 미국으로 한국 이민자들이 급증해서, 그들이 집거지를 이루면서
로스앤젤레스와 뉴욕에 코리아타운이 형성되었다. 현재 LA를 비롯하
여 뉴욕의 맨해튼 등 한국인들이 거주하는 미국 대도시 곳곳에 한국인
들의 공동체인 코리아타운이 형성되어 있다. 이곳을 통해 한국 음식,
한국방송과 TV 드라마 등 모든 한국 문화가 전파되고 있다.

■ 제3절 재미동포의 분포지역과 거주 현황

　일반적으로 재미동포의 이민 역사는 크게 세 시기로 구분할 수 있다. 첫째, 초기 이민 시기로 1903년 101명의 한인이 인천항을 떠나 사탕수수 노동자의 신분으로 하와이의 호놀룰루에 도착한 시점에서 1944년 일본이 2차 세계대전에서 패망한 후 조선이 독립하기까지의 시기를 말한다. 이 시기에는 미혼의 젊은 한인 남성 노동자들과 사진 교환을 통해 결혼해서 도미한 사진 신부들, 그리고 독립운동을 위해 유학생 신분으로 미국으로 건너간 독립운동가나 정치 지도자들이 주류를 이루고 있다.[1]

　둘째, 1945년 해방과 1950년 한국 전쟁을 거쳐 1965년 미국 이민법이 개정되기 전까지의 시기이다. 재미동포는 1945년 해방과 더불어 미군의 한국 주둔, 그리고 1950년 한국 전쟁을 계기로 전쟁고아와 미군과의 결혼으로 급증하기 시작했다. 또한, 미국 병사들과 결혼한 한인 이주여성들, 전쟁고아, 혼혈아, 입양아 등의 이주 아동, 그리고 미국대학 유학생들이 주류를 이루었다. 특히 이 시기에는 1965년 미국이민법 개정으로 기술이민과 해외 유학 등이 증가하였다.[2]

　셋째, 종래 인종차별이 강했던 미국 이민법이 개정되어 아시아, 남미, 동구 유럽, 아프리카 국가들로부터 미국으로의 이민이 급증하기 시작한 시기로 1965년 이후라 할 수 있다. 이 시기에는 한국에서 대학 교육을 받고 전문직, 관리직, 사무직 등에 종사했던 신중산층의 이민이 특징적이다. 1965년 미국 이민법 개정과 더불어 이민문화가 개방되기

---

1) 김일수(1990), 130쪽.
2) 윤인진(2004), 『코리안 디아스포라: 재외한인의 이주·적응·정체성』, 고려대학교 출판부.

시작하면서 봉제업자, 요리사 등 특정 분야의 이민자들이 미국에 진출하기 시작했다. 1970년대 중반 이후에는 가족 초청 이민이 증가하면서 중산층뿐만 아니라 노동자 이민이 증가하여 재미동포 사회가 계층적으로 더욱 다양화되었다.

2021년도 외교부의 재외동포 현황을 살펴보면, 외국 국적자를 포함한 전체 재외동포의 수는 2011년 717만 명에서 2017년 753만 명으로 증가하였지만, 코로나19 위기를 거치면서 2021년에는 732만 명으로 감소하였다. 하지만, 재외동포 중 가장 큰 집단인 재미동포는 유일하게 2011년 207만 명에서 2021년 263만 명으로 증가하였다. 또한, 2021년 현재 전체 재외동포의 36%가 미국에 거주하고 있어 재외동포 거주 비율에서 미국이 1위를 차지하였다. 지역적으로 재미동포 대부분은 로스앤젤레스, 뉴욕, 및 시카고 등 인근지역에 거주하고 있다.[3]

오늘날 재외동포 730만 중 재미동포 사회를 구성하고 있는 260만 명의 시초는 전쟁고아와 미군과의 결혼이민자, 즉 재미동포의 '어머니와 누나'들로 이들의 가족 초청에 의한 연쇄 이민(chain migration)으로 발생한 것으로 볼 수 있다.

다음 〈표 7〉과 같이 외국국적자를 포함한 전체 재외동포의 수는 2011년 717만 명에서 2017년 753만 명으로 증가하였으나, 이후로 코로나19 위기를 거치면서 2021년 732만 명으로 감소하였다. 그러나 재미동포는 2011년 207만 명에서 2021년 263만 명으로 크게 증가한 것으로 나타났다. 재외동포는 2021년 현재 전체 36%가 미국에 거주하고 있고 재외동포 규모에서 1위를 차지하고 있다.

---

3) 외교부(2017, 2019, 2021), 〈재외동포 현황〉.

〈표 7〉 재외동포와 재미동포 총계(2021년 기준)[4]

구분	2011	2013	2015	2017	2019	2021	백분율 (%)	2019년 대비 증감율(%)
재외동포	7,175,654	7,012,917	7,292,485	7,539,821	7,493,587	7,325,143	100	-2.25
재미동포	2,075,590	2,091,432	2,238,989	2,492,252	2,546,982	2,633,777	35.96	3.41

다음 〈표 8〉은 2011년부터 2021년까지 재미 한인들의 거주 현황을 제시하고 있다. 재미 동포들은 주로 LA, 뉴욕, 시카고, 샌프란시스코, 애틀랜타, 시애틀, 휴스턴 순으로 한인 거주자 수가 많은 것으로 나타났다. 재미동포의 연도별 이주 현황을 살펴보면, LA나 뉴욕의 경우 거주자 수가 점차 감소하고 있으며, 기타 지역은 조금씩 증가하였다.

〈표 8〉 재미동포 지역별 거주 분포(2021년 기준)[5]

지역별, 연도별	2011	2013	2015	2017	2019	2021	2021 백분율(%)
총계 (미국과 캐나다)	2,307,082	2,297,425	2,463,043	2,733,194	2,788,732	2,871,141	100
미국							
주로스앤젤레스 (총)	547,576	559,838	590,024	665,185	676,079	664,414	23.14
주뉴욕(총)	345,900	339,145	353,479	447,193	421,222	360,053	12.54
주시카고(총)	227,369	229,187	282,675	297,991	325,135	357,993	12.47
주샌프란시스코 (총)	179,933	182,817	205,583	206,651	227,649	245,173	8.54
주애틀랜타(총)	176,749	180,200	205,349	239,733	242,544	242,093	8.43
주미국(대)	171,574	174,291	184,683	203,481	179,780	189,474	6.60
주시애틀(총)	171,757	168,671	172,887	160,555	160,181	176,983	6.16
주휴스턴(총)	164,800	165,525	144,158	141,633	178,145	175,446	6.11
주필라델피아 (출)	–	–	–	–		79,442	2.77

---

4) 외교부(2021), 〈재외동포 현황〉.
5) 외교부(2021), 〈재외동포 현황〉.

주호놀룰루(총)	45,542	46,603	46,909	66,649	66,824	70,974	2.47
주보스턴(총)	30,456	31,104	40,989	50,204	56,351	58,488	2.04
주하갓냐(출)	7,299	7,297	6,299	6,720	6,826	7,016	0.24
주앵커리지(출)	6,635	6,754	5,954	6,257	6,246	6,228	0.22
소계	2,075,590	2,091,432	2,238,989	2,492,252	2,546,982	2,633,777	91.73

다음 〈표 9〉에 제시한 바와 같이 2021년도 말을 기준으로 재미동포의 지리적 분포를 살펴보면, "한인" 혹은 "한인" 및 다른 인종/종족으로 표시한 인구가 총 196만 명으로 나타났다. 지역별 분포를 보았을 때 혼혈을 포함한 한인 인구는 캘리포니아, 뉴욕, 뉴저지 등의 8개 주에 집중적으로 거주하고 있다. 상위 8개 주의 한인(혼혈 포함) 인구가 총 127만여 명으로 전체 한인(혼혈 포함) 인구의 65% 정도를 차지하고 있다.

〈표 9〉 재미동포 지리적 분포 현황(2021년 12월 기준)[6]

항목	추정치
전체 한인 인구(혼혈 포함)	1,962,184
캘리포니아	558338
뉴욕	141745
뉴저지	115107
텍사스	113736
버지니아	94275
조지아	92798
일리노이	81340
워싱턴	75525
합계	1,272,864

---

6) U.S. Census(2021), 『ACS 2021』.

▨ 제4절 재미동포의 이주유형과 정착 과정

1. 노동 이주

1903년 하와이의 사탕수수농장에서 일하기 위해 갤릭호를 타고 떠난 첫 이주자들이 도착한 이후, 현재 미국에 사는 재민 한인은 약 200만 명을 초과하고 있다. 초기 재미 한인 이민 선구자들의 하와이 이민 생활은 매우 고달팠다. 그들은 현지에서 매일 아침 일찍 시끄러운 사이렌 소리를 들으며 잠에서 깨어나 거의 하루 10시간 중노동에 시달리고 월급은 16달러를 받았다. 그들은 목에 번호표를 달고 하루 종일 제대로 쉬지도 못하며 사탕수수를 자르고 나르는 등 중노동에 시달렸다.

하와이 사탕수수농장에서는 '루나(luna)'라고 불리는 농장 감독관이 말을 타고 돌아다니면서 노동자들을 감시했다. 이 감독관들은 일하지 않는 노동자들을 발견하면, 그들에게 종종 채찍질을 가하기도 했다. 남성들과 똑같이 농장 캠프에서 일했던 여성들은 남성들보다 더욱 형편없는 임금을 받았다. 어떤 여성들은 캠프에서 빨래하거나 옷과 음식을 만들기도 했다. 일본 역사학자 로널드 타카키에 의하면, "거친 노란 비누를 사용해서 그녀들의 손목은 부풀어 올라 피부가 벗겨져 있었다."라고 했다.

하와이로 이주한 재미 한인 중 약 1,000명은 1904년과 1907년 사이에 더 좋은 기회를 찾아 미국의 다른 지역으로 이주했다. 예를 들면, 일부 한인들은 미국 내 유타주, 콜로라도주, 와이오밍주 등의 광산으로 이동하였고, 일부는 알래스카로 이주해 연어잡이 수산업 회사에서 일하기도 했다. 그리고 어떤 한인들은 애리조나주와 캘리포니아주에 정착하여 철도건설에 참여하기도 했다. 당시만 해도 미국 본토에 거주하던 한인들의 규모가 상대적으로 적어 한인들만의 독자적인 공동체를 형성하기에는 역부족이었다.

미국으로의 한인의 이민은 1903년 1월 일단의 조선인들이 하와이 사탕수수농장의 계약노동자로 도착하면서 시작되었다. 초기 조선인 이민자들을 하와이로 끌어들인 흡인요인은 하와이 사탕수수농장에서 값싼 노동력에 대한 수요 확대였다. 1830년대부터 하와이에서 대규모 노동집약적인 사탕수수농장이 생겨나면서 세계 각국으로부터 모집된 이민 노동자들이 몰려들었다. 1852년부터 중국인들은 조선인들보다 먼저 하와이에서 노동자로서 일을 시작했는데, 1882년 '중국인 배제법(Chinese Exclusion Act)'에 의해 그들의 이민은 중단되었다. 이후 일본인들이 그들을 대체할 노동자로 하와이 사탕수수농장에 투입되면서, 1885년부터 대규모로 이동하기 시작했다. 일본인들은 1890년경 전체 하와이 노동자들의 80%를 차지하게 되었는데, 더 높은 임금과 처우 개선을 요구하면서 노동 파업 쟁의를 주도하기 시작했다. 백인 농장주들은 이에 대한 해결책으로서 한국, 필리핀, 포르투갈 등지에서 이민자들을 대체 노동자로 수용하여 일본인 세력을 무력화시키려고 시도하였다.

결국 초기 한인 이민자들은 한편으로는 값싼 노동력으로서 또 다른 한편으로는 일본인의 파업 파괴자(strike breakers)로서 투입되었다. 1902년 12월 22일 일본인 대체 노동자로서 한인 101명이 승선한 최초 이민선 갤릭호는 인천항을 출발하여 1903년 1월 13일 호놀룰루 항에 도착했다. 이후 일본 제국주의가 1905년 일방적으로 한인 이주를 중단시키기까지 총 7,226명의 한인이 하와이에 도착했다. 그들 중 84%는 20대의 젊은 남성들이었고, 9% 정도가 여성들이었으며, 7%가 어린이들이었다. 이처럼 이민자의 인구 구성에서 알 수 있듯이 초기 한인 이주자들은 빠른 시기에 돈을 벌어 고향으로 '금의환향'하려는 일시 체류(sojourner)의 성격이 강했다.

<자료 11> 사진결혼 신부

당시 하와이 한인사회는 결혼 적령기의 여성들이 매우 부족했다. 이 문제를 해결하고자 1910년부터 한국에서 하와이 노동자들과 결혼할 신부들을 구하기 시작했다. 그들은 서로 상대방의 사진만 보고 결혼을 결정한다고 하여 '사진 신부'라고 불렀다. 이렇게 하여 1924년 미국 이민법에 따라 한인 이주가 금지되기까지 총 1,000명의 사진 신부가 하와이, 그리고 115명의 사진 신부가 캘리포니아로 이주하여 가정을 꾸렸다. 젊은 남성 노동자들은 이 사진 신부들과 결혼해 가정을 꾸리게 되었고, 재미 한인 2세들이 태어나자 한인사회가 가족 중심의 사회로 바뀌었다. 또한, 경제적인 측면에서도 재미 한인들은 사탕수수 노동자 또는 도시 주변 일용직 노동자에서 탈피하여 장기적인 사업(예를 들면, 자영업, 쌀농사, 고구마 농사 등)에 도전하였다. 또한, 그들은 미국 본토의 철도건설 현장이나 과수원에서 일하면, 하와이 농장에서보다 높은 임금을 받을 수 있다는 정보를 입수하고, 1903년부터 1915년까지 총 1,087명의 한인이 미국 본토로 이주했다. 그러나 사진 신부들의 미국 이주는 한인사회에 반드시 긍정적인 영향만을 미치지는 않았다. 당시 사진결혼 신부의 경우 남편과의 연령 차이가 평균 14세 정도여서 부부간 이혼율이 높았고, 결혼한 여성들이 일찍 과부가 되는 문제점 등이 발생했다.

하와이 초기 한인 이주에서 꼭 기억해야 할 중요한 대상은 일제의 식민지지배에서 벗어나 독립운동을 하러 미국으로 건너간 정치 망명가와 독립운동가들이다. 1910년부터 1924년까지 약 541명의 한인이

학생 신분으로 미국대학에서 공부한다는 명목하에 미국으로 이주했
다. 그들은 나중에 하와이와 미국 본토의 한인사회에서 정치 지도자로
서 부상하였으며, 해외에서 독립운동을 주도했다. 이렇게 세 종류로
구성된 한인 이민 사회는 1945년 조선이 독립되기까지 하와이에는
6,500명, 미국 본토(특히 캘리포니아주)에 3,000명 정도가 미국 주류사회
와는 고립된 상태로 거주했다.

   1945년 해방 이후 미국으로의 한인 이민은 주한미군과의 관계에서
시작되었다. 한국전쟁을 겪으면서 한국에는 약 40,000명의 주한미군이
주둔하였다. 한국 여성들이 주한미군들과 결혼하여 미국으로 이주했다.
당시 한국 사회는 국제결혼(외국인과의 결혼)에 대한 편견과 차별이 심했
다. 따라서 많은 한인 여성이 미국인 남편을 따라 미국으로 이주하였다.
1950년부터 1964년 사이에 약 6,000명의 한인 여성이 주한미군의 아내
로서 미국으로 이주했다. 1950년부터 2000년까지 미군의 아내로 미국
으로 이주한 한인 여성의 수는 약 10만 명이었다.

2. 전쟁고아의 해외 입양

   1950년 한국전쟁이 발발하자 전쟁고아들이 대량 발생하였다. 1954년
전쟁고아와 관련된 문제를 해결하려는 방안 중 하나로 해외 입양제도가
시작되었다. 해외입양아 수는 2002년 말까지 약 20만 명으로 추산되고
있으며, 그들 중 절반가량인 약 10만 명이 미국 가정에 입양되었다.
해외입양아 수는 전체 재미 한인(200만 명)의 5%에 해당한다. 그들보다
먼저 떠난 초기 한인 이주자들이 미국의 일부 대도시에서 자신들만의
공동체를 형성했다. 이와 달리 한국전쟁 후 주한미군과 국제결혼을
한 여성들이나 해외입양아들은 미국 전역에 흩어져 살면서 미국인 공동
체 내에서 활동했다. 그들은 오랫동안 한인사회나 미국 주류사회에

속하지도 못한 채 고립적인 생활을 강요당했다. 그러다 최근 '해외입양
인연대', '한국인-미국인 아내협회'와 같은 단체를 조직하여 상호 교류
와 연대를 강화하며 한인으로서의 정체성을 되찾으려고 노력하고 있다.

이와 같은 시기의 한인 이민의 또 다른 이주 형태는 미국 유학생
신분의 이주다. 1945년부터 1965년까지 약 6,000명의 한인이 유학을
목적으로 미국으로 이주했다. 하지만 대다수 유학생이 학위를 취득한
후 미국에 정착하거나, 학위를 취득하지 않은 채 미국에 정착하는 경우
가 많았다. 그들은 미군과 결혼한 한인 여성들과 마찬가지로 1965년
미국이민 문호가 개방되었을 때, 가족들을 초청할 수 있는 연쇄 이민의
기반이 되었다.

1965년 미국 이민법이 개정되면서 미국으로의 한인 이주는 새로운
전환기를 맞이했다. 개정된 이민법에 따라 유학생, 간호사, 의사 등의
신분으로 미국에 건너간 한인들은 대부분 영주권을 취득했다. 그들이
1965년부터 1970년 사이에 한인 이민 사회의 주류를 형성했다. 나중에
국제결혼을 한 한인 여성들과 함께 한국에 남아있는 가족을 초청하여
1970년대에 급격히 증가한 한인 이민 사회의 토대를 만들었다.

한인의 미국이민은 1970년대 초부터 본격적으로 시작되어, 연간
30,000명 정도의 한인이 미국으로 이주했다. 한인 이민이 정점에 달한
1985년과 1987년 사이에는 연간 35,000명의 한인이 미국으로 이주했
다. 미국은 멕시코와 필리핀 다음으로 한국 이민자들이 많은 나라가
되었다. 하지만 미국 한인 이주자 수는 1987년 35,849명을 정점으로
하여 점차 감소 추세로 돌아섰으며, 1999년에는 12,301명 정도에 불과
했는데, 이는 1972년 이래 최저치를 기록한 것이다. 1991년부터 1998
년 사이에는 136,651명의 한인이 미국으로 이주했다. 이 규모는 동일
기간에 미국으로 이주한 이민자 총수 7,605,068명 중 1.8%에 해당한다.

이로써 한국은 세계 14위의 미국 이주자 배출 국가가 되었다. 2000년도
에 미국으로 이주한 이민자 수는 15,214명으로 일시적 증가 현상이
있었다. 그런데 그들 중 절반 정도가 이민자들이고, 나머지는 비영주
목적으로 미국에 가서 나중에 영주권을 취득한 사람들이었다. 최근에
는 이민자 수가 더욱 감소하여 미국 이민자는 연간 7,000~8,000명
선에 머물고 있다. 1948년부터 2000년 사이에 미국으로 이주한 한인
이민자 총수는 806,414명이었다.

1970년대 이후로 폭발적으로 증가하기 시작한 재미 한인 이민 1세와
이민 2세들의 출생으로 인해 재미 한인 수는 1950년 10,000명에서
1970년 69,150명, 1980년 357,393명, 그리고 1990년에는 798,849명으
로 증가했다. 2000년 미국 인구 센서스에 따르면, 한인 인구는
1,076,872명인데, 이는 1990년대에 비해 35% 증가한 것이다. 현재 재미
한인 인구는 약 200만 명으로 미국 전체 인구 281,422,000명 중 0.38%
를 차지하고 있다.

3. 미국 유학생과 전문직 종사자

1965년 이후 미국으로 이주한 한인들은 그 이전에 이주한 한인 이주
자들과 크게 구별되는 경제적 특성을 가지고 있다. 우선 한인 이민자들
은 핵가족 단위로 이주했고, 이주 후에도 가족 구성원이 계속 유지됨으
로써 미국 사회에서의 경제적 적응이 훨씬 쉬웠다. 또한 그들은 한국에
서 대도시, 대졸, 전문직 또는 화이트칼라 직업 출신의 신 중간 계층의
구성원들이었다. 그들은 대학 교육과 직장을 구하기 위해 지방에서
서울이나 부산 등 대도시로 이동한 사람들이 많았고, 부모 세대보다
훨씬 높은 수입과 지위를 보장하는 직업을 선택하는 등 수직적 신분
상승을 한 사람들이 많았다. 이처럼 그들은 미국으로 이민을 떠나기

전에 이미 고국에서 서울과 같은 대도시 자본주의 경제 체제에서 생활했기 때문에 미국의 뉴욕, 시카고, 로스앤젤레스와 같은 미국 대도시 자본주의 체제에서도 쉽게 적응할 수 있었다.

1965년 이후 미국으로 이주한 한인들은 한국에서의 신분이나 계층이 중산층 출신이 압도적이었는데, 이러한 양상은 1970년 중반을 기점으로 바뀌기 시작했다. 1965년 전체 한인 중 미국 입국 시 세관에 자신의 직업을 신고한 사람 중 84%는 한국에서 전문직, 관리직, 판매직, 사무직 등과 같은 화이트칼라 직종에 종사했다고 응답했다. 이러한 화이트칼라 직종의 비율은 1970년에는 81%, 그리고 1975년에는 65%로 감소했다. 이와 반면 한국에서 노동직, 기능직, 서비스직, 농업 등의 블루칼라 직종에 종사했던 이민자들이 전체 한인 중 차지하는 비율이 높아져, 1980년대 초반에는 화이트칼라 출신과 거의 비슷한 양상을 보였다. 이처럼 예전과는 달리 다양한 계층으로부터 서로 다른 동기를 가지고 미국으로 이주한 한인 이민자들이 증가하면서, 미국에서 한국 이민 사회는 더욱 복잡한 양상을 띠게 되었고, 한인 이민공동체가 직면한 문제들도 더욱 다양해졌다.

4. LA 폭동과 한인사회

미국 로스앤젤레스에서 1992년 4월 29일 한인 대상의 대규모 방화, 약탈 사건이 발생했다. 미국의 폭도들이 코리아타운을 공격했지만, 경찰은 수수방관했고, 결국 교민 사회 전체가 큰 피해를 보았다. 재미동포들이 '4·29 폭동'이라고 부르는 이 사건이 발생한 이후 20년 동안 한인사회는 매우 달라졌다. 재미동포들과 타 인종 및 타민족 간 교류가 더욱 활발해졌고, 한인들의 정치력도 눈에 띄게 신장되었다. 미국 LA에서 발생한 '4·29 폭동'이 미주 한인들에게 준 가장 큰 교훈은 다인종 다민족 사회에서 타민족과 더불어 사는 지혜를 배워야 한다는 것이었다. 코리아타운에서 한인 교회를 다니며 한인끼리만 뭉치던 폐쇄적인 삶에서 벗어나 능동적으로 타 인종 및 타민족과 어울리고 함께 발전하는 사회를 구축하는 데 앞장서야 한다는 것이었다. LA 폭동 사건 이후 한인 1.5세와 2세로 구성된 단체들은 다인종과 다민족 연대에 적극적으로 앞장서기 시작했다. 또한, 한인 청소년회관의 이름을 '코리아타운 청소년회관'으로 바꾸고, 다인종·다민족 공동체를 대상으로 봉사 활동을 전개했다. 한인 노동연대도 코리아타운 노동연대로 이름을 바꾸고, 한인과 라틴계 노동자들의 권익 신장을 위한 운동도 전개했다.

미국 LA '4·29 폭동' 이후 이미 20년이 지난 시점에서 미국 주류사회 언론들은 한인사회가 LA 폭동의 쓰라린 경험을 극복하고 짧은 시간에 재기에 성공했다는 점에 주목했다. 하지만 이민 1세대들은 아직도 여전히 현지 지향적인 생활보다 모국 지향적인 삶 속에서 모국의 경제발전을 위해 물심양면으로 지원해 오고 있다. 향후 재미동포의 정치력 신장과 공동체 발전은 재미동포 사회가 이룩해야 할 중요한 당면 과제 중 하나로 남아있다.

▨ 제5절 하와이 한인 이주의 요인과 특징

1. 하와이 한인 이주의 흡인요인과 배출요인

미국으로 이주한 한인 이민자들의 구성원이 다양했던 것처럼 그들이 하와이로 건너간 이유 또한 매우 다양했다. 연구자들은 19세기 말 동북아의 전환기에 하와이의 한인 이주를 설명할 때, 그 이주 배경을 세계 자본주의 체제하의 저임금 노동력이 주변부에서 중심부로 이동한 결과로 설명하기도 한다. 아무도 한인들에게 하와이 이주를 강요하지 않았기 때문에 이주자들은 이주의 장단점을 검토한 후 자신들의 앞날을 개척하기 위해 스스로 합리적인 선택을 했을 것이다.

한인 이주자들이 고향을 떠나야만 했던 가장 절박한 이유는 그들의 삶을 어렵게 만들었던 조선 말기의 참혹한 경제적 상황이었다. 예를 들면, 조선 사회의 기근과 기아의 위협을 들 수 있다. 경제문제로 인해 직접적인 생계위협을 받지 않는 사람들도 그들을 괴롭혔던 도적질, 물가고, 반란과 전쟁, 콜레라, 화폐 위조, 높은 세금, 부패, 무능한 행정, 빈곤과 가난 등으로 인해 모국을 떠나기도 했다. 그리고 해체된 조선 구식 군대의 일부 군인들은 일본의 침략이 임박한 데 대한 두려움을 느끼고 이주하기도 했다.

하와이 이주자의 대부분은 도시 빈민이나 노동자들이었다. 따라서 그들이 이주한 주요한 이유는 일본 제국주의에 대한 두려움보다는 생활 수준의 악화였다. 이처럼 한인 이주자들은 경제적 빈곤이나 일본 침략에 대한 두려움 등 여러 가지 이유로 이주했다. 하지만 그들은 당시의 사회적 상황이나 심리적 상황으로 미루어볼 때, 여행자나 일시 체류자의 성격이 강했다. 왜냐하면, 그들 대부분은 장차 고국의 경제 상황이 나아지고, 일본 통치로부터 조국이 해방되면, 언제든지 귀국할 생각을 하고 있었기 때문이다.

그런데 왜 한인들은 동북아에서 멀리 떨어진 하와이로 이주했을까? 구한말 당시 많은 한인들은 중국이나 러시아 연해주로 이주했다. 이와는 달리 한인들이 하와이를 이주의 목적지로 선택하게 된 주요한 이유이자 그들을 유인한 요인은 기독교와 밀접히 연관된다. 즉, 19세기 말 세기의 전환기에 한인 기독교인은 소수에 불과했으나, 하와이 이민자들의 대다수는 기독교와 연관을 맺고 있었다. 따라서 이 시기의 조선의 기독교 상황을 살펴보면, 한인들의 이주 동기를 어느 정도 파악할 수 있다.

당시 대부분의 한인 이민자는 농민들이었으며, 그들은 유교적인 전통적 가치관을 가지고 있었다. 유교적 가치관을 지닌 그들은 기독교와 같은 서양 문화와 문물을 그대로 수용하기도 힘들었을 뿐만 아니라, 미국처럼 먼 이국땅으로 이민 가는 것 자체를 꺼릴 수밖에 없었다. 그러나 19세기 말 도시로 이동한 조선인들은 그곳에서 미국 장로교 선교사들과 접촉할 기회가 있었고, 선교사들의 주된 전도의 대상이 되었다. 그들 대부분은 더 나은 생활을 지향했기 때문에 새로운 종교인 기독교에 큰 매력을 느꼈다. 당시 청년 시절에 고향을 떠나 도시에서 생활하게 된 그들은 고향의 선산에 가서 조상에게 제사를 지낼 수도 없었고, 논밭이나 친척도 없었다. 이런 상황에서 기독교를 믿게 된 그들은 하와이 이민의 기회를 접하게 되었다. 이러한 그들에게 하와이로의 이주의 결정은 그다지 어렵지 않았다. 예를 들면, 그들은 이미 조선에서 이동한 경험이 있어서 한 번 더 이동하는 것은 큰 문제가 아니었다. 기독교인이 된 그들은 이미 조선에서 미국인이나 서양 풍습에도 익숙해져 있었기 때문에 유교적 관습을 지키지 않아도 그다지 문제가 되지 않았다.

그들이 미국 선교사들에게 이민에 관한 자문을 구할 경우, 선교사들이 그들에게 하와이로 가라고 권장했다. 당시 선교할 대상을 찾던 미국 선교사들이나 이민자들을 모집하던 데쉴러 선교사도 결국 그러한 처지에 있는 사람들을 찾고 있었다. 즉, 그들은 도시 노동자들이거나 시골에서 고향을 떠나 도시로 이동해 살다가 기독교인이 된 사람들로 서양인들이나 서양식 사고, 양복, 양식, 양옥, 종교, 나아가 그들의 언어까지 익숙해져 있었다.

그들은 미국 선교사들에 의해 심리적으로 이민을 떠날 준비된 사람들이었고, 가난으로 인해 고국을 떠난 사람들이었지만, 과연 그들에게 하와이는 어떤 매력이 있는 곳이었을까? 어떤 사람들에게는 종교의 자유, 자기 자신이나 자식들의 교육 기회, 일본 제국주의에 대항해 독립운동을 할 수 있는 기회 등이 매력적이었다. 그러나 이것들보다는 대부분 이민자에게는 풍요로운 삶에 대한 기대가 훨씬 더 크고 매력적이었다. 즉, 이러한 조건들은 가난 때문에 모국을 떠나야 했던 사람들이나 도전적이고 모험적인 삶을 동경하는 청년들에게는 충분히 매력적이었다.

대체로 젊은 독신 남성들은 잠시 외국에 나가서 돈을 벌어서 귀국하겠다고 생각하기도 했다. 이러한 생각은 중국인이나 일본인들도 그들과 마찬가지로 비슷했다. 예를 들어, 일본인들에게는 오래된 데카세기(Dekasegi)란 전통이 있었다. 이 전통은 고향을 떠나 다른 지방에서 잠시 일하는 풍습이었다. 중국인 이민자나 일본인 이민자들처럼 한인 이민자들도 이러한 이상적인 기대를 안고 이민을 떠났지만, 그들이 하와이 이민지에서 맞닥뜨린 현실은 기대와는 정반대였다.

당시 조선 사회에서 그들이 입수했던 미국이나 하와이에 대한 거의 모든 정보는 현실과 동떨어진 것이었다. 자연히 그들 대부분은 열심히 일하면, 하와이 생활이 조선의 생활보다 훨씬 더 나을 것이라고 기대했으며, 쉽게 돈을 모을 수 있을 것으로 믿었다. 그러나 한인 이주자들은 하와이에 도착하자마자 그들이 선택한 이민 생활이 쉽지 않음을 바로 인식했다.

이처럼 당시 하와이로 이주한 대부분 한인 이민자는 조선 말기에 가난과 식민지지배 때문에 모국을 떠나야 했고, 하와이에 대한 매력적인 유인 홍보 선전에 속아 그곳으로 이주했다. 그들은 자신이 처한 여러 사정으로 모국을 떠나 하와이에 정착하였고, 그들 중 일부는 점차 하와이에서 미국 본토로, 그리고 중남미로 이동하기 시작했다.

2. 재미동포 이주의 시대적 구분 및 특징

처음 하와이로 이주한 한인 이민자들에게서 나타나는 몇 가지 중요한 특징이 있다. 이는 보통 한인 이민자들뿐만 아니라 중국인 이민자들이나 일본인 이민자들에게도 나타나는 서로 유사하면서도 서로 다른 특징들이다. 당시 하와이에 거주하던 다양한 민족 출신 이민자들의 특징을 비교해보면, 하와이 한인사회가 어떻게 발전해왔는지 가늠할 수 있다.

첫째, 하와이 한인 이주자들의 수는 1853년부터 1900년 사이에 도착한 50,000명의 중국인이나, 1885년부터 1907년 사이에 도착한 180,000명의 일본인에 비해 월등히 적었다. 여기서 한인 이민자가 소수라는 점이 중요한 이유는 바로 이것이 한인 이주자들이 미국 사회에 빨리 적응하도록 작용했기 때문이다. 당시 이민자 수가 한인들보다 훨씬 더 많았던 중국인들이나 일본인들은 하와이와 서양의 전통문화와 문물로부터 어느 정도 고립되어 있었기 때문에 결과적으로 한인들보다는 동화가 늦어졌다고 볼 수 있다. 다시 말해서 한인들은 그들보다 수가 훨씬 적었기 때문에 한인들의 동화 속도가 그들을 비롯한 다른 소수민족의 동화 속도보다 훨씬 빨랐다.

둘째, 대다수 하와이 한인 이민자들은 그곳으로 이주하기 전에 농촌이 아닌 도시에서 거주했다. 그들이 그럴 수밖에 없었던 이유는 데쉴러의 동서개발회사(East-West Development Company)의 모든 이민 모집 장소가 조선의 항구 도시와 대도시에 있었기 때문이다. 그리고 이민자들 대부분이 기독교와 관련되어 있었는데, 그 이유는 기독교로 개종한 자들과 선교사들이 대도시에 거주하고 있었기 때문이다.

셋째, 한인 이민자들은 하와이 이주 전에 대부분 비농업 분야의 직업에 종사하는 사람들이 많았다. 이는 그들의 주거지가 도시이기 때문이기도 했지만, 많은 이주자들이 일용 잡부, 군인 출신, 지방 서기, 경찰, 광부, 어부, 선박공, 철도원, 나무 벌목공, 하인, 가정부, 학생, 정치적 망명자, 스님 출신 등이었기 때문이다. 그들 중 농부는 7분의 1 정도였고, 대부분이 도시 실업자들이었다. 이처럼 19세기 말의 시대적 전환기에 대부분의 한인 이민자가 농부가 아닌 도시 노동자, 혹은 실업자들이었다. 바로 이 점이 대부분이 농촌 출신이었던 중국인 이민자들과 일본인 이민자들과는 다른 점이었다.

넷째, 한인 이민자들이 하와이로 이주하기 전 도시에서 살았던 사람들이 대부분이었지만, 반드시 도시 출신이 아니었다. 그들의 상당수가 원래 시골에서 살다가 도시로 이동했거나, 도시로 도피한 사람들이었다. 1893년과 1905년 사이에 동학농민운동, 청일전쟁, 그리고 러일전쟁이 일어났다. 이러한 사건들은 많은 농민을 도시로 피난하도록 만들었다. 또한, 농촌에서 발생한 기근과 높은 세금으로 인해 고향에서 살 수 없었던 사람들도 많았다. 이처럼 한인 이민자들의 상당수가 그들이 모국을 떠나기 전 농촌에서 도시로 이동했다. 바로 이러한 점은 하와이 한인 이민 1세들 역시 처음에는 시골인 하와이 사탕수수농장의 삶에 적응한 다음, 도시인 호놀룰루로 거주지를 이동한 점과 유사하다.

다섯째, 한인 이민자들은 고국에서도 넓은 지역에 산재해 있었다는 사실이다. 데슐러 선교사의 11개 이민자 모집 사무실은 한반도 전역에 걸쳐 있었다. 한반도 북쪽의 성진과 의주로부터 중앙의 서울, 인천, 평양, 원산과 남쪽의 부산, 목포 등 대도시에 산재해 있었다. 이에 따라 하와이 한인 이민자 중 북한 출신이 많았지만, 이민자 모집이 이처럼 대체로 전국적인 분포를 보였다. 반면에 중국인과 일본인 이민자들은 주로 어느 한 지역의 출신자들이거나 농촌출신자들이 많았다. 이러한 사실은 나중에 하와이 한인 이민 1세들의 사회 구성에 중요한 의미를 부여했다. 다시 말해서 그들이 대도시 출신이었다는 점과 더불어 출신 지역이 다양했다는 점이 중국인과 일본인 이민자들과 달리 그들을 하나의 단일한 집단보다는 상당히 이질성을 가진 집단으로 만들었다.

여섯째, 한인 이민자들의 사회적 계급이 다양했다. 한인 이민자 중에는 양반 출신의 학식이 있는 사람들도 있었지만, 상당수는 하층민 출신의 거의 무학자들이었다. 이처럼 한인 이민자들이 다양한 계층의 출신이었다는 점이 이민 1세들의 이질성을 강화시켰다. 일본인과 중국인 이민자들에게서는 이러한 이질성은 거의 나타나지 않았다. 특히 중국 이민자들의 경우 상류층의 이민자는 극소수에 불과했다.

일곱째, 한인 이민자들은 기독교와 강한 유대관계를 가지고 있었다. 이는 농촌에서 도시로 이동한 하층민들에게 기독교가 쉽게 전파되었기 때문이었다. 기독교와 강한 유대관계를 지닌 한인 이민자들은 일본인과 중국인 이민자들과는 구별되는 요소 중 하나였다. 따라서 한인 이민자들은 하와이에 도착해서 세례를 받은 경우보다는 그들이 모국을 떠나기 전 이미 여러 도시에서 미국 선교사들과 접촉하여 세례를 받았을 뿐만 아니라 하와이에 대한 정보도 얻고 있었다. 또한, 그들은 도시에 살면서 선교사들이 세운 학교에서 한글이나 영어를 배우기도 하고, 서양 예절, 서양식 건물, 양복, 서양 음식과 약품, 서양 풍습 등을 접할 기회가 많았다. 이러한 한인 이민자들의 독특성은 그들이 하와이에 도착한 이후에도 기독교와 긴밀한 연관성을 가지게 되었으며, 폐쇄적인 유교적 보수성을 유지하기보다는 오히려 개방적이고 진보적인 편이어서 한인 이민자들이 서양 문화에 빨리 적응하는 데 도움을 주었다.

재미 한인의 이민사를 시기별로 살펴보면, 편의상 제1기에서 제4기까지로 구분할 수 있다.

제1기는 미국 한인 이민사의 제1기로 1902년부터 1905년까지다. 1902년 12월 22일 인천(제물포)에서 한국 역사상 처음으로 공식적인 노동이민자를 실은 배가 하와이를 향해 떠났다. 하와이로의 한인들의 노동 이민은 1905년까지 계속되었다. 하와이로 이주한 한인들은 최초 이민 계약이 만료된 후에도 대부분이 귀국하기보다는 미국의 서부지역으로 이동하였다. 나중에 그들이 미국 한인사회 공동체의 발판을 마련했다.

제2기는 1906년부터 1945년까지다. 당시 미국 한인 이주자들은 주로 일제의 탄압을 피해 이주한 정치 망명자와 유학생들이었다. 그들은 비록 소수였지만, 미국 현지에서 독립운동을 전개하는 등 활발한 활동을 펼쳤다.

제3기는 1946년부터 1965까지다. 대체로 다음과 같은 범주에서 미국이민이 이루어졌다. 당시 미국 한인 이주자들은 미국인과의 결혼을 통해 이주한 사람, 미국 가정에 입양된 전쟁고아, 그리고 미국으로 유학해서 정착한 사람들이었다.

제4기는 1965년 미국이민법이 개정되어, 대규모로 한인 이민이 가능해진 시기다. 1965년 이후 한인의 이주 형태를 구분하면 다음과 같다. 첫째, 한국 여성들이 미국인과 결혼해서 시민권을 얻은 다음에 초청한 그들의 직계가족, 둘째, 미국 유학생으로 갔다가 현지에서 시민권을 획득한 사람들과 그들이 초청한 직계가족, 셋째, 미국 현지 기업들과 고용계약에 의한 이민자들과 그들의 직계가족, 넷째, 무역과 상업 비자나 비즈니스 투자 비자로 미국에서 활동하다가 영주권을 얻은 사람들 등이다. 특히 1970년대는 가난에서 벗어나 아메리칸드림을 꿈꾸던 한국인들의 집단이민이 본격적으로 시작되었다. 그리고 1980년대는 미국으로 한국인들이 대규모로 이주한 시기다. 이처럼 미국 한인 이주자들은 크게 4단계의 이민을 통해 오늘날과 같은 재미동포사회를 형성하였다.

1903년 하와이 노동 이민으로 시작된 한인 이민 초기에는 이민자들 대부분이 주로 하와이 사탕수수농장에서 일했다. 그러다 점차 도시나 미국 본토로 이동하였다. 1920년대 이후부터는 샌프란시스코를 중심으로 대도시에 정착했다. 한인 이민자들이 증가함에 따라 미국 체류자들은 1920년부터 1960년 사이에 18개의 한인 학교를 설립했다.(손태근, 1988) 1965년 미국이민법이 개정되자 한인의 미국 이민자의 수가 급격히 증가하기 시작했다. 따라서 한인 이민자들은 로스앤젤레스, 뉴욕, 시카고 등 주요 대도시에 집중적으로 정착하여, 한인 집단거주지인 코리아타운(Koreatown)을 형성했다. 오늘날 재민 한인의 수는 200만 명 이상의 대규모 이민집단으로 성장했으며, 재외 동포 중 경제적으로나 사회적으로 가장 영향력 있는 이민 사회를 형성하고 있다.

▨ 제6절 재미동포의 경제활동과 공동체

1. 자영업의 탁월성

한인들의 미국 초기 이민은 농업 분야의 노동 이민의 형태로 시작되었다. 1923년 당시 미국으로의 이민은 동양계 이민을 차별하였고, 이민자들의 직업 구조도 매우 단순했다. 그러나 1965년 대규모의 미국이민이 진행하면서 한국계 이민 사회의 직업도 다양해지고, 경제구조도 복잡해졌다. 새로운 이주자 중 대다수가 한국에서 고등교육을 받은 전문인들이었지만, 미국 사회에서 전문 관리직으로 진출하기는 쉽지 않았다.

김형찬(1989)이 1986년에 발표한 재미동포의 직업분석에 따르면, 한인의 절반 정도는 학생, 주부 및 기타였고, 나머지는 각종 직업의 종사자들이었다. 그들 중 절반 이상이 상업과 서비스업에 종사했는데, 전문직은 5%에 불과했다. 이처럼 전문직 종사자 비율이 낮은 이유는 한국계 이민자들의 이민 1세대들이 대개 영어가 서투를 뿐만 아니라, 미국과 한국 간 교육제도의 불일치와 미국 사회에 존재하는 보이지 않는 인종차별 등에 기인하는 것으로 나타났다. 물론 이러한 경향은 1990년대 이후 이민 2세대와 3세대가 증가하면서 많은 변화가 있었지만, 아직도 여전히 제한적 수준에 머물러 있다.

재미동포들은 이민 초기에 의사, 간호사, 엔지니어 등 특정 직종에 취업한 사람들과 어느 정도 경제력이 있는 사람들을 제외하고는 대부분이 처음에는 힘든 노동부터 시작했다. 이민자들이 단순노동 중 가장 손쉽게 접근할 수 있었던 직종은 청소업이나 봉제공장 노동자였다. 단순노동에 종사하던 동포들은 한국에서의 노동 경험이 적고, 학력이나 경력에 비하여 임금이 낮은 직종이어서 일하는 데 많은 어려움을 겪었다. 따라서 그들은 기회만 있으면 스스로 독립할 수 있는 소규모 자영업(Small business)을 시작했다. 미국 대도시의 노점상이나 시장(Swap market)에서의 행상은 누구나 소자본으로 비교적 손쉽게 시작할 수 있어서 상당수의 한인이 자영업에 종사했다. 그리고 많은 한인이 이를 바탕으로 자금을 모아 대규모 사업에 진출했다.

재미동포들은 이민 초기에 언어 문제와 사회구조 상의 차이로 인해 직업 구조상 계층의 하락을 경험하다가 3년에서 4년까지의 정착과도기를 거쳐 소규모 자영업을 시작했다. 미국 정부의 직업분류에 따르면, 소규모 자영업은 100명 이하의 고용인을 가진 사업체이며, 5명 이하의 고용인을 둔 소기업을 '가족기업'으로 정의하고 있다.

재미동포들이 경영하는 소규모 자영업은 대부분이 이러한 종류의 가족기업에 속한다. 한국계 이민자들이 운영하는 소규모 자영업은 업종이 다양하다. 그러나 소규모 자영업 중에서도 특히 재미동포들이 많이 종사하는 업종은 식품점이나 잡화점, 의류 장신구 가게, 그리고 자동차부품 관련 업종들이다. 식료품점이나 잡화점은 세븐일레븐(Seven-Eleven)과 같은 편의점, 식료품 가게, 주류 판매점, 과일 가게, 채소 가게 등이 대표적이다. 의류 장신구는 1970~80년대에 가발공장이 주요한 업종이었지만, 현재는 액세서리, 네일아트, 시계방, 문방구, 완구점, 의류점 등으로 매우 다양해졌다.

재미 동포들이 소규모 자영업에서 탁월성을 보이며 상당한 수입을 올려 미국 정착에 성공한 것은 그들이 지닌 한인 특유의 근면성 때문이다. 예를 들어, 한인들이 경영하는 소규모 자영업은 토요일은 물론이고 일요일에도 영업하였으며, 미국인들이 주당 평균 40시간 일한 데 비해 한인 자영업자들은 하루 평균 10시간 이상 일했다. 미국에서 한인들의 이민경제 적응과정은 실제로 매우 다양하고 복합적인 과정의 산물이라 할 수 있다. 오늘날 재미동포는 여전히 이국땅에서 불굴의 의지로 어려운 환경을 개척해 나가고 있다. 그들 중 상당수는 어려운 환경과 역경을 극복하고 기업가나 정치가 등으로 성공하기도 했다. 재미동포들의 성공사례는 많은 이민자에게 '아메리칸드림'을 꿈꾸도록 여전히 도전정신을 촉진시키고 있다.

2. 미국 코리아타운과 공동체 형성

현재 미국 윌셔지구에 있는 LA 코리아타운은 한인들의 유입과 그들에 의한 소규모 자영업의 급증으로 1980년 로스앤젤레스시로부터 '코

리아타운'이라는 공식 명칭을 부여 받았다. 윌셔지구는 1950년대까지
주로 백인들의 거주지와 상업지였다. 그러나 1965년 이후 이주한 한인
들의 상당수가 이 지역으로 모여들어 코리아타운으로 불리는 지역에
서 자영업을 개시했다.

한국에서 1962년 이민법이 제정되고 1965년 미국 내의 이민법이
개정되어, 가족 초청 및 직업 기술 이민자들이 미국으로 이주하면서,
상대적으로 지대가 저렴하고 접근성이 좋은 올림픽 도로 주변에 한인
들의 자영업소들과 주택들이 들어서기 시작했다. 1971년에는 웨스트
올림픽 도로에 한인이 최초의 미니 몰을 세웠다. 1960년대 서독 파견
광부였던 이희덕 씨는 이 미니 몰 건물에 올림픽 마켓을 열었고, 사무
실 공간을 이민자들에게 임대했다. 1971년 이후 코리아타운은 많은
변화를 겪기 시작했다. 미국에서 한글 간판이 유독 많은 올림픽 도로는
한인 자영업 활동의 중심지가 되었다. 그리고 코리아타운은 지속해서
주변 지역으로 확장되었다.

LA 코리아타운은 2008년경 약 124,000명이 살고 있었다. 코리아타
운은 '로스앤젤레스 한인촌'이라 불리기도 하고, 'LA 코리아타운'이라
고 불리기도 한다. 미국 최대의 한인 밀집 지역은 로스앤젤레스 대도시
주변에 산재한 한인 주거지로 보기도 하나, 이곳은 한인 집거지라기보
다는 소수민족 혼합 거주지역에 한인 기관과 단체들 및 상업 서비스업
체들이 밀집된 상업지역이라 할 수 있다.

1) 코리아타운의 형성

한인의 미국 이주는 1900년대 초 최초로 이민선 갤릭호가 하와이
사탕수수농장에서 일할 노동자를 태우고 호놀룰루 항구에 도착하면서
시작되었다. 이렇게 시작된 미주 한인의 이민사는 이미 100년이 넘었

다. 이후 미국에서 1965년 이민자의 출신국 제한 규정을 완화하는 개정 이민법이 발효되면서 한인들의 미국이민은 급속도로 증가했다. 1972년 대한항공이 LA에 취항하면서 LA는 본격적으로 미국 내 한인의 중심도시가 되었다.

이와 더불어 한인들의 미국 내 진출 교두보는 하와이나 샌프란시스코에서 LA로 바뀌기 시작했다. LA에 한인들이 많이 거주하게 되자 경제적인 논리로 항로가 개설어, LA에 거주 한인이 폭발적으로 증가했다. 미국 항로 개설과 더불어 1977년까지 약 25만 명의 한국인이 미국 전역에 산재하기 시작했고, 시카고지역에 약 2만 5,000명의 한국인이 거주했다.

1979년 3월에는 서울-뉴욕 간 대한항공 노선이 뉴욕지역의 퀸즈(Queens)에 개설되었다. 이로써 많은 한인이 뉴욕에 정착할 수 있게 되었다. 1980년대 시행된 미국 인구센서스에 따르면, 35만 7,393명의 한인이 미국에 거주하였다. 1980년대 초반에는 한인의 절반 정도가 캘리포니아주에 거주했고, 6,000개의 소규모 자영업체가 LA에서 운영되고 있는 것으로 나타났다.

한인 자영업체들의 급격한 성장과 확대는 1980년 캘리포니아주 LA에 공식적으로 코리아타운이 형성되는 토대가 되었다. 당시 LA에 대한 한국인들의 이미지는 황금빛의 도시 그 자체였고, 한국에서는 '나성'이라 불리기도 했으며, 이를 찬미하는 노래까지 생겼다. 1992년 대한항공의 서울-시카고 항로 개설, 1991년 아시아나 항공의 서울-LA 직항 개설, 그리고 1992년 서울-뉴욕 직항노선 개설은 시카고, LA, 뉴욕에 자리한 3대 코리아타운의 성장을 견인하였다. 이처럼 대한항공과 아시아나 항공의 미국 항로 취항은 한국과 미국의 코리아타운을 연결하는 중요한 연결고리가 되었고, 한인의 미국 이민을 촉진했다.

이제 LA는 미국 한인 이주사의 중심지로 변모하였고, 미국 내 코리아타운 중 가장 많은 한인이 거주하는 지역으로 발전했다. LA 코리아타운은 다운타운과 LA 서쪽의 바닷가 부촌을 연결하는 중간지역에 자리하여 재미동포들의 비즈니스 활동의 터전이자 거점 역할을 담당하고 있다. LA 코리아타운은 사계절의 따뜻한 기후와 편리한 교통, 좋은 학군과 주변의 다양하고 풍부한 문화공간 및 쇼핑 공간 등 편리한 생활환경을 갖추고 있다.

그동안 LA 올림픽 도로를 중심으로 형성되었던 코리아타운은 점차 윌셔가로 중심이 옮겨지면서 영역을 더욱 확대해 가고 있다. LA 코리아타운은 한인타운의 경제력과 함께 문화적으로도 한인사회를 대표하면서, 한국을 미국의 주류사회에 전파하는 기지 역할을 담당하고 있다.

특히 최근에는 한류의 영향으로 백인을 비롯한 다양한 소수민족이 식당을 비롯한 자영업자들의 고객으로서 코리아타운을 방문하고 있다. 한인들에게도 LA 코리아타운은 비즈니스뿐만 아니라 베드타운(Bed Town)으로도 인기가 높고, 많은 동포들이 유입되어 고층 빌딩을 비롯한 대형 주거단지들이 개발되었다.

2) 코리아타운의 성장과 문화 활동

최봉윤(1979)의 재미 한인 연구에 따르면, 1905년과 1907년 사이에 약 1,000명의 한인이 더 나은 경제적 기회를 찾아 하와이를 떠나 미국 본토로 향했다. 로스앤젤레스 한인들은 1906년 최초로 한인장로교회를 세우기 위해 벙커 힐 지역에 있던 주택을 임대했다. 존 리의 연구에 의하면, 1910년 이곳에 대략 40~50명의 한인이 거주했다. 1930년 무렵 한인 주거 지역은 인근지역으로 점차 확대해 가기 시작했고, 한인장로교회 건물이 세워지기도 했다.[7]

〈자료 12〉 LA 한인장로교회(1930)

1965년 미국이민법이 개정된 이후 LA 코리아타운은 한인 이민자들이 모여드는 주요 정착지가 되었다. 이렇게 되자 코리아타운은 급속히 성장했으며, 새로 온 이민자들을 돕기 위한 사회 서비스 단체들과 미디어 기관들이 형성되기 시작했다. LA 코리아타운은 이곳에 처음 도착하여 언어장벽에 부딪힌 한인 이민자들에게 삶의 안식처를 제공했다. 그리고 한인들은 자신들의 상업 기술과 자본을 총동원하여, 코리아타운을 경제적으로 번성하는 공동체로 탈바꿈시켰다. 1982년에는 코리아타운개발협회(KDA)의 협력으로 캘리포니아주 교통국이 '코리아타운'이라는 간판을 지정하였다.

코리아타운은 여전히 갓 이민 온 수많은 뉴커머 한인에게 고향과도 같은 정착 기능을 담당하고 있다. 하지만 코리아타운은 다민족들의 집거지 중 하나다. 이 지역에 거주하는 다수의 이민자는 라틴계들이다. 1990년 인구센서스에 의하면, 한인들은 전체 주민의 15% 미만이다.

---

7) 최봉윤(1983), 『미국 속의 한국인』, 종로서적.

코리아타운은 다양한 한인 커뮤니티 단체, 텔레비전과 라디오방송국, 뉴스 미디어와 종교단체들이 밀집해 있어 한인들의 심장부 같은 역할을 했다. 하지만 다양한 소수민족들이 혼종화하는 공간으로 변화하고 있다. 따라서 점차 한인들이 몰려 사는 집거지 공간이라는 특징, 즉 소수민족들의 사회적으로나 공간적으로 제한된 장소가 갖는 특징은 점점 사라지고 있다. 또한, 미국 내 소수민족들에 대한 주택 차별이 완화되면서 부유한 한인들이 점점 교외 지역으로 이동하고 있다.

비록 코리아타운은 한인 이민자의 수가 감소하고 있지만, 한국으로부터의 투자가 촉진되면서 상업 활동의 중심지로 발전하고 있다. 코리아타운에는 나이트클럽, 쇼핑몰, 화장품 가게, 레스토랑, PC방, 가라오케, 사우나 스파 등과 같은 유흥오락시설이 즐비하게 들어서 있다. 이곳에 술집들과 클럽들이 들어서면서, 밤에 생생한 한국의 음주 문화를 즐기려는 현지인들이 모여들고 있다. 코리아타운의 이러한 유흥오락시설들은 오랜 외국 생활로 지친 한인들의 향수를 달래 주기도 한다. 그래서 그들은 마치 서울의 축소판에 와 있는 것처럼 느끼기도 한다. 하지만 이와 동시에 이러한 유흥오락 시설들은 밤늦은 시간대까지 영업하기 때문에 폭력, 음주 운전, 매춘, 범죄 노출과 같은 심각한 사회문제들이 발생하고 있다.

미국 내 재미동포들이 결성한 단체는 총 1,000여 개가 넘는다. 특히 뉴욕, LA 등 한인들이 많이 거주하는 지역에는 관련 단체가 200개가 넘는다. 외교통상부가 발표한 2011년도 '재외공관별 한인 단체 현황'에 따르면, 미국 내 한인 단체는 총 1,129개로 지난 2010년의 1,000개보다 129개 증가했다. 뉴욕 총영사관 관할지역 내 한인 단체가 가장 많았고, LA 총영사관의 관할지역 내 한인 단체가 두 번째로 많았다.

지역별로는 뉴욕과 뉴저지 등 뉴욕 총영사관 관할지역의 한인 단체가

238개로 가장 많았고, 남가주와 애리조나, 네바다 등 LA 총영사관 관할 지역은 234개였다. 뉴욕 총영사관 내 한인 단체의 수는 2년 전과 같았지만, LA 총영사관 내 한인 단체의 수는 7개 정도 증가했다. 워싱턴 DC의 주미대사관 관할지역의 한인 단체의 수는 154개였고, 시카고 총영사관은 132개, 샌프란시스코 총영사관은 109개였다. 시애틀 총영사관은 97개, 호놀룰루 총영사관은 82개, 애틀랜타 총영사관은 41개였다.

한편, LA 총영사관 관할지역 내 존재하는 한인 단체의 특징을 살펴보면, 봉사단체가 약 40개로 가장 많았고, LA 세계한인무역협회, LA 한인상공회의소 등 경제단체가 27개, LA를 포함한 지역 내 한인회가 약 20개였다.

또한, 남가주 한의사협회를 포함한 학술단체 19개, 재향군인회 17개, 예술단체 16개, 정치 및 문화단체 각각 15개, 노인회가 14개였다. 그 외에도 종교단체 12개, 체육단체 9개, 향우회 5개, 교육단체 4개, 기타 단체가 5개였다.

LA 총영사관 관할지역 내 한인 단체들은 애리조나 지역 한인회 7개, 네바다 3개, 뉴멕시코 1개를 제외한 전체의 95% 이상이 남가주 지역에 집중되어, 지역에 따른 불균형 현상을 보였다. 한인 단체들은 코리아타운을 중심으로 매년 대규모 행사를 개최하여 한국의 전통문화와 음식 문화를 알리는 데 노력하고 있다.

제4장
중앙아시아 고려인동포와 다문화

■ 제1절 중앙아시아 고려인동포의 분포

　중앙아시아 국가들은 대부분 영어로 'CIS(Commonwealth of Independent States)', 한국어로 '독립국가연합'로 표기한다. 독립국가연합(CIS)은 1991년 12월 말 소련(소비에트사회주의공화국연방)이 해체되기 직전인 12월 8일 구소련 15개 구성 공화국 중 11개 공화국으로 창설되었다. 독립국가연합(CIS)은 2005년에는 정회원국이 12개국이었는데, 2008년 조지아(그루지야)가 탈퇴하고, 2014년 우크라이나 탈퇴, 2023년 몰도바가 탈퇴함으로써 2023년 8월 현재 정회원국은 8개 국가다. 즉, 러시아, 벨라루스, 카자흐스탄, 우즈베키스탄, 타지키스탄, 키르기스스탄, 아르메니아, 아제르바이잔이다. 그리고 준회원국으로 투르크메니스탄이 있다.[1]

　일반적으로 구소련지역을 중심으로 거주하는 재외동포를 '고려인(카레이스키)'라고 부른다. 고려인은 조선이 일본으로부터 식민지지배를 받던 시대에 국경을 넘어 러시아 연해주 등 여러 지역에 정착해 살다가 소련이 무너지자, 현재는 15개 국가에 흩어져 디아스포라의 삶을 이어가고 있다. 말하자면, 고려인은 러시아를 비롯한 독립국가연

---

1)　외교부(2019), 〈2019 키르기스스탄 개황〉.

합과 발트 3국(에스토니아, 라트비아, 리투아니아), 투르크메니스탄, 몰도바 등에 살고 있는 재외동포를 총칭하여 일컫는 용어다. '고려인'의 러시아어 발음을 한글로 표현하면 '까레이쓰끼'인데, 한글맞춤법에 따라 '카레이스키'라 표현하며, 현지 거주 재외동포들은 자신을 '고려사람(Koryo-saram)'이라고 한다.

1990년 소련의 마지막 인구센서스에 따르면, 구소련지역에 거주하는 고려인은 43만 8,650명이었고, 당시 소련 인구 2억 8천 6백만 명 중 1.54% 정도를 차지했다. 소련 내에는 119개의 소수민족이 살고 있었는데, 그들 중 고려인은 절대 인구 측면에서 29번째로 많은 인구를 차지하였고, 도시 거주자의 인구 비율도 높았다. 고려인들의 주요 거주지는 러시아와 중앙아시아 지역의 국가들이며, 러시아에 거주하는 고려인 동포의 수는 약 11만 명으로 추정된다. 그밖에 사할린(Sakhalin)주와 연해주(Primorskiy) 및 하바롭스크(Khavarovsk) 지방에 약 40,000명, 아무르(Amur)지역에 약 35,000명, 북캅카스지역에 약 18,000명, 수도 모스크바와 주변 지역에 약 5,500명, 그리고 상트페테르부르크에 약 2,000명이 거주하고 있다. 현재 중앙아시아 지역에 거주하는 고려인의 수는 약 32만 명이다. 그들은 우즈베키스탄과 카자흐스탄에 집중적으로 거주하고 있다.

구소련지역에서 살고 있는 고려인들을 세대별로 크게 3개 유형의 그룹으로 분류할 수 있다. 제1그룹에 속하는 고려인들은 한반도에서 러시아 제국 시대에 극동으로 이주한 한인들이다. 이 그룹에 속하는 고려인들의 수가 가장 많다. 1860년대부터 시작된 한인의 소련 이주는 수차례에 걸쳐 지속되었다. 그들은 현재 2세대부터 5세대까지 세대를 이루어 살고 있다.

제2그룹에 속하는 고려인들은 사할린에 살고 있는 동포들이며, 그 수는 약 6만 명에 이를 것으로 추정된다. 그들은 1939년부터 1945년 사이 일제의 기만과 강압 정책으로 이주하여 사할린에서 강제노역을 당했다. 사할린은 제2차세계대전이 발발하기 이전에는 일본의 영토였으나, 종전과 더불어 소련의 영토로 귀속되었다. 그러자 일부 고려인들은 일본으로 이주했고, 나머지는 남사할린에 잔류하게 되었다. 남사할린에 잔류한 고려인의 수는 약 47,000명이다.

제3그룹에 속하는 고려인들은 재소한인들이다. 이 그룹에 속하는 고려인들의 수가 가장 적다. 그들은 노동자 신분으로 소련에 갔다가 잔류하였거나, 유학생 신분으로 대학과 연구소에서 공부하거나 연구하다가 귀국하지 못한 사람들이다. 그리고 제3그룹에는 북한에서 국경을 넘어가 소련 시민으로 귀화한 이주민들도 포함되어 있다. 제3그룹에 속하는 고려인들을 내부적으로 상세히 살펴보면, 소련에 남아 소련 국적을 취득한 사람들과 북한 국적으로 소련에서 일시적으로 체류하는 이주민들로 구성되어 있다.

구소련 당시 인구통계에 의하면, 중앙아시아 지역에는 1937년 스탈린에 의해 강제 이주를 당한 고려인들이 중앙아시아(우즈베키스탄, 카자흐스탄, 타지키스탄, 투르크메니스탄, 키르기스스탄) 지역에 약 321,089명이 거주하고 있었다. 이는 구소련 전체 고려인의 약 73%에 해당한다. 공화국별로는 우즈베키스탄에 약 183,000명, 카자흐스탄에 약103,000명, 키르기스스탄에 약18,000명, 타지키스탄에 약 13,000명, 투르크메니스탄에 약 3,000명이 거주하고 있었다. 고려인들이 가장 많이 거주하는 우즈베키스탄에는 전체 우즈베키스탄 인구의 약 1%, 카자흐스탄에서는 전체 우즈베키스탄 인구의 약 0.6%를 차지했다.

고려인들은 자신의 집거지에서 비록 독립된 자치구를 갖고 있지는 못하지만, 각 공화국의 도시 또는 인근지역에 거주하고 있다. 예를 들면, 우즈베키스탄에 거주하는 고려인 중 약 90,000명이 타슈켄트 지역에 집중적으로 거주하고 있다. 초기 고려인 이민자들은 주로 농촌지역에 거주하여 그들 대부분이 농업종사자들이었지만, 소련의 도시화가 진전되어 상당히 많은 고려인이 도시지역으로 이주했다.

2008년도 인구통계에 따른 고려인의 인구분포는 러시아의 인구 약 1억 4,350만 명 중 고려인(한국인과 조선인 포함)은 약 148,000명, 우크라이나 인구 약 45,706,100명 중 고려인은 약 13,000명이다. 카자흐스탄의 인구 약 16,558,459명 중 고려인은 약 100,000명, 우즈베키스탄 인구 약 29,341,200명 중 고려인은 약 176,000명이다. 그밖에 타지키스탄 인구 약 6,976,985명 중 고려인은 약 6,000명, 키르기스스탄 인구 약 5,507,000명 중 고려인은 약 19,000명 등으로 중앙아시아 지역에 고려인은 약 55만 명이다. 또한, 외교통상부가 2011년 7월에 발표한 자료에 의하면, 중앙아시아 지역 중 우즈베키스탄 173,600명, 카자흐스탄 107,130명, 키르기스스탄 18,230명, 타지키스탄 1,740명, 투르크메니스탄 884명 등으로 약 30만 1,584명의 고려인이 거주하고 있다.

▓ 제2절 고려인동포의 이주 역사와 정착

1. 고려인동포의 연해주 지역 이주

러시아가 중국의 영토에 속했던 극동 연해주와 아무르주 등 중국과의 접경지역을 점령한 시기는 19세기 후반이다. 이때부터 조선이 러시아와 국경을 접하게 되면서 이민이 시작되었다. 러시아에 남아있는 기록에 따르면, 1857년부터 한인들이 러시아 국경지대에 출현하기 시작했다. 그런데 한인의 러시아 이주의 시작에 관한 공식적인 기록은

1863년부터다. 이때부터 한인들이 이동하기 시작해 1864년 1월경 14 가구 65명의 한인이 8개의 초막을 짓고 땅을 경작하며 현지에 정착하였다. 1865년 연해주 군무지사는 이 마을 이름을 '례자노보'라고 지었다. 이후 한인의 수는 급증하고 성공적으로 현지에 정착함에 따라 러시아 행정당국은 한인에게 특별한 관심을 갖기 시작했다.

그 후 러시아의 지원으로 한인의 수는 더욱 증가하여, 1867년 1월 1일 185가구 999명에 달했다. 한인의 이동은 계속되어, 1869년에는 한반도에서 발생한 기근을 피해 죽음을 무릅쓰고 이주해 온 한인도 많았다. 이처럼 한인이 러시아로 대거 이동하자, 같은 해 12월 초에 러시아의 푸루겔름 제독의 지시에 따라 쟈첸코 대령이 함경북도 북동부의 두만강 하구에 있는 경흥군으로 가서, 조선 당국에 한인 이동의 중단에 관한 단호한 조치를 요청했다. 하지만 한인들은 자국으로 되돌아가면, 죽게 될 것임을 알고 귀환을 거부했다. 왜냐하면, 당시 조선의 쇄국법이 엄격하여 그들이 처벌을 받을까 두려워했기 때문이다. 그러자 러시아는 노동력이 필요한 석탄광업, 건설업, 블라디보스토크 항구 건설, 군함에 필요한 목재공급 등에 그들을 동원했다. 1870년경 한인의 수는 8,000~9,000명에 달했다.

하지만 러시아는 1880년대에 조선으로부터의 한인 이민을 더 이상 수용하지 않고, 이미 이주한 한인들도 국경지대에서 내륙 지방으로 이주시키는 정책을 시행했다. 그런데 다행히도 1893년 프리아무르 총독이 두홉스키 총독으로 바뀌어 한인에 대한 관대한 이민정책을 취하기 시작했다. 따라서 한인들은 대규모의 추방 위협에서 벗어날 수 있게 되었다. 또한, 1900년대에 일제의 조선 침략이 시작되면서, 조선의 망명 정치가들이나 독립운동 지사들이 연해주로 이주했고, 1905년에는 이 지역이 독립운동의 전초기지가 되었다. 특히 1910년 일본의 조선에

〈자료 13〉 러시아 블라디보스토크의 과거와 현재

대한 강제병합으로 러시아로의 한인 이주는 더욱 증가했다. 왜냐하면, 일제의 횡포와 통치에서 벗어나려는 사람들이 러시아로 대거 이주했기 때문이다.

1917년 10월 볼셰비키 혁명이 발생한 후 1922년 일본과 러시아 간 전쟁에서 패한 일본군이 퇴각하면서 고려인이 연해주 지역에 정착하는 듯했다. 그러나 1937년 스탈린이 고려인을 중앙아시아 지역으로 강제 이주시키고, 1991년 12월 26일 소련이 붕괴하면서, 고려인(카레이스키)은 15개 독립 국가에 흩어져 살고 있다. 이처럼 고려인 동포는 땅의 주인이 바뀔 때마다 많은 고통을 감내하며 살아오고 있다.

1917년 10월 러시아혁명은 한인의 러시아 이민과 러시아의 이민정책에 큰 변화를 초래했다. 10월 혁명 이후 연해주를 비롯한 극동지방은 적군과 백군이 내전을 치르고 있었고, 일본군이 시베리아에 진출하는 상황이었기 때문에 당시 러시아의 이민정책은 본격적으로 시행할 수 없었다.

1922년 러시아 공산당은 소비에트의 승리가 분명해지자, 토지문제와 같은 많은 문제를 안고 있는 고려인들이 극동지방에 거주하는 것을 탐탁지 않게 생각하여, 극동지방에서 그들을 타지방으로 이주시키려는 계획을 세웠다. 하지만 당시 대규모 이주 정책을 곧바로 시행하기에는 정치적으로나 경제적으로나 여건이 충분하지 못했다.

그러다가 1926년 러시아 공산당은 경제적인 문제를 기회로 고려인들을 국경지대에서 멀리 떨어진 구소련지역의 내륙으로 이주시키고, 국경지대에는 고려인들보다 더 신뢰할 수 있는 러시아인을 포함한 유럽지역의 이주민을 수용해 고려인들의 자리를 대신 채우려는 계획을 세웠다.

2. 고려인동포의 이주 과정과 현지 정착

고려인이 러시아 이주 과정을 시기별로 구분하면, 다음 4단계로 구분할 수 있다. 제1기는 1863부터 1884년까지다. 이 시기에는 고려인들이 경제적인 곤란으로 이주하기 시작했다. 제2기는 1884부터 1893년까지다. 이 시기는 조선의 농민들이 몰락하던 때였다. 제3기는 1894부터 1910년까지다. 이 시기는 한반도를 둘러싸고 일본과 러시아가 경쟁을 벌이던 시기다. 따라서 이 시기에는 정치적 망명자들이 많았다. 마지막 제4기는 1910부터 1917년까지다. 이 시기는 일제가 토지조사 사업을 벌이던 시기다. 이 시기에도 많은 농민과 정치적 망명자들이 이주했다. 1910년 일제의 강제병합으로 조선이 주권을 상실하게 되자, 러시아에 이미 정착해 있던 한인들이 러시아에 대거 귀화하게 되면서 러시아 이민자의 수도 계속 증가하였다. 당시 한인의 러시아 이주 과정을 요약하면, 다음 〈표 10〉과 같다.

〈표 10〉 고려인동포의 이주 과정과 주요 사건2)

이주 연도	이주에 따른 주요 사건의 기록
1850년대	한인의 자발적 이주. 러시아의 극동지역의 개발을 위해 러시아 정부의 묵인하에 한인들이 계절 농민 이주의 형태로 이주하기 시작.
1863년	연해주 포시에트 지역으로 한인 13가구가 이주한 것이 최초의 기록.
1867년	185가구 999명이 이주.

1869년	한반도 북녘의 대기근으로 이주민이 급증, 약 1만 명 이주.
1902년	한인 이민자 수 32,380명.
1905년	연해주가 을사조약 이후 독립운동의 전초 기지가 됨.
1908년	독립운동이 1,451건 발생하고, 참가 인원은 약 6만 9,800명, 연해주 총독의 박해로 독립운동 장소가 만주로 이동.
1910년	경술국치 후 한인 이민자 수가 급증.
1914년	한인 이민자 수가 약 6만 3,000명, 블라디보스토크에 신한촌 건설.
1917년 10월 (볼셰비키 혁명 이후)	스탈린 체제하의 극동지역에서 수십 개의 농업, 어업 '콜호즈(Kolkhoz: 소련 농업 생산협동조합, 집단농장)'를 조직하는 등 경제, 사회, 문화적 잠재력을 갖춘 한인 공동체 형성. 아리랑 라디오 방송, 주간지 「일치」 등 언론사가 있고, 전통무용 공연단 「만남」 등 활동 중.
1918년	4월 일본군 연해주 점령.
1922년	10월 일본군이 연해주에서 철수해, 친일 거류민단 5,000명과 함께 귀국.
1923년	재소 고려인 동포 약 10만 명이 거주. 실제 25만 명이 거주.
1932년	연해주 한인 동포 학교 380개. 잡지 6종, 신문 7종 발행.
1937년 8월 21일	9월 21일-11월 15일. 극동지역의 한인을 중앙아시아 지역으로 강제 이주시킴. (이주 전에 한인 지식인 2,500명을 총살형) 이주자 수는 카자흐스탄 98,454명, 우즈베키스탄 74,500명. 이주 도중 사망자를 포함한 이주자 수는 총 약 18만 명 추산. 화물차량이나 가축 차량에 집단 수용돼, 약 한 달 동안 이동한 탓에 질병 등 열악한 조건에서 어린이 약 60%가 이주 도중 사망.
1938년 3월	이주민에게 정주구역 배당. 이주민의 대부분은 농업에 종사했고, 주로 집단농장을 형성하여 거주.
1953년	약 16년 동안 집단 수용소 생활과 비슷한 생활을 함(예: 민족교육 금지, 국가기관 취업과 취학의 제한, 사회·정치적 진출도 사실상 봉쇄).
1953년	스탈린 사망 이후 모든 제한 조치를 완화.
1989년 11월 14일	소련 당국은 한인에 대한 강제 이주의 불법성 인정하는 성명을 발표.
1991년 4월 26일	러시아는 '탄압받은 민족의 명예회복에 관한 법'을 공포. 구소련이 해체되고 독립 국가들이 탄생함에 따라 새로운 이주와 유랑생활이 시작됨.
1993년 4월 1일	러시아는 '러시아 고려인 명예회복에 관한 결정'을 발표. 그러나 중앙아시아 국가들에서는 아직 고려인의 명예 회복에 관한 법이 마련되지 않음.

---

2) 주요 내용을 바탕으로 필자 작성.

▓ 제3절 고려인동포의 강제 이주와 귀환

1. 1937년 스탈린에 의한 고려인동포의 강제 이주

사할린은 러시아 연해주의 동쪽에 있다. 러시아 사할린주(州)는 사할린섬과 그 부근의 작은 섬들 및 쿠릴열도를 포함하고 있으며, 유즈노사할린스크시가 주도(州都)다.

청나라 말기에는 청이 사할린에 미약하지만 영향력이 있었다. 18세기에 러시아와 일본 간에 이 섬을 두고 심한 경쟁이 시작되었다. 1855년에 맺은 화친조약에 의해 러일 양국이 사할린을 공동으로 통치하다가, 1875년 상트페테르부르크조약으로 러시아가 쿠릴열도를 일본에 할양하고 사할린을 넘겨받았다. 1905년 러일전쟁에서 승리한 일본은 포츠머스조약으로 북위 50도 이남의 사할린(남사할린)을 할양받아 식민지 통치를 했다. 1945년 일본이 제2차세계대전에서 패전하면서 사할린은 소련의 영토로 복속되었다.

구소련은 1937년 8월 21일 사할린 한인들을 외국의 스파이 행위자로 몰아, 즉 일본이 한국인이나 중국인 스파이들을 러시아에 파견하고 있다는 등의 불분명한 이유를 들어 그들을 공식적으로 강제로 이주시킬 것을 결정했다. 이에 따라 소련공산당(볼셰비키) 극동지방위원회, 극동지방 집행위원회, 내무인민위원국은 구소련의 국경 부근 지역인 포시에트, 몰로토프, 그로데코보, 한카, 하롤, 체르니고프, 스파스크, 슈마코보, 포스티셰프, 비킨, 뱌젬스키, 하바롭스크, 수이푼, 키롭스크, 카리린, 라조, 스보보드느이, 블라고베시첸스크, 탐보브카, 미하일로프, 아르하라, 스탈리노, 블류헤르 등에서 모든 한인을 남카자흐스탄주의 아랄해, 발하시지역 및 우즈베키스탄으로 이주하도록 지시했다.

스탈린에 의한 고려인의 강제 이주는 1937년 가을에 시작되어 "3일

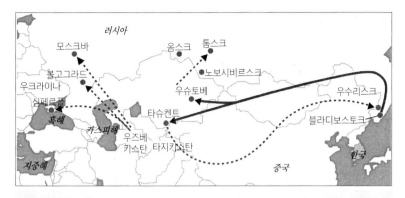

〈자료 14〉 고려인동포의 이동 경로와 정착지 우슈토베

안에 현장을 떠나라"는 붉은 명령서가 도착하면서부터, 약 180,000명
의 고려인이 시베리아의 칼바람이 고스란히 들어오는 가축 운반용 기
차에 실려 약 40일간의 기나긴 여정을 거쳐 사할린에 정착하게 되었다.
 한국은 1945년 일제강점기로부터 해방을 맞이했고 1950년 한국전
쟁을 거치면서도 근대화에 성공한 후 1988년 서울올림픽과 2002년의
월드컵대회를 치르면서, 경제가 비약적으로 발전하였다. 하지만 한인
들은 일본의 식민지지배와 더불어 러시아 연해주로 이주했고, 그런데
그들은 적성국 이민자로 몰려 강제로 이주했다. 그리고 이민 2~3세들
은 구소련의 붕괴 후 여전히 구소련에서 독립한 15개 국가에서 유랑생

활을 하고 있다.

2. 한국과 일본으로 고려인동포의 귀환

사할린으로의 한인 이주는 1870년대로 추정된다. 1897년 러시아 정부가 실시한 인구조사에 따르면, 당시 한인은 67명 정도였다. 그들은 주로 두만강을 건너 연해주에서 거주하다가, 바다를 건너 동쪽에 있는 사할린섬에 정착했다. 초기에는 북사할린에 거주하는 자들이 많았고, 블라디보스토크 등 러시아의 극동지역뿐만 아니라 만주 지역의 한인들이 점차 사할린으로 이주하기 시작했다.

일제의 조선에 대한 강제병합 이후 1910~1918년에 시행한 토지조사사업으로 수많은 조선 농민이 토지를 잃고 생계를 위해 고향을 떠나게 되었다. 한인들은 1904~1905년의 러일전쟁에서 승리한 일본에 귀속된 북위 50도 이남의 남사할린(가라후토)으로 이주했다. 당시 일본은 사할린을 본격적으로 개발했는데, 이를 위한 안정적인 노동력 확보가 중요했다. 왜냐하면, 일본인 노동자들이 사할린의 열악한 노동조건으로 인해 사할린에서 일하기를 꺼렸기 때문이다. 그래서 일본 당국은 그들을 대체할 안정적인 노동력으로서의 한인들을 적극적으로 유입하는 정책을 실시했다.

그러나 1937년 소련의 강제 이주 정책으로 연해주의 고려인들과 함께 북위 50도 이북의 북사할린에 거주하던 한인 1,000여 명이 중앙아시아로 강제로 이주당했다. 결과적으로 사할린에는 과거 일본의 영토였던 남사할린에만 한인들이 거주하게 되었다. 사할린 한인들의 강제이주 후 많은 세월이 지나서 모국 귀환사업이 추진되었다.

1) 고려인동포의 일본 귀환

1956년 '일-소 공동선언'에 따라, 사할린에서 일본으로 귀환한 한인들을 중심으로 1958년 2월 동경에서 '사할린억류 귀환한국인회(대표 박노학)'가 결성되었다. 그들은 먼저 서신 왕래와 사할린 잔류자의 일본 귀환 촉진을 호소하는 운동을 시작으로 1975년 12월 사할린 코르사코프에 거주하던 엄수갑 씨 등 4명이 일본 국가를 상대로 '사할린 잔류자 귀환 청구 소송'을 동경지방재판소에 제출했다. 이로써 사할린 한인 문제의 해결을 촉구하는 운동이 본격적으로 시작되었다. 15년간 지속된 이 소송은 1983년 4월 '아시아에 대한 전후 책임 연구회'가 결성되는 계기가 되었다.

1987년 7월 17일 일본 국회의원을 중심으로 '사할린 잔류 한국·조선인 문제 의원간담회(일본 국회의원 155명 참여)'를 발족했다. 1988년 4월 일본 외상은 사할린 잔류한인에 대해 일본이 도의적 책임이 있다는 점을 인정했다. 그리고 1989년 7월 한-일 양국 적십자사로 구성된 '사할린 거주 한국인 지원 공동사업체'가 결성되어, 이 사업체가 모국 방문(일시 방문 및 영주귀국)에 관한 문제를 전담하게 되었다.

한편, 1990년 8월 28일부터 사할린 한인 문제에 대한 본격적인 소송이 시작되었다. 이 소송은 일본 정부에 법적인 책임을 추궁하고, 이를 바탕으로 보상을 청구하는 최초의 '전후 보상' 재판이었다. 이 소송에서 사할린에 강제로 연행된 21명(사할린 잔류한인, 영주귀국자, 유가족으로 구성)이 일본 정부에 1인당 1,000만 엔의 보상금을 청구했다. 하지만 이 소송은 1994년 7월 14일에 취하되었다. 왜냐하면, 당시 피고인 일본 정부가 사할린 한인들에 대한 지원정책의 기본방향(소위 '50년 파일럿 프로젝트')을 준비하는 과정에서 만약 재판 결과가 잘못 나올 경우, 이에 부정적 영향을 미칠 수 있다는 이유를 내세워 원고 측에 소송을 취하하라고 권유를 했기 때문이다. 그러자 원고 측은 이 권유를 받아들여 재판을 중단했다. 원고 측은 일본 정부와의 타협에 주력하는 편이 더 낫다고 판단하여 소송을 취하한 것이다. 이러한 '50년 파일럿 프로젝트'에는 모국 방문, 지역 방문, 영주귀국 비용, 영주귀국자의 거주시설 건립, 사할린 잔류 고려인들을 위한 문화센터 건설 지원 등에 관한 내용들이 포함되어 있었다.

2) 고려인동포의 한국 귀환

1966년 2월 국회 외무위원회에서 외무부 장관이 '공산지역(화태) 피억류 교포 송환'에 관한 보고서를 제출해, 사할린 한인 문제가 한국 국회에서 처음으로 논의되었다. 그리고 1968년 6월 14일 '사할린 억류 교포 송환 촉진에 관한 건의안'이 의결되었다. 1970년 8월 이두훈 씨가 대구에서 '사할린 억류교포 귀국촉진회(1980년 2월 '중소 이산가족회'로 개칭)'을 결성하여, 이산가족들의 의견과 이익을 대변하고, 이산가족 재회 사업을 적극적으로 추진했다. 1972년경 일본에서도 '사할린 억류 귀환 한국인회에 협력하는 여성들의 모임'이 결성되어, 일본 내 여론을 주도했다.

한편, 한국 정부는 사할린 한인 문제에 대해 무관심했을 뿐 아니라 모국을 그리워하는 수많은 재외동포에 대해서도 소홀했다. 더욱이 한국 정부는 사할린 한인 문제를 반일과 반공 문제로 연계하여 정치적으로 이용하면서, 정권의 정통성 위기를 극복하는 데 활용하기도 했다. 한국 정부는 사할린 한인에 대한 일차적인 책임은 일본이 있으며, 일본이 먼저 책임을 지겠다고 나서면, 한국도 이에 상응하여 적극적으로 나서겠다는 수동적인 태도를 보였다. 또한, 한국 정부는 일차적인 책임이 일본에 있다고 하더라도, 일본의 책임은 법적 책임이 아니라 역사적,

도덕적, 인도적 책임에 불과하다는 일본 정부의 방침을 수용하여, 일본 측에 법적 책임의 추궁을 취하지 않겠다는 태도를 보였다.

이러한 과정에서 한국 정부는 '사할린동포 영주귀국업무 처리 지침'을 마련했음에도 불구하고, 한국 정부의 반응은 매우 소극적이었다. 일본 정부가 제안한 다음과 같은 내용을 수용한 것이다. 즉, 한국과 일본 정부를 주체로 한 것이 아니라, 적십자라는 민간 기구를 통해 '영주귀국 사업'을 실시하자는 것이 일본 정부의 제안이었다. 일본 정부의 이러한 방식의 수용은 사할린 한인에 대한 '법적 책임'을 뒤로 미룬 채, '역사적, 도덕적, 인도적 책임을 회피한 지원'이라는 비판을 받고 있다.

▨ 제4절 고려인동포의 귀환과 당면 과제

1. 고려인동포의 귀환과 일본 정부의 책임

사할린 한인의 귀환에 대해 일본 정부는 자신의 '책임'은 인정하지 않으면서도 그들의 모국귀환을 '지원'하는 모순적인 태도를 보였다. 한국도 일본이 일차적 책임자라는 기존의 관점에서 벗어나, 일본이 취하는 조치에 따라 상응하는 조치를 취했다.

일본 정부는 그동안 사할린 한인의 모국 방문사업(일시 방문, 영주귀국, 영주귀국자의 사할린 방문)에 약 700억 원을 지원했다. 일본 정부는 이러한 '자금지원'으로 의무를 다했다는 태도를 보였지만, 한국 정부는 이러한 일본 정부에 대해 아직 별다른 이의를 제기하지 않았다.

사할린 한인의 영주귀국에 관한 문제는 앞으로 시간과의 싸움이기도 하다. 1945년 종전 당시 43,000명의 한인이 사할린에 억류되어 거주하고 있었다. 현재 그들 중 90% 이상이 사망했다. 아직도 한국으로의 영주귀국을 희망하는 사할린 한인 1세들이 있으며, 현실적인 이유로 한국으로의 영주귀국을 포기하고 사할린에 잔류하는 한인 1세들도 있다. 그동안 한국 정부와 일본 정부가 그들에게 영주귀국의 기회를 제공하지 않아, 세월이 많이 흐른 지금은 고령으로 건강이 좋지 않은 고려인들이 대부분이다. 따라서 사할린 한인의 영주귀국 문제는 '더 이상 지체할 수 없는 조속히 실현해야 할 사업' 중 하나다.

  사할린 한인 동포의 귀환과 관련된 책임 문제는 시간이 지나면서 두 가지 흐름으로 발전했다. 하나는 종전 당시 귀환 책임에 관한 문제다. 그동안 한일 양국이 적십자사를 통해 실시한 모국 방문사업이 이에 해당한다. 또 하나는 사할린 한인 동포의 귀환 불이행에 대한 책임의 문제다. 즉, 사할린 한인 동포를 적절한 시기에 귀환시켜야 했는데 그렇지 못했다. 현재 사할린 한인 4세들이 출생한 지도 20년 이상 지났고, 이미 90% 이상을 차지하던 한인 1세대도 사망했다. 따라서 이제는 그들의 모국귀환 불이행에 대한 책임이 새로이 성립되었다고 볼 수 있다. 아직 이 두 번째 책임에 관한 문제가 본격적으로 제기된 바가 없다. 이러한 두 번째 책임의 문제가 본격적으로 제기되기 전에 사할린 한인 동포의 영주귀국 문제가 조속히 그리고 납득할 만한 수준으로 해결되어야 할 것이다.

2. 일제의 한인 강제 동원과 개인 재산청구권

  구소련 사할린으로 강제로 동원되었던 한인들은 일본 전시체제 중에 임금도 제대로 받지 못한 채, 은행 또는 우체국 저금, 국채 등의 매입, 보험료 납부 등 여러 가지 명분으로 강제로 예금했다. 그들 중 일부가 우편저금에 대해 2007년 9월 도쿄지방재판소에서 '사할린 잔류한인 · 조선인 우편저금 등 보상 청구 소송'을 제기했다. 이 소송은 당시 일본 우편국(우정공사) 저금과 간이생명보험 납부금에 대한 청구 소송이었다. 이 소송을 주도한 다카키 겐이치(高木健一) 변호사는 "이 소송은 궁극적으로 일본 사법부로부터 승소 판결을 받으려는 것이 아니라, 여론 형성을 통해 쟁점화하여 일본 정부와 한국 정부로부터 일정한 자금출연을 통해 기금을 조성하고 사할린 한인의 한국 영주귀국과 정착사업, 그리고 사할린 잔류자에 대한 지원사업 등에 활용하는 것을 목적"으로 한다고 밝힌 바 있다. 이 소송에서 대상이 되었던 우편저금과 간이생명보험은 당시 일본이 임금을 강제로 예치한 저금 형태의 일부에 불과했기 때문에 일본이 정치적으로 일괄적으로 해결해야 할 문제들이었다.

하지만 일본 정부는 한-일 과거사의 재산권 문제는 기본적으로 1965년 소위 '한-일 청구권협정'으로 최종적으로 그리고 완전히 타결되었다는 입장을 고수하고 있다. 한국 정부도 위안부 문제, 원폭 피해자, 사할린 고려인 문제는 2005년부터 1965년 한·일 청구권협정 대상에 포함되지 않는다는 기본입장을 표명했다.

이와 관련 한국 헌법재판소는 2011년 8월 위안부와 원폭 피해자의 재산권 및 인간으로서의 존엄과 가치라는 기본권의 중대한 침해 가능성, 구제의 절박성 등을 고려할 때, 한국 정부의 그동안 행태가 위헌임을 판시하며, 분쟁 해결에 한국 정부가 적극적으로 나서도록 촉구했다. 이와 더불어 2012년 5월 대법원은 미쓰비시 중공업과 신일본제철의 한국인 피징용자 그룹이 제기한 소송의 최종 판결에서 1965년 청구권협정에도 불구하고 피고 기업은 이 고려인들의 미지급 임금을 지급할 의무가 있고, 불법적으로 이루어진 강제징용에 대한 손해배상 청구권이 소멸하지 않았다고 판결했다.

이처럼 사할린 한인 동포와 관련된 문제는 과거 일본의 식민 지배와 그에 따른 문제들이 복잡하게 얽혀 여전히 미해결 과제로 남아있다.

고려인 강제 이주와 미귀환이라는 두 가지 문제는 일본 식민지지배 역사의 전체를 아우르는 당면 과제다. 따라서 반드시 일본이 정치적 책임을 지고 해결할 문제임과 동시에 이를 방치해 온 한국 정부 또한 일정 부분 책임을 져야 한다.

■ 제5절 고려인동포 단체와 문화 활동

1. 고려인동포 단체

1990년 설립된 대한고려인협회는 전국 20개 지방에 산재하는 고려인 협회를 관할하는 등 고려인들을 대표하는 단체로서 고려인의 권익 보호와 역량 강화 등 제반 활동에 중심적 역할을 하고 있다. 대한고려인협회는 2004년 12월 고려인 자체의 모금으로 고려인회관을 건립했다.

러시아와 독립국가연합 등 구소련지역에도 '고려인연합회'가 결성되었다. 초대 회장은 지호천 모스크바한인회장, 부회장에는 백규성 하바롭스크 고려인연합회장, 박양균 우즈베키스탄한인회장, 이경종 연해주한인회장 등이 역임했다. CIS 지역 등은 한인회와 고려인회가 연합회를 결성하였다. 연합회 결성과정에서 많은 어려움이 있었지만, 양측 회장들의 이해와 협조로 가능했다. 연합회는 한인회를 결성하여 청년들에게 모국에 대한 애국심을 키워주기 위해 지역별로 문화센터를 건립하고, 청년들에게 한국어를 배워야 할 필요성과 당위성을 제공하는 활동을 해왔다. 또한, 거주국에서 한국문화를 알리고 국가 브랜드를 제고하는 활동에 중점을 두었다.

이와 더불어 고려인 중심의 한국교육문화학교연합회는 모스크바에 소재하는 국립경영대학교에서 러시아를 비롯한 15개 국가에 한글학교를 건립하여 동포 자녀들과 현지인들에게 한국어를 보급하고 있으며, 교육자들의 자긍심을 제고하고 보다 나은 교육 프로그램을 제공하고 자 한국어 교사 세미나를 개최하기도 하였다.3)

고려인협회의 전신인 고려문화센터는 산하에 23개의 고려인 사회문 화단체를 운영하고 있으며 한국 및 거주국의 국경일 등 기념행사에 고려인을 대표하여 연간 20여 차례의 문화공연을 개최하는 등 고려인 의 한민족 정체성을 유지하는 데 기여하고 있다.

1923년 3월 1일에 3·1운동 4주년을 기념해 독립운동가들이 '선봉'이 란 신문을 창간했다. 고려인 강제 이주 후에 '레닌기치'(1938년 5월 15일 ~1990년 12월 31일)로 개명했으며, 1999년 1월부터 현재 '고려일보'로 재개명해 발행하고 있다. 직원은 12명(주필은 김 콘스탄틴)으로 주 1회 2,500부(러시아어판 11면, 한국어판 5면 발행)를 발행하고 있다. 그러나 고 려인의 한국어 사용이 감소하면서 한국어판 편집·취재 인력 확보에 어려움을 겪고 있으며, 고질적인 재정난으로 현재는 고려인협회가 국가 로부터 경영권을 인수해 운영하고 있다.

고려극장은 1932년 9월 블라디보스토크에서 설립되었으며, 1937년 한인 강제 이주 이후인 1939년 '크질오르다 주립 음악연극조선극장'으 로 부활했다. 100여 명(극장장 니 류보비)의 공연단과 직원을 보유한 고 려극장은 구소련지역의 동포사회 내 유일한 국립예술극장으로 매월 2~3회 연극, 무용, 음악 등을 한국어로 공연하고 있다. 2002년에는 창 립 70주년을 계기로 현재의 단독 극장 건물을 카자흐스탄 정부로부터 인수했다. 2007년에는 창립 75주년 기념 『고려극장의 역사』라는 자료 집을 발간했다.

---

3) 〈17일부터 'CIS지역 한국어교사 세미나' 개최〉, 재외동포신문, 2013.10.4, http://
www.dongponews.net/

고려인 국영 TV·라디오방송국은 1984년 5월에 신설된 이후 직원 3명(성 이리나 국장)이 주 2회에 20분씩 방송한다. 최근 고려인협회와 우리 민족 TV 등과 함께 고려인회관 내 독자적인 스튜디오 설립을 추진한 바 있다.

또한, 고려인 국영 TV·라디오방송국은 1991년 2월부터 직원 4명(최 엘라 국장)이 한국어와 러시아어로 주 1~2회에 20분씩 방송하고 있으며, 자체 제작 프로그램과 한국 KBS로부터 한국 소식 등 프로그램을 지원받아 방송하고 있다.

이렇게 구소련지역에 거주하는 고려인들은 자신의 고유문화를 유지하고 계승하려 힘쓰고 있으며, 오랜 기간 모국과 격리되어 살아왔음에도 불구하고 우리말과 문화를 지켜오고 있다. 한국과 수교 이후 한국 정부로부터 꾸준한 지원 등에 힘입어 차세대 고려인들의 우리말 구사 능력이 향상되었고, 북한 성향을 보이던 공연예술 분야도 한국화 되어가는 추세다.

2. 고려인동포 정치경제계의 주요 인물

우즈베키스탄의 경우, 고려인 집단농장들은 수도인 타슈켄트 남부에 분산되어 있고, 그 중 '김병화 농장'과 '포리타젤(Politadel) 농장'이 유명하다. 대표적인 고려인 집단농장은 '김병화 농장(1925년 '북극성 농장' 설립, 1974년 '김병화 농장'으로 개칭, 동포 1,000여 명 거주)'을 꼽을 수 있다. 이 농장은 1937년 고려인 중앙아시아 강제 이주 당시 최초의 정착 지역 중 하나다. 김병화는 1940~1974년까지 35년간 갈대밭이었던 황무지를 농장으로 개간하여 대표자를 역임하면서 우즈베키스탄 고려인 중 유일하게 두 차례나 '노동 영웅 훈장'을 받았다. 그러나 구소련에서 우즈베키스탄으로 독립한 이후 경제적인 어려움으로 농장이 해체되었다. 현재는 사유화되어 다수의 고려인이 현지를 떠났고 1,000여 명의 고려인만 거주하고 있다.

농장장이 된 김병화는 '북극성 농장'을 최우수 농장으로 만들어 노동영웅 칭호를 두 개 받았다. 사후(死後)에는 이 농장이 '김병화 농장'으로 개명되었고, 타슈켄트의 한 거리를 '김병화 거리'로 명명했다.

폴리타젤 농장(1929년 설립, 농장주는 카자흐스탄인)은 '김병화 농장'과 비교되는 대표적인 고려인 집단농장이다. 이 농장은 1953년 농장 대표자로 취임한 황만금이 소련 내에서 가장 많은 생산량을 기록해 '노동영웅 훈장'을 받았다. 이곳에는 다수의 고려인이 거주하고 있다. 이 농장은 한때 최고 11,000여 명의 고려인이 거주하기도 했으나, 지금은 5~6천 명 정도의 고려인이 거주하고 있다.

포리타젤 농장은 황만금이 농장장이 되면서 획기적으로 발전했고, 구소련의 3만여 개의 집단농장 중 유일하게 관광공사에 등록된 농장이었다. 관광공사에 등록되었다는 것은 구소련에서 외국인들에게 가장 모범적인 농장임을 의미한다.

최근 우즈베키스탄, 키르기스스탄 등 중앙아시아 주변에 상대적으로 경제발전이 낙후된 지역의 고려인들이 비교적 경제 사정이 양호하고 농업 여건이 유리한 북캅카스와 연해주 등 극동지역과 모스크바 등지로 이동하는 추세다. 이 지역에 체류하는 고려인들은 대부분이 계절 농업에 종사하다가 농한기에는 구소련으로 되돌아간다.

구소련지역의 고려인사회는 5세대~7세대에 걸쳐 러시아에 체류하면서 '장류보미르' 전(前) 연방하원의원, '남류드밀라' 공훈 배우 등처럼 러시아 정치·경제·문화계에 폭넓게 진출하고 있다.

러시아의 경제 회복과 함께 현지 고려인들의 경제·사회적 지위도 높아지고 있으며, 최근에는 유통업, 은행업, 가전제품 판매업 분야에서 다수의 기업가가 배출되고 있다. 대표적인 고려인 기업가로는 전 (前) MDM 은행장인 김이고르, 레이저 크래프트 사장인 태스타니슬라 브 등이다.

키르기스스탄 내에는 1937년 강제 이주 한인들의 후손 2세대~4세대 고려인들이 동포사회의 주류를 형성하고 있다. 그들은 정·관계의 고위 직, 기업계, 학계, 문화계, 언론계 등 다양한 분야에서 두각을 나타내고 있다. 대표 인물로는 유가이 알렉산드르 국방부 차관, 신로만 의회의원 등을 들 수 있다.

또한, 키르기스스탄이 시장경제로 전환되는 과정에서 고려인들이 기업활동에 두각을 나타내고 있으며, 중앙아시아의 최대 낙농제품 생 산업체인 '신라인'의 신게오르기 회장을 비롯해 상 보리스가 호텔업 등에서 성공했다.

현재 카자흐스탄에는 약 10만 명의 고려인이 거주하고 있으며, 1937년 강제 이주 한인들의 후손인 2~4세대 고려인들이 동포사회의 주류를 형성하고 있다. 카자흐스탄 고려인들도 정·관계 고위직과 학 계·문화·예술 분야 등에서 두각을 나타내고 있다. 니블라디미르 대 통령 알마티자산관리 처장, 최유리 상원의원, 김비올레타 대법관 등이 대표적인 카자흐스탄 고려인이다.

카자흐스탄은 최근 시장경제 체제로의 전환을 추진하고 있으며, 2000년부터 연평균 10%의 고도의 경제성장을 지속하는 과정에서 고 려인들이 기업활동에 두각을 나타내고 있다. 김블라디미르 카자흐스 탄 무스 구리광업 공사 사장, 김로만 카스피안 홀딩 회장(현 고려인 협회 장) 등을 필두로 신 브로니슬라브 알마티 인지스트로이 건설회사 회장 등이 카자흐스탄 기업계에서 두각을 보이고 있으며, 전자제품 유통업 계에서는 고려인 기업인들이 상위를 차지하고 있다.

또한, 한국과 수교 및 한국대사관 개설 이후 한국 정부로부터의 지원 등에 힘입어 고려인 청년들의 한국어 구사 능력이 꾸준히 향상되고 있으며, 북한 성향의 공연예술 분야도 점차 한국화 되어 가고 있다. 학술 분야에서는 한구리 전(前) 카자흐스탄 법률대학 학장, 박 이반 과학아카데미 수학연구소 부소장 및 강게오르기 카자흐스탄 경제대학 역사학과 과장 등이 활동 중이다.

3. 고려인동포의 문화 활동

고려인의 문화 활동을 살펴보면, 카자흐스탄은 우즈베키스탄과 달리 스탈린이 한국어를 소련의 소수민족 언어에서 제외하고 한국학교를 폐지하며 한국어 교육을 중단시켰다. 그럼에도 카자흐스탄 고려인들은 계속해서 고려인 신문인 '레닌기치'를 발행해왔으며, '조선극장'을 유지해왔다. '레닌기치'는 구소련에서 간행되는 유일한 한글 일간지다. 구소련에서 허용한 신문이기에 '레닌기치'는 정부와 당에서 지시하는 법령과 명령을 게재하고 홍보하는 당 기관지 역할을 했다. 한편 한인들이 문학작품을 발표할 수 있는 유일한 이 신문의 지면에 고려인들이 많은 작품을 게재했다. '레닌기치'의 전성기에는 60여 명의 직원이 있었으며, 신문 발행 부수도 1만 2,000부에 달했고, 타슈켄트, 크질오르다, 두샨베, 프롤제 등지에 지사를 두기도 했다.

1985년 시행된 구소련의 페레스트로이카 이후 '레닌기치'는 '고려일보'로 개칭하고 내용 면에서도 고려인들이 1937년 강제 이주 후 어려웠던 시절의 수기 등 폭로성 기사를 많이 게재했었다. 그러나 한글을 이해하는 독자 수가 감소하자 '고려일보'는 러시아어판을 증가시켰다.

카자흐스탄의 옛 수도 알마티(현 수도는 1998년에 이전된 아스타나)에 있는 조선극장의 명칭은 '카자흐공화국 국립 한인음악·희곡극장(Kazakh

Republic National Korean Music and Comedy Theater)'이다. 이 극장의 기원은 1920년대 극동지역에서 시작되었다. 1937년 고려인들의 강제 이주와 함께 단원을 포함한 전체 고려인극장이 카자흐스탄의 중남부의 크질오르다로 옮겨졌다, 이 극장은 1942년에 우슈토베로 이전되었다가 1959년 또다시 크질오르다로 옮겨졌다. 이후 1969년 고려인문화의 중심지인 알마티에 자리를 잡아 오늘에 이르고 있다. 이 극장에서 창설 50주년인 1982년까지 180편이 넘는 작품이 공연되었다. 이러한 예술 활동의 공로가 인정되어 소련 정부로부터 명예훈장을 받기도 했다. 이 극장에서는 구소련 고려인들이 겪어 온 사회·정치적 상황이 잘 드러난 작품들이 많이 공연되었다.

1938년에 공연된 태장춘의 '행복한 사람들'에는 중앙아시아로 강제 이주 후의 고려인들의 삶이 잘 묘사되어 있고, 제2차세계대전 기간과 1947년에 공연된 '홍범도'에는 항일투쟁이 잘 표현되어 있다.

그밖에 1920년대에는 볼셰비키 편에 선 극동 고려인들의 갈등을 다룬 작품들이 공연되었다. 예를 들면, 1957년 태장춘과 채용의 '빨치산들', 1962년 채용의 '새벽', 1963년 채용과 염사일의 '잊을 수 없는 날들', 1966년 맹동욱의 '북으로 가는 길' 등과 같은 작품들이 여기에 해당한다. 최근까지 '춘향전', '심청전', '양반전', '흥부와 놀부'와 같은 고전 작품이 많이 공연되었다.

고려인극장은 고려인들이 많이 모여 사는 집단농장이나 농촌을 순회하면서 1년에 250회 이상을 공연했다. 특히 1937년 강제 이주해 힘든 생활을 할 때, 지방을 순회하면서 마당의 횃불을 조명 삼아 공연하기도 했다. 당시 고려인극장은 고려인들의 한과 고통을 달래 주는 유일한 공간이었다.

오늘날에도 고려인극장의 모든 공연은 한국어로 진행된다. 이 극장은 각 지역의 동포들에게, 특히 청년 세대들에게 한국문화를 알려주고 한국어를 교육함으로써 민족적 긍지를 높이는 데 기여하고 있다. 알마티에는 1984년부터 한국어 방송이 진행되고 있다. 한국어 방송은 주 3회, 즉 수요일과 금요일에는 각각 20분씩, 그리고 일요일에는 30분간 방송하고 있다. 수요일에는 주로 정치사회 관련 시사 해설을 하고, 금요일에는 보도, 그리고 일요일에는 문학·예술·음악 등을 주로 방송한다.

구소련의 페레스트로이카 정책 이후 중앙아시아의 여러 도시에 고려인협회와 고려인문화센터가 조직되고 한글반도 운영되어 한국에 대한 고려인들의 관심도 높아졌다. 그리고 한국은 중앙아시아의 여러 나라들과 외교관계를 수립한 후 교육문화원을 설치하여 고려인들에게 한국어를 교육하고 한국문화를 알려주고 있다. 그리고 한국 대기업들이 현지에 진출하여 한국과의 외교관계를 더욱 공고히 하고 있다.

1991년 12월 26일 구소련이 해체되면서 중앙아시아에 5개의 새로운 독립 국가가 탄생했다. 중앙아시아 5개국의 각 공화국이 국어를 러시아어에서 자신들의 민족어로 바꾸고 역사를 새로 쓰는가 하면, 자신들의 종교인 이슬람교를 강조하는 이슬람 민족주의를 강화함에 따라 고려인들의 삶도 점점 불리한 상황이 전개되고 있다.

■ 제6절 고려인동포 민족정책과 한국 정부

1985년에 등장한 고르바초프의 페레스트로이카(개혁개방) 정책 이후 구소련 민족 정책의 억압적 요소들이 점점 부정되기 시작했다. 특히 구소련의 해체를 전후한 시기의 정치적 변화는 한인들의 민족 자치주의 건립 가능성을 한층 높여 주었다. 소련공산당 중앙위원회는 '민족

정책강령'을 발표해, "모든 민족이 어떤 형태와 종류이든 민족자치를 누릴 수 있는 최대의 자치권을 부여한다."라고 했다. 그리고 모든 민족이 자신의 민족문화와 민족어를 보존하고 발전할 수 있도록 했다. 각 공화국 내의 자치공화국, 자치주, 그리고 자치구에 대해서는 정치적으로 그들의 권한을 대폭 확장하기로 약속했다.

또한, 자기 민족 지역을 형성하지 못한 민족들에게는 영토는 부여받지 못하더라도 자신의 민족적 전통 문화 및 언어를 발전시킬 수 있는 권리를 부여한 '민족문화자치구'를 건립할 수 있도록 했다. 이러한 민족 정책의 공표 이후 고려인들이 거주하는 도시마다 고려인협회 또는 고려인 문화센터가 만들어졌다. 그리고 러시아 연방 최고회의는 '러시아 고려인의 명예 회복에 관한 법안'을 발표했다. 주된 내용은 강제 이주와 그 이후의 탄압이 불법적이었고, 범죄 행위였음을 인정하고, 고려인들의 명예를 회복시켜주어야 한다는 것이 골자였다. 따라서 고려인은 강제 이주 전에 원래 거주하던 지역으로 귀환할 수 있는 권리를 부여받았다.

이러한 변화들은 고려인들에게 고려인 자치주의 건설에 관한 관심을 불러일으켰다. 고려인협회와 문화센터 대표들의 모임에서 운영소위원회는 자치공화국 창건의 필요성을 강조했고, 자치공화국의 최적지로는 하바롭스크 변경이나 프리모리에 변경의 일부를 제시했다. 극동지역의 재소한인단체 총연합회 부의장이 연해주 인민대표자 회의에서 중앙아시아에서 연해주로의 이주를 조직화하여 연해주 일대에 한인 자치주 건립을 역설했다. 허웅배 재소한인단체 총연합회 제1부회장이 연해주 동부 해안 일대에 '한인 경제구'를 건설하여 한국 투자를 유치하고 고려인의 삶의 터전을 마련하자는 정책을 옐친 러시아 대통령에게 제안하기도 했다.

연해주로 고려인 이주를 가장 적극적으로 추진했던 사람은 김블라디미르였다. 그는 우즈베키스탄에서 노력 영웅 칭호를 두 차례 받은 인물로 페르가나주 경제 장관을 역임하기도 했다. 그는 파르티잔스크 (중국 명: 수청)시에 고려인들을 집단 이주시킬 계획으로 중앙아시아에서 이주희망자 20여 명에게서 당시 1억 루블을 받았다. 그는 연해주 정부에서 '수청 한인지구'의 명목으로 25ha의 토지를 받아, 이곳에 250채의 가옥을 지어 한인촌을 건설할 계획이었다. 그러나 설계도 작성과 토지 사용의 허가 기간이 수개월 지연되고, 그 사이 러시아경제 불황으로, 인플레이션이 발생했다. 당시 미화 1억 달러에 해당하던 1억 루블이 하루아침에 휴지 조각이 되어 한인 이주사업이 실패로 돌아갔다.

최근 한국 정부는 고려인 전용 전통 묘지 건립 비용의 일부를 지원하고 있으며, 고려인 이주 동포의 재정착 및 재해 피해를 지원하고 있다. 특히 중앙아시아에서 러시아로 이주한 고려인 동포들의 재정착을 지원하고 있다. 우즈베키스탄 경제의 악화와 타지키스탄 내전 등으로 약 7만 명의 고려인이 러시아와 독립국가연합 등으로 이주했는데 상당수가 불법체류 또는 외국인 국적으로 체류하고 있다. 이에 대해 한국 정부는 자연재해와 내란 지역에서 재해를 입은 고려인 동포를 지원하는 사업을 실시하고 있다.

또한, 한국 정부는 차세대 고려인 동포들의 민족 동질성을 유지하고 복원하는 데에도 힘쓰고 있다. 고려인 청소년들의 모국 방문사업, 그리고 그들에게 유학 알선 등을 통한 한민족 동질성의 회복에 힘쓰고, 그들이 축제나 경연대회 등 다양한 계기를 통해 모국 청소년들과 만날 수 있는 장을 마련하여 민족 동질성을 회복하도록 유도하고 있다. 고려인 동포단체의 육성과 모스크바와 지방 간 고려인 네트워크 구축사업을 지원하고, 고려인문화·비즈니스 회관의 건립을 지원하며, 주요 고려인 문화행사를 지원하는 등 고려인 단합의 구심체로서 고려인 동포단체를 육성하고 있다. 그리고 모스크바와 지방 주요 도시의 고려인 동포단체에 컴퓨터를 보급하고 네트워크를 구축하는 사업도 지원하고 있다.

한국 정부는 2007년 우즈베키스탄에 한-우즈베키스탄 수교 15주년과 '고려인 정주 70주년'을 맞이하는 공식 기념행사(9월 22일)에 정부 대표단을 파견했다. 한국 정부는 고려인 정주 70주년을 맞아 고려인 1~2세대의 생애와 그들이 우즈베키스탄 사회의 발전에 이바지한 바를 높이 평가했고, 고려인 동포 3~4세대들에게는 한국과 우즈베키스탄 사이에서 국가 간 가교역할의 비전을 제시했다. 이처럼 한국 정부는 우즈베키스탄에 거주하는 고려인들에게 미래 지향적인 네트워크 구축 사업을 한국 정부가 지원하고 있다.

2007년 3월 4일부터 한국 정부가 방문취업제도를 시행함에 따라, 시험에 의한 고려인 방문취업비자 쿼터가 4,022명이었는데, 시험응시자가 2,020명으로 미달했다. 그러자 미달 인원에 대한 선착순 비자 신청 기회를 부여해 모두 신청되었고, 비자 쿼터에 대한 전체 신청자는 2008년 11월 3,611명으로 89.8%의 신청률을 보였다. 2008년부터는 고려인들에게는 무시험 컴퓨터 추첨에 의한 방문취업비자를 발급하게 됨에 따라 2,711명 쿼터 중 2,165명이 신청해 전원 합격했다. 이 비자 쿼터는 2008년 11월 11일부터 방문취업 비자(H-2) 형태로 신청을 받았다.

우즈베키스탄 한국교육원은 2009년 3월 현재 23명의 고려인 한국어 교사가 교육원 내 49개 학급 1,270명의 수강생에게 한국어를 교육하고 있다. 현지 한글 교육 현황을 보면, 2009년 3월 현재 타슈켄트시에 72개교, 타슈켄트 주에 35개교, 기타 지방 도시에 32개교 등 총 139개 교 초·중학교에서 한글을 가르치고 있다. 그중 14개교에서 한국어를 제2외국어로 채택하고 있다. 한국어 교사의 대부분은 고려인 동포 2세와 3세이며, 주당 4시간 수업하고 있다.

제5장

유럽동포와 다문화

▦ 제1절 유럽동포의 이주와 분포

　유엔 보고서에 의하면, 2020년 현재 전 세계 국제 이민자 수는 약 2억 8천 1백만 명이다. 한국의 재외동포 수는 2023년 8월 현재 193개국에 약 750만 명으로 세계에서 5번째 규모다. 이처럼 적지 않은 수가 해외에서 재외동포로 살고 있다. 따라서 재외동포는 한국에게 이제 더 이상 무시할 수 없는 귀중한 민족자산이 되었다. 해외에 거주하는 재외동포는 크게 동북아시아(일본, 중국), 남아시아태평양, 북미(미국, 캐나다), 중남미, 유럽, 아프리카, 중동지역으로 분류할 수 있다. 따라서 보통 재외동포라 하면, 주로 동북아시아와 북미만을 생각하게 되고, 유럽이나 중남미 등에 대해서는 잘 모르는 경향이 있다. 따라서 일반인들에게 잘 알려지지 않은 유럽 동포를 중심으로 이들의 이주 역사와 과정, 단체와 문화 활동에 대해 살펴보자.

　한인들이 유럽으로 이주하게 된 가장 큰 배경은 한국전쟁 때문이었다. 한국전쟁이란 1950년 6월 25일부터 1953년 7월 27일까지 3년 1개월간 지속된 전쟁이다. 한반도에서 발발한 이 전쟁은 일본 제국주의로부터 해방된 지 5년 만에 발생해, 민족의 분열과 대립의 격화, 남북분단 체제 고착화의 결정적인 계기가 되었다. 한국전쟁이 한반도에서 발발하자, 한국은 미국을 비롯한 유럽 국가 등으로부터 많은 지원을 받았다.
유럽에서 한인이 가장 많이 사는 나라는 스웨덴이다. 그 이유는 한국전
쟁의 참전을 계기로 인연을 맺은 한국인들이 이곳으로 이주했기 때문
이다. 또한, 이 지역에는 한국전쟁 고아들이 약 4만 명 정도가 입양되어
스웨덴 한인사회의 토대를 이루고 있다.

한국전쟁이 끝난 후 1960년대의 한국은 경제적으로 매우 어려운
시기였다. 따라서 외국에서 돈을 벌기 위해 이주하는 사람들이 상당히
많았다. 주로 독일로 간호사나 광부 노동자로 이주했다. 1962년부터
한국인들이 유럽으로 본격적으로 이주하기 시작했다. 이주국에 정착
을 목적으로 한 이민이 이때부터 본격적으로 시작된 것이다. 중국, 일
본 등 동북아를 중심으로(독립국가연합을 제외한) 대부분의 재외동포 이
민자와 그 후손들은 주로 이 시기에 이주해 정착했다. 1962년 한국
정부는 남미, 서유럽, 중동, 북미의 국가들에 집단이민과 계약이민을
보냈다. 예를 들면, 독일로 파견된 간호사와 광부, 유학생, 정부 및 대기
업 주재원 등이 이민 사회를 형성했다.

유럽은 지리적 위치, 정치, 인종, 문화적 지표를 기준으로 편의상
다음과 같이 나뉜다. 유럽지역은 크게 서부 유럽(영국, 프랑스와 베네룩스
3국), 북부 유럽(아이슬란드, 스칸디나비아 3국과 발트 3국), 중부 유럽(독일,
오스트리아, 스위스), 남부 유럽(스웨덴과 그리스를 비롯한 지중해 연안 국가),
동부 유럽(러시아, 벨라루스, 우크라이나, 폴란드, 유고슬라비아, 체코, 불가리
아 등) 등으로 구분된다.

한국의 재외동포는 2023년 8월 현재 180여 개국에 약 750만 명이
거주하며, 그중 유럽지역에 거주하는 재외동포는 약 68만 명(2020년
12월 기준)이다. 유럽지역의 재외동포는 중국과 미국에 거주하는 재외
동포에 비해 그 수가 적지만, 향후 유럽지역과의 교류 증진에 크게

공헌할 것으로 기대된다.

유럽 국가 중에서 한인이 가장 많이 사는 국가의 순서는 영국, 독일, 프랑스 등이다. 최근 유럽 내 한인의 경제 규모는 빠른 속도로 증가하고 있으며, 한국과 유럽 간의 교역규모도 점차 증대하고 있다. 이는 영국 등 주요 유럽 국가들은 물론 동유럽 국가들로 한국기업들의 진출이 가속화되고 있기 때문이다. 주요 교역대상국은 한인들이 많이 거주하는 독일, 프랑스, 영국, 이탈리아 등이다.

■ 제2절 한인의 독일 이주

한인이 독일에 최초로 이주한 시기는 1919년 이후다. 3·1독립운동 이후 한희제 씨 등 영남 유학의 유지들이 민족지도자 양성을 위해 '기미육영회(己未育英會)'를 결성해 전진한 씨를 일본으로, 안호상과 이극로를 독일로, 신성모를 영국으로 파견했다. 이어 카리타스 수녀원에 의해 한국 간호사 일행이 취업 이민으로 독일에 진출하기 시작했다.[1]

한독 관계는 1882년 수교 이래 계속 유지하고 있다. 현재의 재독 한인사회의 역사는 1960년대 이후 이주자들의 역사가 지금까지 계속 이어온 것이라 할 수 있다. 1961년 군사 쿠데타를 통해 정권을 잡은 박정희 정부는 서독 정부로부터 상업차관을 들여오기 위해 최선의 노력을 기울였다. 정부 차원의 노력 끝에 서독 정부로부터 1억 5천만 마르크(당시 약 4천만 달러)의 상업차관을 인가받았으나, 외국은행으로부터 지급보증을 받을 수 없었다. 그래서 착안한 발상이 한국인의 노동

---

1) 임채완·전형권(2006), 『재외한인과 글로벌 네트워크』, 파주: 한울아카데미, 215쪽.

인력을 서독에 파견하는 것이었다. 세계 제2차대전에서 독일이 패전한
후 한국은 독일의 산업 재건에 필요한 광부와 간호사 등 노동인력을
공급하기로 서독과 협약을 맺었다. 그들에게 지급되는 3년간의 월급을
서독의 상업은행(Commerz Bank)에 예치하는 조건으로 현지 은행에서
지급보증을 받을 수 있었다. 이때 선발된 5,000명의 석탄 광부와 2,000
명의 간호사가 독일 이민 1세대를 형성했다. 이들 외에도 각종 기술자
가 장기 또는 단기 훈련을 받기 위해 서독으로 건너갔다. 이들 중 상당
수가 현지에 잔류하여 독일 교민의 일원이 되었다.[2] 서독에 파견된
광산 노동자 중 40%는 3년 계약이 만료된 후 본국으로 귀국했지만,
20%는 1960년대 중반 이후 미국과 캐나다 등 북미권으로 재이주해,
여러 도시에 한인 커뮤니티를 형성했고, 나머지 40%는 독일 사회에
정착했다.[3]

선생 연구에 따르면, 1970년부터 1981년까지 한인과 독일인 간 국제
결혼이 1,622건 정도였다. 이들 중 90%가 한국 여성이었으며, 한인
남성의 경우는 10%에 불과했다. 1980년대 초 독일에서는 한인 부모들
이나 국제결혼을 한 한인들 사이에서 이민 2세대가 등장하기 시작했
다. 이처럼 지난 50여 년 동안 재독 한인사회는 사회적 구성과 직업
부문에서 많은 변화가 일어났다. 재독 한인들은 다른 지역의 코리안
디아스포라와 비교해 무역이나 소규모 자영업 종사자들의 비율이 낮
았다. 재독 한인 남성들은 전문가 또는 단순노동자들이 대부분이었으
며, 시간이 갈수록 전문가 계층이 두드러졌다. 재독 한인들은 다양한
취업 기회와 사업 가능성 및 교육 혜택의 길이 열려 있는 베를린, 뮌헨,
함부르크, 프랑크푸르트, 뒤셀도르프, 슈투트가르트 등 대도시로 진출

---

2) 한·유럽 연구회(2003), 400-403쪽.
3) 이광규(2005), 『동포는 지금』, 파주: 집문당, 114쪽.

하기 시작했다.4)

유럽 여러 나라의 최대 공통점 중 하나는 각 나라가 거의 모두 비이민자로 구성되었다는 점이다. 다시 말해 어느 나라도 정식이민자를 거의 수용하지 않았다. 따라서 한인들이 유럽에 거주하게 된 것은 특수한 조건에서 이루어진 경우가 많았다. 이것조차도 처음부터 이민으로 수용된 것은 아니었다. 만일 유럽 국가 출신 사람들과의 결혼에 의한 국적 획득이 정식이민이라면, 북유럽과 서유럽 및 몇 나라 사람들과의 결혼에 의한 국적 취득은 대부분 한국전쟁 시 파병되어 주둔하던 군인들과의 국제결혼으로 취득했다. 이는 극히 제한된 이민으로 흔히 말하는 보편적인 의미의 정식이민이라 할 수 없다. 독일로 이주한 한국 근로자들은 그곳에 정착해 동포사회를 이루고 있다. 하지만, 이것도 엄밀히 말하면, 처음부터 정착 목적으로 이주한 것이 아니라서 계약에 따라 일정 기간 체류 후 귀국이 원칙이어서 처음부터 정주는 허락되지 않았다.

1. 서독 광부와 간호사 파견

유럽의 중부지역은 1960년대 서독으로 파견된 광부와 간호사의 정착으로 한인사회가 형성되기 시작했다. 1963년 한국-서독 간 체결된 기술 협정에 따라 한국에서 독일로 광부들이 파견되었다. 당시 독일은 자국민들이 고된 육체적 노동을 꺼려하자, 이를 감당할 외국인 노동력이 필요했다. 한국은 당시 취업난을 해결하기 위해 해외 인력수출을 적극 권장하였다. 이러한 양국의 이해관계가 맞아 1963년 한국-서독 간 기술 협정이 체결되었다. 그래서 같은 해 12월 23일 파독 광부 1진

4) 김게르만(2010), 369-372쪽.

123명을 선두로 한인의 서독 이주가 본격적으로 시작되었다.

한국은 독일 정부의 요청에 따라 파견 광부들에 대한 신체검사를 엄격히 했고, 3년마다 인력을 교체하는 방식으로 광부를 파견했다. 그런데 당시 광부로 파견된 사람들 대부분은 귀국하지 않고 현지에 정착했다. 그들 대부분은 파견 전 한국에서 도시에 살았던 고학력층 출신으로서 광산에서 일해 본 경험도 없었다. 1977년까지 총 8,395명의 광부가 서독으로 이주했다.

한편, 서독에 파견된 간호사는 1965년 한국 의사 이수길 씨와 이종수 씨가 한국 간호사를 독일 병원에 취업시킨 것이 계기가 되었다. 이후 서독병원협회가 한국 해외개발공사와 계약을 체결하여 1969년부터 한국 간호사를 모집했다. 서독에 파견된 간호사는 1965년 18명을 시작으로 1977년까지 총 47회에 걸쳐 약 8,000명이 파견되었다. 이들도 광부처럼 처음에는 3년 계약노동자로 파견되었다. 진출 초기에는 서독에서 언어장벽과 문화적 차이로 단순노동을 담당하는 등 어려움을 겪었다. 현지 독일어를 어느 정도 습득하게 되면서 성실성과 간호 능력을 인정받아 서독병원에서 장기체류를 원하는 경우가 많아졌다.

한편, 서독으로 파견된 광부와 간호사들의 상당수가 결혼 적령기의 미혼들이었다. 그래서 광부와 간호사 간 결혼으로 부부들이 서독에 정착하는 경우가 많았다. 간호사들은 광부들 외에도 유학생 혹은 서독인들과 결혼해 그곳에 정착했다.

1963년부터 한국은 서독에 광부와 간호사를 파견하기 시작했는데, 이와 비슷한 시기에 간호사 11,057명이 파견되었고, 1960~70년대에는 한국 청년 약 19,000명이 서독로 파견되었다. 당시의 파견 수준은 오늘날 동남아시아인들이 한국에 돈 벌러 오는 수준과 비슷했다. 당시 한국은 매우 가난했고, 박정희 대통령은 국가 발전을 위한 차관을 빌리기 위해 서구 선진국에 요청했다. 먼저 한국 최고의 우방국인 미국에 차관을 요청했지만, 당시 미국 대통령 케네디는 차관을 빌려주지 않았다. 그러자 박 대통령은 한국처럼 분단국가였던 서독 대통령에게 차관을 요청하는 대가로 서독인이 회피하는 업종인 광부와 간호사 파견을 약속했다.

당시 고졸 출신 파독 광부 500명을 모집하는데 46,000명이 몰렸다. 그들 중에는 대학 출신자들도 많았다. 서독 광부의 파견 면접시험 시 손이 고와서 면접에 떨어질까 봐 까만 연탄에 손을 비벼서 거친 손을 만들어 면접에 합격했다는 소문도 있었다. 한국에서 서독 항공기가 간호사와 광부들을 태우기 위해 김포공항에 도착하자, 그곳은 그들의 가족과 친척들의 눈물바다가 되었다. 서독 전세기로 낯선 땅 서독에 도착한 간호사들은 지방병원으로 뿔뿔이 흩어졌다. 언어도 통하지 않는 여간호사들에게 처음 맡겨진 일은 시체를 닦는 일이었다. 어린 간호사들은 울면서 거즈에 알코올을 묻혀 딱딱하게 굳어버린 시체를 이리저리 굴리며 닦았다고 한다.

광부들은 지하 1,000미터 이상의 깊은 땅속에서 뜨거운 지열을 참아내며 열심히 일했다. 서독에서 광부라는 직업은 매우 힘들고 위험하며, 건강에도 큰 무리가 가는 일이었다. 간호사들 역시 시체를 닦거나 서독 의사들을 보조하는 직업이엇다. 하지만 그들의 보수가 한국에서 받는 월급의 약 7배 정도로 높았기 때문에 모집경쟁률이 10대 1이나 되었다. 이렇게 한국에서 높은 경쟁률을 통과한 광부 7,936명, 간호사 11,057명이 서독으로 파견되었다. 그곳에서 그들은 한국 민족 특유의 근면성과 성실성으로 최선을 다해 일했고 월급의 80~90%를 한국으로 송금하여 한국의 외화벌이에 큰 역할을 담당했다. 당시 그들이 독일에서 보여준 근면함과 성실함은 서독 정부가 서독의 경제발전에 이바지했다고 한인정과 평가를 통해 표현되었다.

1964년 박 대통령 부부가 서독을 방문해 광부와 간호사를 만났을 때, 그들은 눈물을 흘리며 애국가를 불렀고, 박 대통령 내외분에게 아버지와 어머니라 부르며 눈물을 펑펑 흘렸다고 한다. 그 모습을 본 박 대통령은 "이게 무슨 고생입니까? 나라가 못살아 여러분들이 외국에서 이런 고생을 합니다. 여러분들 각자가 외교관이라는 마음가짐으로 독일인의 근면성을 배우고 한국이 발전하는 데 큰 힘을 보태주십시오. 지금은 못살아도 우리 후손들에게 부강한 나라를 물려줍시다."라고 격려했다고 한다. 이 모습을 본 서독 총리는 한국인들에게 감탄하여, 한국정부에 차관 제공을 승인했다고 한다.

이렇게 하여 서독으로 이주한 파독 광부와 간호사들은 깊은 지하갱도와 병원에서 흘린 땀과 눈물의 대가로 받은 월급을 모국의 가족들에게 거의 모두를 송금했다. 당시 그들로부터 받은 외화송금액은 연간 약 5,000만 달러로 한국 GNP의 2%에 해당했으며, 한국근대화와 경제발전의 중요한 자금원이 되었다.

2. 재서독 한인의 현지 정착

1963년 박정희 대통령이 서독을 방문하여 서독의 뤼브케 대통령과 한국에 대한 기술 원조 협약을 체결하였다. 이에 따라 한국의 광산 기술을 향상한다는 명목 아래 독일 석탄광산협회는 1963년 12월 한국 정부와 정식 협정을 체결하였다.

이에 따라 3년 계약으로 서독 광산에서 근무하기 위해 광부 1,000명이 1차로 이주하였고, 2차로 2,000명이 이주하였으며, 1977년 795명이 이주한 것을 끝으로 총 15년간 8,395명의 광산근로자가 서독으로 이주했다.

이와 비슷한 시기에 한국에서 서독으로 간호사들이 이주했다. 서독 병원협회가 1969년 한국의 해외개발공사와 계약을 체결해, 1965년 18명, 1970년 1,717명, 1977년 795명을 끝으로 총 13년간 1만 371명이 서독에 파견되었다. 간호사도 3년간의 계약으로 서독으로 이주했다.

광부의 대부분은 고등교육을 받은 자들로 한국에서 광부였던 사람은 한 명도 없었다. 당시 한국은 고등교육을 받아도 취업하기 힘들 때였다. 광부의 작업이 고단하고 어려운 줄 알면서도 많은 사람이 스스로 지원하여 서독 광부로 진출했다. 이들 광부의 대부분은 총각이었고, 3년 계약이 끝난 뒤 독일에 계속 체류하기 위해 결혼해야 했다. 따라서 광부의 대부분은 한국 간호사와 결혼해 계약 기간이 끝난 뒤에도 서독에 머물며 다른 직장을 구했다.

한국에서 파견된 간호사들도 계약 기간이 지난 후 대부분 서독에 남아 체류했다. 간호사의 경우 서독인들에게 매우 상냥하고 부지런하다는 이미지를 주어 서독병원들에서도 인기가 높았으며, 병원 측에서도 간호사의 독일 체류를 권장하기도 했다. 간호사 대부분은 결혼 적령기의 미혼녀들이었고, 서독에서 독일 남성이나 한국 유학생 또는 한국 광부와 결혼했다. 당시 정확한 결혼 비율은 알 수 없으나, 광부와 결혼한 간호사가 가장 많았고, 그다음으로 유학생이나 독일 남성과 결혼한 경우가 많았다. 한국 유학생과 결혼한 한국 간호사는 남편의 유학이 끝난 후에야 귀국했다.

한국 광부와 간호사로 이루어진 가정이 독일에 정착하여 재독 동포 사회를 형성했다. 광부는 광산에서만 근무하였기 때문에 여성들보다 독일어 능력이 부족하여 직장생활을 하는 데 많은 어려움이 있었다. 그러나 광부는 지하에서 다져진 강인한 체력과 의지로 어떠한 역경도 극복할 수 있었고, 무엇보다도 광부 특유의 강한 동지애를 가지고 있었

다. 예를 들면, 광부 한 사람이 어느 도시에서 식품점을 개업하면, 그의
광산 동료들과 선후배들이 십시일반으로 그의 사업을 도와주었고, 사
업에 실패할 경우, 그가 재기할 때까지 도와주었다.

　이런 과정을 거쳐 광부 출신들은 서독만이 아니라 다른 유럽지역까
지 확산하여 삶의 터전을 잡았고, 미국 로스앤젤레스와 시카고 한인
커뮤니티의 기초를 닦은 사람들도 거의 모두 그들이었다.

■ 제3절 영국과 프랑스 및 기타 유럽동포

1. 재영동포

　전후 영국에 정착한 초기 한인 중에는 1958년 3월에 개설된 주영한
국대사관 직원 6명이 전부였다. 이후 유학생 200여 명이 한인사회에
합류했다. 이처럼 영국에 도착한 초기의 한인들은 정착 의사도 없었고
이주민이라는 생각도 없었다. 1960년대 말까지 영국 거주 한인들의
대부분이 학생들로 200명 정도였다. 1970년대 초부터 영국과 한국과
의 경제 관계가 활성화됨에 따라 런던에 한인기업의 지사와 은행 등이
생겨났다. 이에 따라 1970년부터 1979년까지 한인 수는 1,000명에서
2,000명 정도로 증가했다.[5] 1990년대 중반에 잉글랜드 거주 한인들은
1만 5,000명 정도까지 증가했다. 이들 중 약 1만 2,000명은 런던 지역에
거주했다.

　런던과 인근 도시에는 한인들이 1960년대 말부터 정착하기 시작했는
데, 그들은 주로 중소기업에 종사했다. 이러한 한인 비즈니스의 편중은

---

5)　김인호(1992), 『재영 한인회 어제와 오늘』, 재영 한인회, 8쪽.

상대적으로 한인 밀집촌이 형성되는 배경이 되었다. 특히 런던에서 남서쪽으로 킹스턴, 뉴몰든, 서비튼 등의 지역이 이에 해당한다. 런던 서쪽의 리크만스워드와 너트포셔 등지에는 과거 대우자동차 공장이 자리 잡고 있어 한인들이 밀집했었다. 특히 윔블던에서 2마일 떨어진 런던의 교외 지역에 있는 뉴몰든의 한인공동체는 형성된 지 30년 이상 이 되었다. 이 지역은 '작은 서울(Little Seoul)'로 불리기도 한다. 다른 지역에 비해 비교적 편리한 교통, 쾌적한 환경, 비교적 싼 주거비 및 좋은 학교 등으로 인해 1990년대 말 재영 한인 2만 5천 명 중 약 8,000명 이 이곳에 거주했었다. 또한, 이 지역은 재영 한인들의 사업 중심지가 형성되면서 전체 한인 기업의 21%가 이곳에 자리하고 있다.[6]

2. 재프랑스동포

프랑스를 중심으로 재프랑스 한인의 발자취는 19세기 말로 거슬러 올라간다. 1886년 조선이 프랑스와 정식 국교를 맺은 후, 한국인 유학 생들이 프랑스 대학에서 수학하기도 했다. 1900년 조선은 파리 만국박 람회에 대사를 파견하여 조선관을 설치하는 등 다양한 활동을 펼쳤다. 1910년 이후 일제강점기 동안 한인들의 프랑스 진출은 1919년 대한민 국 임시정부 수립과 독립운동을 위한 한국 대표들의 파리 국제회의 참가 등이 대표적이다. 8·15광복 이후 1949년 2월 15일 프랑스는 대한 민국을 공화국으로 승인했으며, 그해 4월에 양국 간 교류가 시작되었 다. 1950년 이후부터 프랑스에 한인이 본격적으로 정착하기 시작했다. 당시 한국 이민자들은 주로 한국전쟁에 참전했던 프랑스 군대를 따라 유학생 자격으로 이주한 28명의 학생이 대부분을 차지했다. 이들 유학

6) 김게르만(2010), 381-382쪽.

생은 대부분은 현지에서 공부를 마친 후 귀국하지 않고 프랑스 각지에
정착함으로써 한인사회가 형성되기 시작했다. 1960~70년대에 이르면,
유학생 이외에도 많은 사람이 프랑스로 유입되기 시작하였다. 이들은
주로 독일이나 미국 등지를 거쳐 프랑스에 거주하던 친지들과 합류하
기 위해 입국한 사람들이었다.

특히 1960년대 말경에는 독일에서 광산 노동자나 간호사들이 프랑스
로 건너가서 대부분이 식당을 비롯한 요식업에 종사하기 시작했다.
1971년경 장단기 체류자를 제외한 한인 정착자의 수가 19명에 불과했지
만, 1977년에 이르러서는 292명으로 급격히 증가했다. 그리고 1974년에
는 프랑스에 한글학교가 설립되었다.[7] 한국의 경제발전에 따라 1960년
대부터 최근까지 정부 기관과 공공기관, 민간 상사들이 파리에 진출하면
서 한인들의 수가 대폭 증가하였다. 그들 중 일부는 프랑스에 잔류하여
교민사회에 편입되기도 했다.[8] 한편, 1970년대 초부터 자녀가 없는
프랑스 가정에서 주로 한인 아동들을 한국에서 입양하기 시작하면서,
그 수가 1990년대 말경에는 약 1만 3,000명에 달했다.

재프랑스 한인 거주 자격의 특징을 살펴보면, 우선 시민권과 영주권
소지자는 전체의 10% 정도에 불과하며, 기타 일시 체류자의 비율이
시민권과 영주권 소지자 수에 비해 월등히 많았다. 재프랑스 한인사회
는 거의 여성이 주도하는 사회라고 할 만큼 여성의 수가 남성의 수에
비해 2배 이상 많았다.[9] 또한, 직업별 구성을 보면, 한인들 대부분은
서비스업 중 여행사의 관광 가이드, 통번역, 숙박업 등에 종사했다.

---

7) 임채완·전형권(2006), 213쪽.
8) 오장환(2005), 『유럽지역 한인사회 역사와 현황: 프랑스 사례를 중심으로』, 국사편찬
    위원회, 153쪽.
9) 한·유럽 연구회(2003), 48쪽.

다음으로 무역이나 상품판매업에 종사하였으며 주로 여성이 많았다. 전문 직종에 종사하는 사람들은 많지 않았다.

3. 기타 유럽동포

독일에 비해 영국, 프랑스, 네덜란드 등 과거 식민지 경영을 한 국가들은 타민족에 상대적으로 관대하여 많은 외국인이 거주하였다. 그러나 거의 대부분이 과거 식민지 지역 출신자들이어서 특별대우를 받았다. 예컨대, 대학에 입학하여 장학금을 받을 때, 특별대우를 받았다. 또한, 그들은 일자리를 제공받았고, 영주권을 받아 국적을 취득하는 등 특별한 우대를 받았다. 하지만 기타 지역 출신자들은 차별받았다.

한국인의 경우, 법적으로는 유럽의 어느 나라에도 이주할 수 없었다. 이들 나라에 이미 정착한 한국인들도 가족 초청이 불가능했다. 다만 상사 주재원으로 근무하고 일정 기간이 지난 후 체류 연장을 받아 장기 거주할 수 있었다. 이러한 형태로 거주하는 이들을 재외동포라고 불렀다. 최근 기업 이민이 이루어지는 곳은 독일, 영국, 프랑스, 네덜란드, 벨기에 등 몇 나라에 해당된다. 한편, 영국, 프랑스, 독일과 같이 재외동포들이 많이 거주하는 나라에서도 한국인은 소수민족이었다. 따라서 한인은 이들 국가의 주류사회에서는 잘 드러나지 않는 민족이었다. 독일의 경우 직장에서 한국인이 불만이나 애로사항의 해결을 요청해도 튀르키예계 노동조합에서 이를 차단하면, 상부에 한인들의 의사가 전달되지 않는 구조였다. 따라서 한인들은 때로는 말 없는 민족으로 멸시당하기도 했다.

유럽과 EU는 한국 외교의 5대 축이었다. 특히 EU는 한국의 대북정책을 지지하고 한반도 평화와 동북아 안정에 이바지할 수 있도록 상호 협력하고 있다. 1948년 대한민국 정부수립과 함께 영국, 프랑스, 독일,

이탈리아 등 주요 유럽 국가들은 한국 정부를 한반도의 유일한 합법
정부로 승인했다. 영국(1949)을 시작으로 프랑스(1949), 스페인(1950),
독일(1955), 이탈리아(1956) 등 여러 국가들이 한국과 외교관계를 재수
립했다. 또한, 유럽의 튀르키예(1957), 노르웨이(1959), 스웨덴(1959), 덴
마크(1959) 등과도 외교관계를 수립해 한국의 중요한 외교적 기반이
되었다.

반면, 소련을 비롯해 동유럽 국가 8개국은 대부분 1948년에 북한을
공식 국가로서 승인하고 외교관계를 수립했다. 한국은 경제발전을 기
반으로 유럽의 많은 나라들과 우호 및 실질적인 협력관계를 체결하기
위한 외교적 노력을 기울인 결과 1980년대 유럽 국가들과 국제 교류와
경제통상 협력을 강화했다.

특히 한국 정부는 1983년부터 유럽공동체(EC: European Community)
출현의 중요성을 인식하여 한국과 EC 간 경제통상 분야의 정기적인
협의체로서 외무장관급의 한-EC 고위급협의회를 구성하며 매년 장관
급 회의를 개최해 오고 있다. 한국은 유럽 국가들과 경제사절단 또는
통상사절단이란 이름으로 민관(民官) 합동의 인적 교류를 지속해 오고
있다. 한국 정부는 유럽공동체와 주로 경제각료회의, 경제실무자회의,
경제협력위원회, 공동위원회 또는 과학장관회의 등을 통해 투자와 합
작사업의 가능성을 협의하고 있다. 1990년대에는 한국과 유럽 국가들
과의 관계도 괄목할만한 성장을 이룩했다. 유럽 국가들은 한국을 단순
히 전통 우방국가로만 간주하지 않고, 경제통상 및 정치적인 측면에서
상호 긴밀히 협조하는 동반자로 인식하게 되었다.

유럽은 미국과 일본에 이어 세 번째로 큰 한국의 교역 대상 국가가
되었으며, 영국, 프랑스, 독일 등 유럽 주요 국가들에 대한 한국의 투자
도 증가하였다. 이처럼 유럽 국가들과의 경제통상 관계가 급격히 증가

하자, 한국과 유럽 간에는 지적소유권 문제, 보험금융시장 개방 문제, 수출덤핑 문제 등 민감한 경제통상과 연관된 문제들도 대두되었다. 또한, 유럽과의 관계가 긴밀해짐에 따라 한-유럽 정상 간의 접촉도 빈번해졌다.

한국 정부는 유럽의 개별 국가와의 관계 강화와 더불어 1990년대 초부터 심화했던 EU 통합에 대처하기 위하여 EU와의 관계 확대를 도모했다. 이에 따라 EU는 1993년 6월 한국 결의안을 채택하여 한국과의 관계를 경제통상 관계에서 한 차원 높은 단계로 격상했다. 양측은 1996년 10월 한·EU 기본 협정을 체결하고, 한·EU 공동정치선언에 서명하여, 한-EU 관계를 경제 관계에서 정치와 안보 관계로까지 확대했다. 이에 따라 EU 국가들은 북한 핵 문제, 남북한 문제 등에서 한국의 입장을 지지해 왔다.

▨ 제4절 유럽동포의 이주유형

유럽 여러 나라들의 이민정책과 생활환경에 따라 이 국가에 거주하는 한인들 간에도 많은 차이가 있다. 한국인이 이 나라들에 거주하게 된 동기도 다양하다. 그러나 유럽에 거주하는 동포를 이민자로 파악할 때, 이들을 이주 국가와 정착 과정에 따라 이민유형으로 분류할 수 있다.

1. 이주 국가에 따른 이주유형

현재 유럽에 거주하는 한인을 대상으로 한인사회를 몇 가지 유형으로 분류하면 다음과 같다.

첫째 유형은 북유럽의 스웨덴, 노르웨이, 덴마크, 그리고 서유럽의 네덜란드와 벨기에를 포함하는 나라들은 한인 동포들보다 입양한국인들의 수가 많다. 특히 북유럽 지역의 스웨덴, 노르웨이, 핀란드, 덴마크 등에 입양한국인들이 압도적으로 많다. 이들 중 한인이 가장 많은 나라는 스웨덴이다. 스웨덴은 한국전쟁 참전을 계기로 인연을 맺은 한국인들이 이주를 시작한 나라다. 또한, 이 지역에는 한국전쟁 고아 약 40,000여 명이 입양되어 해외입양아들이 한인사회 형성의 토대가 되었다.

둘째 유형은 독일처럼 한국의 취업 이주자들이 다수를 이루고 있는 사회다. 이를 '취업 이민 사회'의 유형이라 할 수 있다. 이는 이민유형의 한 형태로서 중부유럽 유형이라 할 수 있으며, 독일을 비롯한 오스트리아와 스위스가 이러한 이민유형을 지닌 국가들이다. 독일, 스위스, 오스트리아 등은 주로 1960년대 독일파견 광부와 간호사의 정착으로 한인사회가 형성되었다.

셋째 유형은 프랑스처럼 유학생이 주도하는 이민 사회다. 이는 서유럽형으로 분류할 수 있으며, '유학생 주도형'이라 할 수 있다. 이러한 유형에는 프랑스만이 아니라 영국, 이탈리아 등이 포함된다. 이들 국가에는 주로 한인 유학생들을 중심으로 한인사회가 형성되어 있고, 상당수의 한인이 한국 국적을 지닌 채 체류하고 있다.

넷째는 기업 이민이 주도하는 사회라 할 수 있다. 이는 '기업 이민 주도사회'라 부를 수 있다. 남유럽 여러 나라를 포함하여 네덜란드, 벨기에, 그리고 영국 등은 모두 유학생과 국제결혼으로 이주한 연고 이민자들이 많으나, 기업이민자들이 동포사회를 주도한다고 볼 수 있다. 특히 동유럽 지역은 1980년대 말부터 한국과 공식적으로 수교하여, 주로 주재 상사원들의 이주가 대부분을 차지하였다.

2. 이주 과정에 따른 이주유형

유럽의 한인들을 이주 과정에 따라 분류하면, 연고 이민, 취업 이민, 기업 이민 등 세 가지로 유형화할 수 있다. 연고 이민(연쇄 이민: Chain Migration)이란 여러 나라에 처음 이주하기 시작한 한인들의 이주 형태를 말한다. 예를 들면, 스웨덴에 처음 이주한 한인들은 한국전쟁에 참전한 스웨덴인들과의 인연으로 초청돼 이주한 이민의 형태다. 이들은 국제결혼을 한 이주여성 이주민일 수도 있고, 유학생으로 이주해 정착한 이주민일 수도 있다. 이러한 연고 이민은 많은 국가의 초기 이주자들의 이주 형태다. 특히 북유럽의 경우 한국전쟁을 계기로 국제결혼에 의한 연고 이민이 많았고, 영국, 프랑스 등 서유럽에서는 유학 이민에 의한 연고 이민이 특징이다.

한인의 취업 이민은 현지 사회에서 취업해 거주하는 이민 형태다. 서독 광산근로자와 간호사들의 이주가 이에 속하지만, 이들 외에도 조선공, 용접공, 기계공, 전기공, 병아리 감별사 등 다양한 기술직 이주자들이 속한다. 취업 이민은 서독에서 전 유럽으로 확산되었고, 특히 광산근로자들이 다른 직종으로 전환하여, 많은 사람이 요식업, 식품업 등에 종사하고 있다.

기업 이민이란 시기적으로 1980년대 이후 유럽 여러 나라, 특히 네덜란드, 벨기에, 영국, 프랑스 등 서유럽 등지에서 현저한 이민 형태다. 네덜란드에서처럼 이들은 상사 주재원으로 계속 근무하며 화이트칼라의 삶을 지향한다. 이들은 자신보다 이전에 이주한 동포와 구별하기 위해 자신을 '동포 2세'라고 부르기도 한다.

▨ 제5절 유럽동포 단체와 문화 활동

유럽에는 여러 한인 단체가 존재한다. 예를 들면, 제독 간호사 협회라던가 프랑스 한인 단체 등이 있지만, 이들 중 여러 단체를 통합해 '재유럽한인총연합회'가 구성되었다. 총연합회는 1989년 9월 당시 서유럽 국가를 총망라한 11개국의 한인회장들이 서울에 모여 발족한 단체다. 이듬해인 1990년 9월 독일에서 첫 정기총회를 개최해 정식으로 발족했다.[10]

유럽 각 나라의 한인연합회장이 각각 회장을 역임하여, 한동안 재유럽한인총연합회와 유럽한인회총연합회로 분리돼 있었다. 그러다가 2011년 6월 서울에서 개최된 세계한인회장대회에서 양 연합회의 회장이 유럽 한인사회의 단합과 화합을 위해 통합하기로 합의해, 2011년 11월 오스트리아의 수도 빈에서 열린 총회에서 회장을 선출했다. 이 단체는 체육대회나 한국인 웅변대회 등 여러 활동을 통해 조직의 활성화를 도모하고 있다.

'나오네.'라는 온라인사이트는 독일 거주 한인들이 만든 유럽 한인용 포털사이트다. 이 사이트에 입장하면, 독일은 물론 유럽 국가 전체에 대한 각종 정보를 입수할 수 있다. 재독한인총연합회는 본국을 그리워하는 한국인들끼리 모여 각종 행사와 어려운 한국인들을 돕고 명절과 기념일을 같이 보내려는 목적으로 설립된 유럽 한인 단체다.

또한, 유럽 곳곳에 거주하는 한인들은 자신의 정체성을 잃어버리지 않기 위해서 꾸준히 한국어 웅변대회와 한글 경연대회 등을 개최하고 있다. 이들 행사에 외교부, 재외동포청, 한국대사관뿐만 아니라 한국 대기업들도 지원하여 매년 뜻깊은 대회가 이루어지고 있다.

---

10) 행정안전부 국가기록원, 〈재외 한인의 역사〉, http://theme.archives.go.kr/(검색일: 2023.7.24.).

독일과 프랑스에서 활동하는 주요 단체 및 포털사이트의 현황은 다음과 같다. 프랑스 한인 단체는 매우 다양하게 존재한다. 한인회 이외에도 파리 유학생회, 재불 한인체육회, 재불 상사협의회, 요식업협회, 과학자협회, 국제 한국학 및 비교학회, 한불예술협력센터, 청년작가회, 재불 정치학회, 한국건축인모임, 영화학회, 한불자선회, 컴퓨터동우회, 경제협력기구 등이 있다.

친목 단체로는 골프동우회, 대학동문회, 고등학교동문회 등이 있다. 프랑스한인회의 문화 활동을 살펴보면, 교민들의 친선을 위한 체육대회, 한인회장배 골프대회, 또한 예술의 나라 프랑스답게 전체 동포를 위한 예술축제 등이 열리고 있다. 특히 프랑스에는 한인 해외입양아도 많이 거주하기 때문에 입양아 부모들 간의 친선 모임도 활발하다.

독일은 다른 유럽 국가들에 비해 많은 한인이 거주하고 있다. 이에 따라 독일에는 지역별로 한인회가 존재한다. 한인연합회가 독일 소재 40개의 한인회를 총괄한다. 그 외에도 재독 한인체육회, 재독 한인복지회, 재독 한인간호사회, 재독 한인의사협회 등 여러 친목 단체가 있다. 재독 한인연합회의 활동은 한인 체육대회, 교민대표 연설회, 청소년 축구대회, 한국 민속씨름대회 등이 있다.

▸ 재불 한인 여성회
재불 한인 간 상호 교류 및 협력을 도모하고. 정보교환 및 다양한 협력 활동을 통해 여성들의 활동을 돕고, 프랑스 주류사회로의 진출을 격려하는 등 활동하고 있다. 최근 '국제결혼여성 돕기 콘서트'를 개최하는 등 활발한 활동을 전개하고 있다.

▸ 프랑스존닷컴(www.francezone.com)
프랑스 동포신문으로 위클리 한국판이며 한인 업체, 단체정보, 구인구직, 뉴스 등을 알려주는 대형 프랑스 한인 포털사이트다.

▸ 재독한인총연합회(http://homepy.korean.net)
1963년 한국 유학생들이 모여서 시작했던 학술토론회를 기점으로
조직적으로 활동하면서 이후 명칭을 '재독한인회'로 변경하여 지속적인
활동을 전개해 왔다. 언론단체, 학술단체 등과 함께 활동하기도 한다.

▸ 교포신문(www.kyoposhinmun.com)
독일 한인사회, 스포츠, 연예, 문화 등에 관한 분야별 뉴스를 제공하
고 있다.

이 외에도 영국에 있는 한인 단체를 살펴보면, 재영 한인회, 재영
한국경제인협회, 재영 과학기술자 협회, 재영 유학생회 등이 있다. 특
별 한인 단체를 살펴보면, 이한응 공사 추모 사업회, 한반도 통일연구
회가 있다. 종교단체로는 천주교와 불교를 제외한 22개의 교회가 있다.
단체와 문화 활동을 살펴보면, 재영 한인회가 매년 주최하는 송년회
겸 총회와 여름 야유회 겸 체육대회가 있다. 봄에 개최되는 한인회장배
골프대회, 가을에 열리는 한인회장배 웅변대회 등이 있다. 기타 한국전쟁
에 참전한 군인들을 초대하는 기념행사도 격년제로 개최하고 있다.

▨ 제6절 재유럽동포의 전망과 과제

중남미와 유럽지역으로의 한인 이주는 미국이나 캐나다로의 한인
이주와는 전혀 다른 특징을 가지고 있다. 중남미와 유럽에 거주하는
한인의 수는 미국과 캐나다에 거주하는 동포의 수와는 비교도 안 될
만큼 적다. 2011년 외교통상부가 발표한 '재외동포 현황통계'에 따르면,

미국은 200만 명, 캐나다는 23만 명인데, 중남미지역은 11만 명, 유럽지역은 12만 명이다. 주된 이유는 1965년 미국의 이민법이나 1968년 캐나다 정부의 이민정책이 이민자에게 더 관용적인 방향을 취했다. 이와 대조적으로 유럽의 여러 나라들은 이민자를 합법적으로 받아들이지 않기 때문이다. 중남미지역의 경우, 더 나은 교육환경과 취업 기회를 제공하며, 지리적으로 인접한 미국과 캐나다 등 북미 지역으로 재외동포들이 재이주하고 있기 때문이다.

해외에 거주하는 동포들의 공통점 중 하나는 몇 명이라도 한인 동포가 거주하는 곳이면 반드시 한인회가 존재한다는 것이다. 한인회는 한인사회에서 중요한 기능을 담당하는 단체로서 한인을 대표할 뿐 아니라 한인사회의 구심점을 이루고 있다. 한인회의 조직과 기능도 다음과 같이 대동소이하다. 즉, 한인회는 봄과 가을에 야유회나 운동회를 개최하고, 송년 모임을 주관하며, 3·1절과 8·15광복절 행사 등도 공관에서 주관한다.

어느 나라 어느 도시를 가더라도 한인 거주지에는 한글학교가 있다. 한인회는 하나지만, 한글학교는 몇 개가 있는 곳도 많다. 이는 모든 동포가 2세 교육을 중시한다는 증거지만, 실제로는 그 이상의 의미를 지닌다. 한글학교는 자녀들에게 한글을 가르쳐 한국인의 정체성을 확인시켜 주는 역할을 하고 한인 1세인 어른들에게는 귀속 의식을 강화시키는 공간으로서의 중요한 역할을 한다.

한국인들이 유럽으로 이주하게 된 배경은 많은 사연이 숨어있다. 파독(서독 파견) 광부와 간호사의 이주는 앞으로도 존경받고 본받을 참모습으로 기억되어야 할 것이다. 그들 덕분에 나라가 부강해져 유럽에 이주해 살고 있는 많은 한인이 떳떳하게 살아갈 수 있게 되었기 때문이다.

유럽 한인의 이주는 한국전쟁이라는 비극을 통해 시작되어, 1960년대 초에 현지 노동력 부족과 한국의 과잉 노동력을 해결하기 위한 국가 정책으로 추진되었다. 이러한 유럽 한인이 그 나라에 정착해, 한국과 유럽 국가 간 네트워크 구축에 도움을 주고 있다. 또한, 국내에는 잘 알려지지 않았지만, 유럽지역의 동포들끼리 협회나 단체를 조직하고, 동포신문을 발행하고 있다. 일반적으로 한국인들은 재외동포들을 생각할 때, 동북아지역을 중심으로 중국과 일본, 미국, 구소련지역 등만을 인식하는 경향이 있다. 재외동포 관련 연구도 대체로 이들 국가를 중심으로 이루어지고 있다. 그러나 앞으로 유럽 한인을 잘 이해하기 위해서는 유럽 한인 관련 단체들에 대한 지속적인 관심과 연구가 필요하다.

중남미동포와 다문화

■ 제1절 중남미동포의 이주 배경

　19세기 중반 이후 한국인, 중국인, 일본인의 중남미 이민은 경제적 빈곤과 기아에 허덕이던 사람들이 더 나은 삶을 찾아 노동자로 이주하면서부터 시작되었다. 중국인 노동자들은 미국의 대륙 간 횡단철도를 개설하고, 태평양과 대서양을 잇는 파나마 운하를 건설하는 현장에 투입되었다. 일본인은 20세기 초부터 브라질과 페루를 중심으로 농업이민을 떠났으며, 이들의 후손이 현지에서 정착민으로서 살고 있다. 조선인은 중국인이나 일본인과 마찬가지로 19세기 중엽인 구한말 하와이 사탕수수농장과 멕시코 유카탄반도의 에네켄 농장에 이민노동자로 진출했다.

　이렇듯 비슷한 시기에 동북아지역으로부터 시작된 중남미 이민에서 한국인들은 왜 다른 민족들에 비해 그다지 성공하지 못했을까? 이에 대한 대답은 여러 가지가 있다. 첫째, 멕시코 이민이 속아서 떠난 이민이었다는 사실이며 당시 국가적 상황에서 노동자들을 위해 아무런 도움을 줄 수 없는 상황이었다. 이주지에서 노예 취급과 착취를 당한 한인들은 계약 기간이 끝나자 여기저기 뿔뿔이 흩어졌기 때문에 제대로 된 공동체를 형성하지 못했다. 당연히 연쇄 이민이 있을 수 없었으며 1960년대까지 중남미는 여전히 조선인들에게는 낯선 대륙의 하나였다.

조선인의 중남미 이주는 브라질, 아르헨티나, 파라과이 등이 독립하기 시작한 1970년대에 이 국가들을 대상으로 농업이민을 떠나면서 시작되었다. 이주자 대부분은 원래 계약대로 농사를 지으며 농촌지역에 정착하지 않고 수도에서 가까운 도시지역으로 진출해 의류 도소매업 등 상업에 종사했다. 따라서 한인들은 이민을 수용하기 꺼리는 대상의 하나가 되었다.

〈표 11〉 중남미동포의 분포(2010)

국가	동포 수	추정 동포 수	총인구	외교관계	이민 개시	영주권
브라질	48,419	60,000	1억 8,611	1959.10	1963	부여
아르헨티나	22,024	25,000	3,953	1962.2	1965	부여
멕시코	12,072	50,000	1억 470	1962.1	1905	없음, 사업비자
과테말라	9,921	15,000	1,260	1962.10		영주권, 장기체류
파라과이	5,229	8,000	620	1962.6	1965.4	부여
칠레	2,249	2,500	1,598	1962.6		영주 체류
페루	812	919	2,790	1963.4		비자
에콰도르	1,418	1,400	1,303	1962.10	1970	5년영주거주비자
볼리비아	1,280	1,300	925	1965.4		영주권
쿠바	720	800-900	1,130		1921	없음
합계	108,603					

*출처: 외교통상부

둘째, 중남미 한인 이주자들이 현지에서 실패한 것은 큰 비전을 가지고 그 나라에 정착하려 하기보다는 빨리 돈을 벌어 미국으로 이주하려는 생각을 가지고 있었기 때문이다. 브라질에서 벼농사를 지어 성공한 대농장 부호도 일본인이며, 파라과이에서 동양인들이 소비하는 배추나 벼농사를 독점하는 농장의 주인도 일본인이었다. 이들은 중남미 사회에서 번 돈을 그 사회에 환원하면서, 그 나라의 국민이 되어 부를

축적했다. 반면에 한인들은 돈을 모아 미국으로 재이주를 떠날 기회만
노렸다.

중남미로 떠난 한인들은 그들의 출발 시기에 따라 다음과 같이 크게
세 가지로 분류할 수가 있다. 첫째, 1900년대의 멕시코와 쿠바로 떠난
조선인, 둘째, 1960년대의 브라질과 아르헨티나 등으로 떠난 농업이민
자, 셋째, 1970년대 산업화 이후 더 나은 환경을 찾아 개인의 발전과
자녀교육을 위해 이주한 자들로 분류된다.

위 〈표 11〉에 제시한 바와 같이 2010년 말 외교통상부의 재외동포
현황에 따르면, 중남미 국가 중 한인이 가장 많이 거주하는 지역은 브라질
(48,419명), 아르헨티나(22,024명), 멕시코(12,072명), 과테말라(9,921명), 파
라과이(5,229명) 등이었다.

■ 제2절 멕시코와 쿠바 이주

먼저 멕시코와 쿠바로의 한인의 이주에 대해 살펴보자. 중남미로의
한인 이주는 20세기 초반부터 현재까지 장기간에 걸쳐 진행되었다.
제1기(1903~1921)는 1905년 멕시코 이민을 시작으로 1921년 쿠바로 재이
주한 시기다. 1920년대 소수의 일본 국적 조선인들이 일본인 이민자들에
섞여 이주했다. 제2기(1922~1956)는 1956년 한국전쟁의 반공포로 57명이
브라질과 아르헨티나로 이주한 시기다. 제3기(1963~1971)는 1963년 브라
질 농업이민을 시작으로 아르헨티나, 파라과이, 볼리비아 등으로 집단이
민을 시작한 시기다. 제4기(1972~1980)는 1972년 브라질 정부가 한인
이민 억제정책을 시행하여 공식 이민이 중단된 시기다. 대신 서독에서
광부 또는 간호사로 일했거나, 베트남에서 계약노동자로 일했던 한인들

이 계약 만료 후 귀국하지 않고 남미 국가로 불법 입국해 체류했다. 제5기(1981~현재)는 1980년대 이후 가족 초청과 투자이민 등으로 중남미 한인사회가 새로운 이민 시대를 맞이한다.

1. 하와이에서 멕시코 이주

한국인의 해외 이민사의 시작은 1860년대 한인이 러시아 연해주로 이주한 계절 농업이민이었다. 이후 해방 이전까지 한인의 이주는 빈곤에서 벗어나려는 경제적 동기와 함께 일제의 탄압 통치에서 벗어나려는 정치적 동기가 이유였다. 당시 한반도는 조선 정부로부터 이권을 따내기 위한 외국인 세력의 각축장으로 변해있었고, 1901년에는 흉년으로 기아자들이 속출하는 상황이었다. 미국 정부는 하와이를 개발하기 위해 조선인 노동자의 이민자 수용을 결정했다. 하와이 사탕수수농장주 협회는 1902년 5월 9일 데쉴러를 이민자 모집 대리인으로 세워 경성에 파견하였다. 당시 고종황제는 조선인의 미국이민을 허가하면서 '수민원'을 설치하도록 지시했다. 한국 역사상 처음으로 이민 업무를 담당하는 기구인 '수민원'이 창설되었다.

그러나 첫 이민자 모집에는 여러 가지 애로사항이 많았다. 당시 조선인들은 유교 사상의 영향으로 조상의 뼈가 묻혀 있고 부모 형제가 사는 고향을 버리고 외국으로 이주하는 것을 죄악시하는 경향이 있었다. 이에 이민중개업자 데쉴러는 조선 정부 관리들을 이용해 이민 장려정책과 고종황제 명의의 칙서를 발표하게 했다. 이러한 노력을 기울인 결과 1902년 12월 22일 최초의 조선인 미국 이민자 121명이 선발되었다. 그들은 인천 제물포항에서 배를 타고 하와이 이민 길에 올랐다.

최초의 조선인 미국 이주자들을 실은 이민선 갤릭호는 21일간이라는 대장정의 항해 끝에 1903년 1월 13일 호놀룰루 항에 도착했다. 그들 중 8명은 항해 중 눈병에 걸려 경성으로 강제 송환되어, 조선의 첫 미국 이민자는 121명에서 93명이었다. 이들은 한국의 첫 미국 이민자들로서 하와이 이민 1세대를 형성하게 된다. 당시 하와이 사탕수수농장은 노동력이 부족했다. 하와이 정부는 조선을 비롯한 해외에서 이주하는 노동자들에게 매우 호의적이었다. 이후 한국인의 미국으로의 하와이 이민은 지속되었다.

이처럼 하와이 정부가 조선인을 하와이 사탕수수농장으로 이주하는 정책은 일단 성공했다. 그러자 당시 일손이 부족했던 멕시코 에네켄 농장주들과 이민중개업자들이 조선에 눈을 돌려 이민노동자들을 모집하기 시작했다. 한인의 멕시코 이민 당시 조선의 정세는 열악했다. 1904년 러일전쟁이 발발하고, 같은 해 2월 23일 서명한 한일 의정서에 따라, 일본은 조선 정부에 동맹조약을 강요하는 등 조선은 일본의 식민지화가 진행되는 형국이었다. 일본이 러일전쟁에서 우세해짐에 따라 일본 정부의 조선 정부에 대한 영향력은 강화되었고, 조선 정부는 외국과의 조약체결 등에 대해서도 사전에 일본 정부와 협의하지 않으면 안 되었다.

중남미지역에서 생산되는 에네켄(에니깽)은 로프나 섬유의 원료로 당시 멕시코의 주요 수출품 중 하나였다. 당시만 해도 국가 간 무역이나 운송은 주로 선박에 의해 이루어지고 있었기 때문에 항해에 필요한 로프는 중요한 수입원이었다.[1] 중국과 일본의 노동력을 수입하고 있던 멕시코 유카탄의 에네켄 농장주들은 1900년대에 농장 노동력 확보에 비상이 걸렸다. 그러자 미국 이민업자 메이어와 일본 이민업자가

---

1) '에네켄(에니깽)'은 높이 1~1.5m, 너비 30~40㎝의 잎사귀를 가진 선인장의 일종으로, 한 나무에 보통 50~100개 정도의 잎이 뭉쳐져 있다. 에네켄 잎을 잘라서 으깨면, 흰 실타래가 되는데, 이것을 묶으면, 튼튼한 로프가 된다.

손을 잡고 조선인 노동자들을 본격적으로 모집하기 시작했다. 일본인 이민업자들은 '대륙 척산 주식회사'라는 간판을 걸고 전국을 돌며 멕시코로 이주할 조선인 노동자들을 모집해, 마침내 1904년 10월 1,033명의 노동자를 모집하는 데 성공했다.

당시 조선 정부는 해외 이민은 장려했지만, 계약 노동은 노예라고 인식해서 처음에는 여권을 발급하지 않았다. 그러나 나중에 계약이민도 자유이민과 다름없다는 속임수에 넘어가 여권을 발급하기 시작했다. 미국인 이민업자 메이어는 1,033명의 첫 멕시코 조선인 노동자를 이민선에 태우고 1905년 3월 인천항을 출발해서 일본을 거쳐 5월 15일 멕시코 메리다시항구에 도착했다.

이들은 멕시코의 메리다시에서 20여 개의 에네켄 농장으로 분산되어 계약노동자로서 일하기 시작했다. 그들은 계약노동자이지만 실제로는 노예와 같은 생활을 4년 동안 감내해야만 했다. 계약 기간이 종료된 후 기대한 돈을 모으지도 못했고, 대부분 현지 실업자 신세로 전락했다. 결국 농장에서 탈출한 이민자 중 소수는 미국으로 이주했고, 일부는 조선으로 귀국했다. 하지만 대부분은 멕시코의 여러 지역으로 산재해 힘든 이민 생활을 이어갔다.

하와이 항해 도중 병사한 2명을 제외한 1,031명의 한인은 이후에 유카탄의 메리다시로 이동해, 그곳의 농장주들에게 끌려가 노예와 다름없는 이민 생활을 강요당했다. 이들은 멕시코 전역으로 흩어져, 섭씨 30~40도의 무더위 속에서 12시간의 중노동에 시달렸다. 또한, 이들은 약 4년간의 계약 노동이 무엇인지도 모른 채 멕시코로 이주해, 굶주리거나 병마에 시달리기도 했으며, 짐승과 다름없는 노예 생활을 강요당했다. 그들은 이러한 현지의 열악한 이민 상황을 본국에 전달하려고 애썼지만, 농장주들은 그런 소식이 조선에 전해지면 문제가 생길 것을

제6장 중남미동포와 다문화 **165**

우려해 조선인 통역사를 시켜 외부와의 접촉을 금지했다.

결국 멕시코 한인들이 생지옥 같은 환경에서 노예와 같은 생활을 하고 있다는 참상이 여러 경로를 통해 모국에 알려지게 되었다. 고종황제는 이민회사와 교섭해 조선 이주자들을 빨리 송환하라는 어명을 내렸다. 당시 외무대신 이하영은 멕시코 정부에 "비록 양 국가는 일찍이 수교를 체결한 바 없으나 대한제국 정부가 관리를 파견해서 실상을 파악할 때까지 멕시코 정부가 이들을 보호해 달라."는 내용의 전문을 보냈다. 멕시코 정부는 "조선인을 노예 취급하는 것은 와전되었다"라는 내용의 회신을 조선 정부에 보냈다. 대한제국 관리는 멕시코 현지의 한인 실태조사를 위해 출발했으나, 일본과 맺은 을사조약으로 인해 외교권이 박탈당하면서 결국 멕시코에 입국하지 못했다.

멕시코 한인 이민자들은 모국이나 미국 한인사회로부터 아무런 도움을 받지 못한 채 그들의 계약 기간은 1909년 5월에 만료되었다. 비록 노예 생활에서 해방이 되었지만, 모국으로 돌아오지 못한 채 일하던 곳에 그대로 남아 노동을 계속할 수밖에 없었다. 현지 체류가 장기화하자, 그들은 언어적 장애와 문화적 차이로 원주민 노동자와 자주 충돌하게 되면서 불리한 계약조건을 감내해야 했다.

현재 멕시코의 한인 동포는 약 5만 명으로 추정되며, 그들은 모두 멕시코 국적 소유자이지만 한국말을 거의 구사하지 못한다. 멕시코의 메리다시, 티후아나, 코아트사코알코스, 캄페체, 카나운 등 6개 지역에 한인후손협회가 있다. 주류사회의 상류층으로 진출한 중남미동포는 많지 않으며, 최근 이들 중 소수만 주류사회의 정계, 법조계, 고위 공무원으로 진출하고 있다. 중남미 이민 100주년 후속 사업인 한인 후손 방한 초청 기술 연수 사업이 재외동포청의 주관으로 추진되어, 2006년부터 2010년까지 총 100여 명이 참가했다.

2. 쿠바 이주

중남미에 이주한 한인 이민의 시초는 하와이 이민자 중 일부인 1,033명이 1905년 5월 하와이에서 형성된 '백금(白金) 신화'의 꿈을 이루기 위해 멕시코 남부에 있는 유카탄주의 에네켄(henequen) 농장에 도착하면서 시작되었다. 1905년대 초 인천(제물포)항을 떠나 일본 요코하마에서 영국 상선 엘 보트로 갈아탄 후, 멕시코 살리나크루스 항구에 도착했다. 거기서 다시 기차를 타고 이동해 유카탄의 수도 메리다시에 도착했다.

그러나 애초 생각했던 것과는 달리 혹독한 계약이민 기간이 4년이 경과된 후 조선이 일본에 의해 식민지화 되고, 에네켄 산업의 불황에 따른 생활환경이 피폐해지자, 일부는 멕시코시티, 티후아나(Tijuana) 등지로 이주했다. 또한, 1913년경 과테말라로 이주하기도 했으며, 1921년에는 이들 중 300여 명이 쿠바의 사탕수수농장으로 이주했다. 이것이 쿠바 한인 이민의 시초이다.

1910년 멕시코에서 혁명이 발생한 이후 멕시코 혁명 정부가 한인을 비롯한 외국인 노동자들을 증오하면서부터 한인들은 새로운 환경에서 적응해야 했다. 대부분의 한인 노동자들은 멕시코 원주민들과 결혼해 멕시코 사회에 점차 동화되어 갔다. 그러나 일부는 멕시코를 떠나 남미의 파나마, 페루, 아르헨티나 등지로 이주했는데, 특히 쿠바로 많이 이주했다.

1910년부터 1920년 사이 쿠바는 미국인들이 사탕수수농장을 개척하면서 사탕수수 산업이 활성화되고 있었다. 따라서 노동력의 수요가 급증하게 되자, 쿠바 정부는 외국인 이민노동자들을 적극적으로 수용하였다. 멕시코에서 생활고에 시달리던 한인들은 1921년 3월 290여 명이 쿠바로 재이주했다. 쿠바 농업의 전성기였던 1902년부터 1920년 사이에는 중국, 유럽, 남미 국가에서 이주한 외국인 이민노동자들의 수가 약 100만 명에 달했다.

 1920년 8월 5일에는 멕시코의 유카탄반도로 이주했던 한인의 일부가 멕시코 '에네켄' 농장을 떠나 '카리브해 진주'라 불리는 쿠바로 향했다. 제1차 세계대전 이후 쿠바의 사탕수수 재배업이 번창함에 따라, 쿠바 정부는 한인 노동력이 절실했다.

 1921년 멕시코에서 쿠바로 이주한 한인들은 이러한 상황에서 이주한 외국인 노동자 중 일부였다. 1921년 3월 288명의 한인이 멕시코 유카탄반도를 떠나, 쿠바 라스투나스 지방의 마나티항구에 도착했다. 그러나 한인들이 쿠바에 도착했을 때는 국제 설탕 가격이 폭락해 사탕수수농장의 일자리가 감소하고 임금도 크게 하락한 시기였다. 결국 한인들은 처음에 의도했던 농장에서 일하지 못한 채 주변 지역에서 잡부 노동자로 생계를 꾸려 나갔다. 그리고 일자리를 찾아 마탄사스 지방의 에네켄 농장으로 이동했다. 이곳의 엘 볼로 농장에서 한인들은 집거지를 형성해 생활하기 시작했다.

 이후 쿠바에서 한인의 삶은 더욱 어려워졌다. 1933년 쿠바에서 혁명이 발생해, 쿠바 혁명정부가 외국인 이주노동자들에게 부정적이고 노골적인 차별정책을 펼쳤기 때문이다. 혁명으로 집권한 바티스타 정부는 1930년대에 경제공황을 극복하려고 자국의 중산층과 노동자들에게 유리한 보호정책을 펼쳤다. 바티스타 정부는 그러한 보호정책의 하나로 외국인 이주노동자들의 노동을 금지하는 정책을 펼쳤다. 1946년 그라우 산마르틴 정부가 국수주의 정책을 펼치자, 이주노동자의 노동조건은 더욱 제한되었다.[2]

---

2) 국수주의(國粹主義, Ultranationalism)는 자신의 나라에 대한 우월감으로 자기 나라의 역사, 문화 등이 다른 나라보다 우월한 것이라 믿는 배타주의의 일종으로, 다른 나라의 역사와 문화 등을 깔보거나 업신여기고, 또한 이를 배척하려는 태도와 정신을 말한다.

　이러한 문제의 해결 방법으로 한인들은 쿠바 국적을 적극적으로 취득했다. 1940년 쿠바 헌법이 개정되어 쿠바 태생이 아닌 외국인도 국적 취득을 할 수 있게 되자 1946년부터 많은 한인이 쿠바 국적을 취득하였다. 더 이상 모국에서 이민자들이 들어오지 않는 상황에서 쿠바에 잔류한 한인들은 쿠바 국적을 취득해 현지 사회문화에 빠르게 동화되어 갔다. 이민 2세와 3세가 증가한 데다가 한인으로서 정체성이 약했기 때문에 한인 조직들도 급속히 약화되어 갔다.

　1950년 약 400명으로 증가한 한인은 마탄사스 농장, 칼 메나스 농장 등지에서 노동자로 생활했다. 그들 중 일부는 수도 아바나로 이주해, 공장에 취업하거나 소규모 상점, 잡화상, 음식점 등을 개업도 했다. 1959년 쿠바혁명 후 한국과 미국 한인회와의 교류가 단절되면서, 한인들은 한민족의 정체성과 생활문화를 유지하기가 힘들어졌다. 쿠바에 도착한 한인 후손들은 민중 혁명과 사탕수수 산업의 몰락을 견뎌냈지만, 공산화한 쿠바 사회에 완전히 동화되었고, 몇몇 쿠바동포의 후손 중에 한국인의 흔적만 겨우 남아있는 상태다.

　남미로의 한인 이민의 시초는 한국 중산층 가족 단위의 농업이민에서 시작되었다. 이러한 이민 형태의 효시가 브라질의 농업이민이었다. 물론 이들보다 앞서 일본인과 이주한 조선인 이민노동자, 1954년 반공포로 출신 이민노동자들도 농업이민자들이었다. 이들의 농업이민은 1953년 6월 18일 '반공포로석방'에 따라 중립국으로 망명을 선택한 북한 인민군 76명과 중공군 12명이 인도를 거쳐 브라질과 아르헨티나로 이주하면서 시작되었다. 이들은 현지에 도착한 후 '반공포로'로 불리게 되면서 한인사회에 흡수되지 못한 채 고립되었다. 이는 한국 사회의 반공 이데올로기의 영향과 이를 통한 동포 간의 배타 심리와 차별 심리가 작용했기 때문이다.

▓ 제3절 브라질과 멕시코 재이주

1. 브라질 이주와 재이주

1960년대에 들어서 남미로의 한인 이민이 본격적으로 시작되었다. 한국 정부는 '해외이주법'을 제정해 과잉인구를 외국으로 유출해 인구 감소 정책을 펼쳤다. 이와 더불어 브라질과 아르헨티나 등 중남미지역은 광대한 농토를 개발해 경제발전을 도모하려는 정책에 따라 노동력이 필요했다. 이처럼 1960년대의 농업이민은 송출국과 수용국 간의 이해관계가 일치하여 시작된 기획 이민이자, 한국 정부에 의한 최초의 집단이민이었다.

1961년에 들어선 제3공화국 정부는 국토의 인구밀도 감소 정책의 관점에서 해외로의 인구이동에 지대한 관심을 보였다. 이에 따라 한국 정부는 당시 높은 경제 성장률 기록하고 있던 브라질과 아르헨티나를 비롯한 파라과이, 볼리비아 등지로 농업이민에 눈길을 돌렸다. 1962년 12월 18일 제1차 브라질 이민단이 부산항을 출발해, 이듬해 2월 12일 산토스 항구에 도착했다. 이후 브라질 이민은 1966년 5차 이민단까지 총 193세대가 이주했다.

한편, 아르헨티나로의 이주는 1962년 리오네그로 주 라마르케 지역의 400헥타르에 달하는 개간지를 무상 임대받는 조건으로 시작되었다. 따라서 1963년 2월 12일에 18세대 92명의 한국인이 한백진흥공사를 통해 브라질 리우데 자네이루항에 도착하면서 본격적인 농업이민이 시작되었다.

1965년 2월 17일 한국인 30세대 95명으로 구성된 브라질 농업이민 제1진이 부산항을 출발해서 부에노스아이레스 항을 거쳐 같은 해 4월 22일 아순시온 항에 도착했다. 브라질, 아르헨티나, 파라과이 농업이민자들은 원래 배정되었던 개간지에 도착한 후 그곳에서 개간은 고사하고 생활조차 어렵다는 사실을 깨달았다. 그들은 변변한 농기구조차 없는 열악한 상황에서 개미 떼와 독충이 우글거리는 지역에서 주거시설과 끼니를 마련하느라 고군분투해야만 했다. 더욱이 이민자의 대부분은 농업 경험과 기술이 부족해서 황무지를 개간하는 일은 처음부터 무리였다. 결국 그들 대부분은 상파울로, 부에노스아이레스, 아순시온과 같은 대도시로 재이주했다.

농업이민은 1980년대 초반까지 브라질을 넘어 점차 아르헨티나, 파라과이, 볼리비아 등 중남미 각국으로 확대되었다. 이주자의 일부를 제외하고는 농장에 도착하자마자 도시로 이동해 그곳에 눌러앉는 사람들이 많았다. 농장으로 간 이주자들도 열악한 환경으로 인해 얼마 지나지 않아 대부분 도시로 이동했다. 이처럼 중남미 한인사회는 도시를 중심으로 자리 잡기 시작해, 지금의 한인사회를 형성하게 되었다. 도시로 나온 이민자들은 행상이나 구멍가게를 개업해, 생활을 이어갔다. 점차 보따리 장사, 의류업, 봉제업, 식당업 등으로 업종을 확대해가면서 경제적 기반을 잡게 되었다.

예를 들면, 1970년대에는 브라질 상파울로시로 주변 국가들로부터 불법으로 국경을 넘은 많은 한인이 모여들었다. 이들은 그곳에서 의류업 관련 장사 노하우를 빨리 익혀 생활 방편으로 삼았을 뿐만 아니라 활동 범위를 아르헨티나, 파라과이 등 중남미 전역으로 확대했다. 또한, 이들의 활동무대는 나중에 미국으로 재이주한 이들에 의해 로스앤젤레스의 자바시장 진출에 성공했고, 미국의 동부 의류 시장에도 진출해 큰 힘을 발휘했다.

1970년대 초반 파라과이 이민자 중에는 양계업, 그리고 볼리비아 이민자 중에는 면직물제품, 플라스틱제품, 인조가죽 제품 생산 등 제조업계에서 성공한 사례가 많았다. 1977년 이후 에콰도르에서는 식당, 플라스틱 제품업, 시계방, 여자 핸드백 제조업으로 1980년대 초반까지 경제적 호황을 누렸다. 그리고 1977년부터 베네수엘라에서 석유 생산이 활발해지자 중남미동포들은 그곳으로 몰려들었다. 이처럼 중남미 이주자들은 끈질긴 생명력을 가지고 이주를 반복하면서 현지 사회 정착을 위한 노력을 지속했다.

이러한 노력의 결과 1980년대 후반부터 1990년대 전반까지는 멕시코가 중남미 한인사회의 중심지로 부상했다. 왜냐하면, 1987년 멕시코 정부가 무역 자유화를 선언하고, 미국이 중남미 국가에 관세 혜택을 제공하자 멕시코 한인 수가 급증했기 때문이다.

2. 멕시코 이주와 재이주

얼마 전까지 한국인에게 중남미는 잘 알려지지 않은 미지의 땅이나 다름없었다. 그러나 이제는 점차 경제적으로 기회의 땅이 되고 있다. 왜냐하면, 1980년대 한국과 중남미 관계는 인적교류뿐만 아니라 경제적 교류를 통해 급속히 가까워졌기 때문이다. 중남미와의 경제적 관계의 진전에 비해 1970년대 후반부터 소강상태에 빠진 인적 교류는 1980년대 초반까지 그다지 증가하지 않았다. 그러나 1980년대 중반부터 중남미로의 한국인 이주가 한시적으로 증가하기 시작했다. 당시 한인 이주는 1984년부터 시작된 아르헨티나로의 투자이민에서 엿볼 수 있는 것처럼 기업 투자이민이 주축을 이루었다. 또한, 과테말라 등으로 대미 우회 수출 목적으로 한 중소기업 위주의 섬유 봉제업 등이 한국인 이주를 견인하는 데 큰 역할을 하였다.

그러나 1980년대 후반부터는 한국 경제가 성장하자 중남미와의 경제적인 격차가 더욱 커졌다. 중남미에 대한 한국 자본의 투자는 증가에 반비례하여 이민자의 수는 큰 폭으로 감소했다. 한국이 1997년 IMF를 경험하면서 경제적 불안, 고비용의 불안전한 교육환경 등을 벗어나고 자 많은 사람이 '삶의 질'을 찾아 미국과 캐나다 호주 등지로 이주한 것에 비해 중남미로의 이주는 철저히 외면했기 때문이다.

특히 중남미 중 멕시코는 현실적으로 직접 미국으로 갈 수 없는 사람들이 거쳐 가는 경로로 활용되었다. 전 세계적인 경제위기와 IMF를 경험하면서, 한국의 불법 이민자들이 중남미, 특히 멕시코로 일시적으로 몰려들자, 중남미 각국의 한인사회로 재이주하는 사례가 증가하기 시작했다. 즉, 아르헨티나, 파라과이 등에서 경제위기가 장기화하면서, NAFTA 등으로 인해 경제가 상대적으로 안정된 멕시코로의 재이주가 급증하였다. 이러한 여파로 1995년에 1,000명도 안 되었던 멕시코로의 한인 이민자 수는 2005년에 무려 15,000명으로 증가했다.

■제4절 현지 적응과 정착 과정

20세기 초 멕시코에 진출한 한인 이민자들의 참담한 이민 생활의 실태는 현지 한국 상인들에 의해 모국에 알려지게 되었다. 당시 한인들이 멕시코에 인삼을 팔러 갔다가 한인의 비참한 생활상을 미국에 있는 한인공립협회에 알려 그들의 생활상이 외부로 알려졌다. 이러한 소식을 전해 들은 미국 내 한인 동포들은 멕시코에 있는 한인들을 미국으로 이주시키기 위한 모금 운동을 벌였다. 특히 국민회 하와이 지부가 앞장서서 모금 운동을 전개했다.

재미동포들은 멕시코에서 미국으로 들어오려는 한인들에게 자금을 지원하고, 그들이 미국에 정착한 후 나중에 갚도록 하는 계획을 세웠다.

그러나 이러한 노력은 뜻하지 않은 사건이 발생해 실현되지 못하였다. 재미동포들의 모금 소식을 들은 멕시코 한인 4명이 멕시코에서 탈출해 미국에 밀입국한 사건이 발생한 것이다. 이 사건을 계기로 미국-멕시코 정부 간에 외교적 마찰이 발생하여 이 계획은 무산되었고 말았다. 이 사건으로 멕시코 한인들은 결국 미국으로 이주하지 못하게 돼 오랫동안 그곳에서 노예나 다름없는 생활에서 벗어날 수 없었다.

그러나 일부 한인들은 멕시코에서 탈출하여 쿠바로 밀입국하여 사탕수수농장에서 일하였다. 당시 쿠바로 이주한 한인은 288명이었다. 이들은 멕시코에서와 마찬가지로 사탕수수농장에 정착했다. 한편, 멕시코에 남아있던 한인들은 1909년 4년간의 계약 기간이 끝나자 다시 재기의 희망을 품고 각 지방으로 흩어졌다. 그들 중 일부는 성공적으로 현지에 정착했지만, 대다수 한인은 다시 메리다시로 돌아갔다. 얼마 후 한인들은 멕시코에서 이민 생활이 안정되자 한인 단체 결성을 위한 조직 활동에 가세했다. 또한, 한인 후세들을 위한 한글 교육에도 힘을 썼다.

한인의 해외 이주가 인구정책 차원에서 이루어진 것은 남미로의 농업이민 장려 차원에서 비롯되었다. 1962년 해외이주법이 제정되고, 이와 더불어 같은 해 12월 브라질로 농업이민자 92명이 제1진으로 출국했다. 이처럼 한인의 해외 이주는 정책적 차원에서 비롯되었다. 하지만 한인의 멕시코 이민은 멕시코 정부의 이민 제한정책으로 추진되지는 못했다. 현재 멕시코에 거주하는 한국 동포는 1905년 이민자의 후손들로 약 2만 명 정도다.

멕시코 정부는 제2차세계대전 이후 인종, 인구, 식량 등의 여러 가지 문제로 인해 정책적으로 해외 이민을 제한했다. 따라서 한인의 멕시코 이민자는 거의 없었다. 한국에서 1970~80년대에 소수가 멕시코로 이주하기는 했지만, 이들 대부분은 제3국을 경유하거나 여행이나 사업상의 목적으로 일시 입국해 멕시코 영주권을 획득한 사람들이다. 1905년에 멕시코로 이주한 후손 중 한국어를 구사할 수 있는 동포 1세는 대부분 사망했다. 그리고 한인 2세와 3세는 한국어와 한국문화를 거의 모르고, 3세 이하는 현지 민족과의 혼혈로 민족정체성이 매우 희박한 실정이다. 멕시코 한인 1세대와 2세대 대부분은 정규 교육을 받지 못했고, 소수를 제외한 한인 대부분은 멕시코 사회에서 중하위층에 속한 이민 노동자들이다.

■ 제5절 중남미동포 경제의 성장과 한계

중남미 한인의 경제활동에서 주류 업종이 된 것은 의류업이다. 상파울로와 부에노스아이레스에 한인 중심의 독자적인 의류 상권과 상가를 형성하면서, 이민 인구의 약 80% 정도가 의류 생산, 유통 판매에 종사하고 있다. 한인 이민자들 사이에는 일찍부터 자금 동원과 축적의 수단인 계가 유행했다. 그리고 긴밀한 연결망이 필요한 의류업의 특성상 한인의 독자 상권이 형성되자 한인 밀집 현상이 현저하게 나타났다.

중남미의 많은 한인 이민자는 각각의 시기마다 특유한 방식으로 새로운 이민 사회에 적응해 갔다. 멕시코와 쿠바의 계약노동자들은 혹독한 노동의 대가로 받은 저임금으로 생계를 꾸려갔다. 일본식민지 지배하의 조선인과 반공포로 청년 이민자들은 각자의 개인적 역량과 노력에 따라 일자리를 구했다. 1960년대 이후 멕시코 가족 이민자들은 농지 개척을 통한 집단적 영농이었다. 그러나 농업이민자 대부분은 농장을 떠나서 도시로 진출했다. 이처럼 도시로 진출한 이민자들의 생존 수단은 막연했다. 그래서 모국에서 가져간 약간의 돈을 기반으로 현지인들과 언어도 통하지 않는 상태에서 장사로 생계를 이어갔다.

그들은 처음에는 돈이 되는 일이라면 무엇이든지 닥치는 대로 했다. 그들은 일본인의 거주지 근처나 대도시의 빈민촌 주변에 거주하면서, 소자본으로 구멍가게를 창업하거나 채소나 과일 노점상을 개업하고, 막노동, 아니면 한국에서 가지고 간 옷가지 등을 판매하였다. 그러던 중 브라질과 아르헨티나로 이주한 이민자들의 생업이 점차 의류업 쪽에서 탁월성을 보이기 시작했다. 삯일이나 행상으로 시작한 중남미 한인들은 자신의 사업 규모와 동포들 간의 연결망을 확대하면서 더 많은 동포들을 거대한 의류업 시스템 속으로 유인할 수 있었다.

〈자료 15〉 멕시코 의류 국제전시회

브라질 상파울로와 아르헨티나 부에노스아이레스에서는 의류업이 한인의 주류 업종으로 성장했지만, 구체적인 발전과정에는 약간의 차이가 있다. 브라질에서는 의류 행상이 상업적 활동에서 의류업 전체로 확대되었지만, 아르헨티나에서는 각종 삯일의 생산활동에서 의류업 전체로 확대되었다. 어쨌든 의류업은 본질적으로 노동 집약적 산업이어서 충분한 자금력을 갖지 못한 한인들이 손쉽게 참여할 수 있었다.

파라과이에서 월경해 온 수만 명의 한인 이민자들이 브라질과 아르헨티나에 정착할 수 있었던 것도 이러한 의류업 성장과 밀접한 관련이 있다.

전술한 바와 같이 중남미 한인 이민자들은 의류업의 수직적 분업체계와 이와 관련된 부수적인 업종을 중심으로 성장해 왔다. 처음에는 충분한 사업자금이 없어서 가족 노동력만으로 의류 삯일에서 시작해 의류제조업으로 성장한 다음에 전문 의류상가에 점포를 개업하거나 대규모 제조공장을 설립하는 등 한인 의류업 분업체계를 구축했다. 의류업을 기반으로 한인들은 경제적 부를 축적하였고, 현지에서 중산층으로 계층 상승을 이룰 수 있었다.

그러나 의류업 중심의 중남미 한인 이민경제는 많은 문제점을 안고 있다. 첫째, 가장 큰 문제는 한정된 직종에 한인들이 집중되고 있다는 점이다. 물론 이는 의류업 자체의 문제일 수도 있지만, 의류업의 과도한 집중으로 발생한 현상이다. 의류업은 기본적으로 자기자본과 기술을 가지고 시작한다. 또한 의류업은 제조업의 선도자 역할을 한 사람들 외에는 영세한 자영업 수준에서 벗어나기 힘들며, 현지 경제의 파동과 함께 도산한 사례도 많다. 의류업은 민족 단위 내부의 분화를 통해 초기 한인사회의 집단적 적응방식이 통했다. 하지만 이제 의류업 자체의 속성으로 말미암아 한인들의 개별적 경제발전을 저해하는 상황이 연출되고 있다. 현재 남미 각 사회에서 한인 이민자들이 경제적으로 중산층, 또는 중하층에 자리하고 있다. 이런 현상만 보더라도 가족경제 내 의류업이 세대 간 전수로써 유지되는 정도의 경제 수준이라는 점은 금방 이해할 수 있다.

둘째, 현지 문화 적응의 문제다. 여기서 가장 중요한 것은 이주자들의 언어 구사 능력이다. 현지 언어와 전문기술을 제대로 익히지 못할

경우, 현지 사회에 진출해 사업을 확대한다는 것은 대단한 무모한 도전
일 수 있다. 중남미 한인들이 의료업에 집중되는 이유는 자금 부족
때문일 수도 있으나, 현지 사회에 대한 문화 부적응 때문일 수도 있다.
향후 중남미 한인사회가 성장하기 위해서는 진출업종의 다양화와 현
지 문화 적응을 통한 주류사회로의 진출이 우선 과제다. 중남미 이민자
들이 현지 사회 정착을 위해서는 현지에서 전문 직종 진출과 다양한
업종 전환이 매우 중요하다.

■ 제6절 중남미동포의 문화 활동과 네트워크

1. 전통문화의 계승과 정체성의 약화

현재 멕시코 한인 후손들에게서 한국의 생활풍습과 문화는 찾아보
기 힘들다. 초기 한인 멕시코 이주자들은 자기 나라의 전통을 멕시코
실정에 적용시키려 노력했다. 그들의 가장 큰 고민은 음식 문제의 해결
이었다. 옥수수가 주식인 멕시코에서 쌀과 김치를 구한다는 것은 쉽지
않았다. 이들은 소박한 한국식 부엌을 만들어, 원주민들이 먹는 쌀을
구해 밥을 지었고, 김치 대신 채소로 나물을 만들었다. 또한, 멕시코인
들이 동물들의 먹이로 삼는 소 내장으로 한국식 국을 만들었다. 일부
한인들은 어업에 종사하기도 했다. 한국에서 주로 어촌이나 항구 출신
자들은 초기에는 소형 목선으로 먹거리용 고기를 잡았다. 이후 생선을
한인들로부터 공급받아 파는 가게를 소유하게 되었다.

멕시코 한인 이민자의 생활문화를 고찰할 때 흥미로운 점은 이들
대부분이 크리스천들이라는 점이다. 농장주 측에서는 그들의 교회 모
임을 위해 초가집을 마련해주기도 했다. 그들은 그곳에서 사회, 생활,

종교 등과 관련된 여러 가지 행사를 개최했다.

멕시코 한인 이민자들은 타국에서의 이민 생활에도 불구하고 한국 풍습을 지키려 노력했다. 결혼 풍습의 경우, 먼저 결혼할 예비부부에 대해 서로 결혼할 상대가 되는지 또한 사회적인 신분이 맞는지 알아보기 위해 집안 내력을 조사했으며, 비록 친척이 아니더라도 혈통 관계가 있는지를 살펴보았다. 한국 풍습과 전통의 보존에는 놀이에 해당하는 한국 노래와 춤을 이어갔고, 화투 놀이를 즐겼다.

멕시코 한인 이민자들은 초기의 반노예적인 계약 기간이 끝나자, 자신들의 의식주 생활부터 한국적인 것을 지키려는 노력에 힘썼다. 그들은 한국의 전통과 관습을 유지하기 위해 교육의 필요성을 인식하고 민족학교도 설립했다. 이러한 노력은 세월이 지남에 따라 후손들이 멕시코 사회에 동화되면서 점점 줄어들었고, 후속 이민자들의 중단과 모국의 무관심으로 거의 사라지게 되었다.

한편, 중남미 한인들은 현지에서 이민 생활이 안정되면서, 한인 단체 결성을 위한 활발한 조직 활동을 전개했다. 이들은 한인회를 조직해, 조국의 독립을 위해 독립자금을 보내기도 했으며, 한국 전통문화의 유지와 계승을 위해 한글 교육도 했다. 현재 멕시코에는 1905년 초기 이민자들의 후예가 1만 명 정도인데, 그들은 멕시코 전역에 산재해 있다. 한국 동포들은 대부분 이민 1세대의 세대 전환으로 인해 한국어를 구사할 줄 모르거나, 혼혈로 인해 민족정체성도 희박한 실정이다. 이러한 현상들은 이민 세대가 전환됨에 따라 더욱 가속화되고 있으며, 향후 정부 차원의 중남미동포들에 대한 동포정책이 필요하다.

〈표 12〉 중남미동포 한인회 설립 연도 및 회원 수3)

국가별	한인회 명	설립 연도	회원 수	회장
브라질	브라질	1962	50,000	서주일
	마나우스	1995	122	이병기
	브라질리아	1965	80	조구영
	벨로오리존치	1985	70	이정호
	빅토리아	1964	70	황진규
	쿠리지바	1978	200	오유영
	산타카타리나	1985		변창근
	리오그란데술	1978	–	–
	리오	1984	216	김광수
아르헨티나	재아르헨티나	1966	25,000	이효성
	네우켄	2005	38	김승욱
	투쿠만	1994	102	전동희
	멘도사	1989		이건우
	코르도바	1988	270	김성보
멕시코	재멕시코	1996	10,000	박헌일
	티후아나	1970	1,500	김 킹
	과달라하라	1987	250	이광수
	과나후아토	2000	750	이상호
과테말라	재과테말라	1986	1,000	채임덕
파라과이	재파라과이	1966	7,000	임광수
	패로후안 카발예로	1986	50	고순섭
	엔카르나시온	1985	120	장재만
칠레	재칠레	1978	1,800	장홍근
페루	재페루	1979	800	석원용
에콰도르	에콰도르키토	1975	800	이기탁
	과야킬	1982	300	김대원
볼리비아	산타크루스	1970	400	윤수근
	라 파스	1965	250	차경호
	코차밤바	1984	150	신동렬

---

3) 재외동포재단 2006년 세계한인회 디렉터리, 외교통상부, 재외동포 단체의 조직현황
   을 바탕으로 작성.

온두라스	온두라스	1991	700	이병선
코스타리카	재코스타리카	1982	500	서정근
콜롬비아	재콜롬비아	1973	300	김만중
도미니카	재도미니카	1985	431	구길영
니카라과	재니카라과	2003	500	이용환
파나마	파나마	1974	280	박대권
엘살바도르	재엘살바도르	1993	350	김영률
베네수엘라	주베네수엘라	1967	180	정회년
우루과이	재우루과이		200	박성관
수리남	주수리남	1997	100	양정복
자메이카	자메이카	2006	68	홍성천
쿠바	한인(후손회)	1921	-	김 림

2. 중남미동포 사회와 네트워크

중남미동포 이민자 네트워크의 특징을 네 가지로 요약할 수 있다. 첫째, 중남미동포들은 스페인어와 라틴 문화를 보유하고 있다. 전 세계적으로 5억 명 정도가 스페인어를 사용하고, 스페인문화를 공유하고 있다. 또한, 스페인은 유엔의 공용어다. 중남미동포 사회는 문화적으로 다문화사회를 이루고 있으며, 남미 문학과 음악, 라틴 문화 등 다양한 문화를 보유하고 있어서 글로벌 시대에 한인 동포들의 역할을 기대할 수 있다.

둘째, 중남미동포들은 한국과 중남미 간 협력의 주체로서 중요한 역할을 담당할 수 있다. 중남미는 아직 남미공동시장(MERCOSUR), 중미공동시장(CACM), 안데스공동체(CAN) 등 풍부한 자원을 보유하고 있는 개발도상국으로서 한국의 미개척지역에 속한다. 멕시코가 미국과 맺은 북미자유무역협정[4], 한국과 칠레 FTA 협정[5], 2000년대 중반 이후

---

4) 북미 자유 무역 협정(The North American Free Trade Agreement) 또는 NAFTA(나프타)는 캐나다, 멕시코, 미국 정부 사이에서 1992년 10월 11일 체결된 자유 무역 협정이다. 1994년 1월부터 캐나다-미국 자유 무역 협정이 확대 개편되면서 발효됐다. 2007년

중남미 국가들의 경제적 상황의 호전 등 일련의 경제적 조건들은 한국
인들을 중남미 국가로 유인할 수 있을 것으로 보인다. 향후 한국제품
수출의 전초기지로서뿐만 아니라 자원확보 차원에서 한국 정부와 기
업 및 각종 협회나 단체 등의 중남미와의 교류 및 협력에 동포들이
가교역할을 담당할 수 있을 것이다. 따라서 향후 경제와 문화교류 측면
에서 중남미동포의 역할이 매우 중대할 것이다.

셋째, 중남미동포는 세계 한민족 네트워크의 중요한 자산이 될 수
있다. 초국적인 글로벌 시대 어느 나라에서든 실시간으로 한국과 현지
정보를 교환하고 소통할 수 있다. 글로벌 국가 경쟁력이 강조되고 있는
시대에 민족 간, 국가 간, 지역 간 상호 이익의 추구와 협력은 매우
중요하며, 지리와 국가의 경계를 초월한 한민족의 민족적 연대는 대한
민국의 소중한 민족자산이다. 이러한 측면에서 중남미 동포 네트워크
는 향후 중요한 역할을 담당할 것이다.

넷째, 중남미동포는 통일한국의 역군으로서 정치와 경제적 면에서
중요한 역할을 할 수 있다. 이민 초창기 아르헨티나와 브라질 이주
동포 중에는 북한이 고향인 사람들이 많았다. 이들 가운데 남북분단
이후 중남미 이민을 택한 동포들이 상당수 포함되어 있다. 이들 중남미
동포는 향후 통일 한국시대에 정치 경제적인 측면에서 많은 역할을
기대할 수 있을 것이다.

최근 중남미동포 관련 연구들이 증가하는 추세이기는 하나 브라질,
아르헨티나, 파라과이, 멕시코와 쿠바 한인 등을 중심으로 단편적으로

기준으로, 북미 자유 무역 협정은 세계에서 가장 큰 무역 블록이며, 인구 3억 6천
300만 명에 이르는 단일시장이다.
5) 자유무역협정(FTA: Free Trade Agreement)은 회원국 간 상품 서비스 투자 지재권
정부조달 등에 대한 관세 비관세 장벽을 완화함으로써 상호 간 교역 증진을 도모하는
특혜 무역협정을 의미하며, 특히 관세 철폐에 주요 초점이 맞춰져 있다.

수행되어 온 측면이 있다. 이들 국가에 관한 연구가 절대적으로 부족한 실정이다. 향후 한인의 중남미 이민의 가능성이 증가함에 따라 기존의 선진국 재이주를 위한 경유지로서의 연구보다는 현지 사회의 정착과 공동체 건설에 필요한 바람직한 연구들이 다각적으로 모색되어져야 할 시점이다.

제7장
해외 입양인동포와 다문화

▓ 제1절 해외 입양인동포

한국의 해외 입양은 1950년 한국전쟁으로 생겨난 수많은 전쟁고아, 그리고 전쟁 중 미국 군인과 한국인 여성 사이에서 태어난 혼혈아동들이 대부분을 차지하고 있다. 이들은 1954년부터 이승만 정권의 해외 입양 정책에 의해 본격적으로 추진된 이후 57년간 약 20만 명 이상이 세계 각지로 이산되어 살고 있다[1]. 글로벌 시대의 재외한인과 더불어 해외입양인은 현지 입양국에서 중산층 이상의 가정에서 성장한 사람들이 많으며, 이러한 생활환경을 바탕으로 한국 사회와 그들의 거주국에서 정치 경제적으로 이바지할 수 있는 많은 잠재력을 가진 새로운 디아스포라 집단으로 부상하고 있다.

초국적인 글로벌 시대(Globalization) 교통통신의 발달은 문화 간의 경계를 약화하고, 문화의 혼종성을 가속화하고 있으며, 전 지구적으로 진행되는 노동력과 자본 및 정보의 급속한 이동으로 거주국에서 해외 입양인의 활약상과 성공담이 주요한 이슈로 부상하고 있다. 해외 입양은 더 이상 한국만의 문제가 아니라 전 지구적인 차원의 보편적인 현상

---

1) 허현주(2005), 「10년 후-해외입양을 통해 바라보는 가족의 의미-」, 『한국사진학회지』 No.12, 230쪽 참조.

이 되고 있다. 그러나 반대로 한국에서는 해외입양인에 대한 발생 원인, 고아 수출국이라는 불명예, 그들의 정체성 찾기 등 부정적인 측면과 긍정적인 차원에서 해외 입양과 국내 입양을 둘러싼 논쟁은 여전히 끊이지 않고 있다.

해외입양인들은 대개 '재외동포'로서 모국과 입양국이라는 두 문화 사이의 '경계인'이라는 위치에서 문화적, 지역적 경계를 초월하여 새로운 문화적 양식을 생산해 내는 디아스포라 집단으로 정의할 수 있다. 그동안 재외한인, 즉 코리안 디아스포라에 관한 연구는 이주의 역사적 배경과 그들이 정착한 사회의 역사적 맥락과의 상호관계 속에서 논의되어온 측면이 있다. 이러한 측면에서 해외입양인 역시 재외한인의 일부로서 글로벌 시대의 탈지역화 과정에서 발생한 디아스포라 문화 현상으로 이해할 필요가 있다. 따라서 해외입양인을 지금까지의 '고아', 즉 '버려진 존재'라는 부정적 시각으로 바라보기보다는 재외한인 중 일부로 인식해, 민족적 자산이라는 긍정적인 측면에서 바라볼 필요가 있다.

전술한 바와 같이 해외 입양은 한국전쟁 직후인 1954년 이승만 대통령의 지시로 혼혈이민이 본격적으로 추진되었다. 이후 해외 입양부모들이 유독 한국으로부터 해외 입양을 선택한 이유는 한국 아동을 입양하면 거리가 멀어 친부모가 갑자기 등장할 가능성이 없을 것이라는 기대감 때문이라는 연구도 있다.(Cole, 1992) 하지만 글로벌 시대의 국제 정세와 국내 사정에 따라 한국에서도 해외 입양법이 일부 개정되거나 변경되어 해외입양인의 존재가 새롭게 주목받는 계기가 되고 있다.

■ 제2절 해외 입양인동포 연구 동향

먼저 한국의 해외 입양인에 대한 제도적 정책적인 변화의 배경과 추진과정을 중심으로 살펴보자. 다음 〈표 13〉에 제시한 바와 같이 1950년 대 국외 입양은 대부분 혼혈아동의 미국입양이 차지했다. 그러나 1960년 대는 해외 입양에 대한 북한의 선전 선동의 영향도 있었지만, 해외 입양이 정체되고 국내 입양이 상대적으로 활발하게 전개되었다. 따라서 국내 입양을 목적으로 한 한국 정부의 다양한 정책이 전개되었다. 1970년 대 해외 입양이 다시 증가하기 시작하여 전체 입양의 약 75%를 차지했으 며, 미국 일변도의 입양에서 타지로의 입양이 확대되면서 국외 입양지역 이 다변화하기 시작했다.

1980년대에는 1982년부터 한국 정부의 해외 입양의 전면 금지 정책 이 추진됨에 따라 입양실적이 저조했지만, 국외 입양을 전면적으로 개방함에 따라 약 91,000명이 해외로 입양되었다. 이와 더불어 한국에 서는 경제적 요인보다는 혈통을 중시하는 문화적 요인으로 해외입양 인이 급격히 증가하면서, 1988년 올림픽 개최 시는 '고아 수출국'이라 는 비판에 직면하기도 했다. 유독 한국에서 해외입양인들이 많이 발생 하게 된 문화적인 요인들을 구체적으로 살펴보면, 한국 사회의 혈연 중심의 가족제도, 장애아동에 대한 입양 기피, 주거 공간의 부족, 가족 이기주의, 인간 존엄성에 대한 인식의 부족 등이다.2)

---

2) 윤택림(2004), 「비교문화적 접근을 통해 본 입양문제」, 한국정신문화연구원, 89쪽 참조.

<표 13> 해외 입양인제도의 주요 변천 과정[3]

연도	입양인제도의 변천 과정	입양인제도의 변경 취지와 주요 내용
1954	해외 입양 시작	혼혈아동 미국입양 중심
1961	"고아입양특례법" 개정	국외 입양인 등 보호
1966	입양기관 인가제 도입	사적 입양 억제
1976	"입양특례법" 제정 입양과 위탁양육을 위한 5개년 계획의 수립	해외 입양 절차 개선
1988	해외 입양 금지 정책 수립	서울올림픽 당시 고아 수출국 비난
1996	"입양 촉진 및 절차에 관한 법률" 개정	국내 입양 활성화
1999	"입양 촉진 및 절차에 관한 법률" 개정	입양업무절차 간소화 불법 입양 인권 유린 행위 처벌 강화
2005	"입양 촉진 및 절차에 관한 법률" 개정	입양의 날 제정 국내 입양지원제도 정비

1990년대에는 한국의 출산율 저하와 사회가 안정됨에 따라 국외 입양 축소정책이 시행되면서, 국내 입양이 증가했다. 특히 당시 국외 입양에서는 장애아동이 입양아 중 차지하는 비중이 급증했다. 이후 해외 입양 관련 사업은 1997년부터 재외동포재단이 보건복지부로부터 업무를 이관받아 해외입양인 전담 업무를 시작한 이후, 지원사업뿐만 아니라 입양 관련 정보를 수집하거나, 해외입양인백서 발간, 웹사이트 구축, 모국 문화 체험 연수 등을 병행하여 실시하였다.

1998년에는 해외 입양금지정책이 철폐되고, 점진적인 축소정책으로 바뀌면서, 민간 단체인 (사) 해외입양인연대(G.O.A.L)가 설립되어, 해외입양인들의 인권과 권리를 대변하기 시작했다. 해외입양인연대는 설립 이후 해외입양인의 뿌리 찾기 지원사업, 친가족 대상 교육, 한국 문화와 언어학습 지원사업, 한국 정착 지원사업, 해외입양인 공동체

3) 김덕룡(2005), 『우리나라의 해외입양 현황과 입양제도 개선과제』, (재)세계한민족공동체재단, 7쪽 참고 작성.

강화와 교육사업, 국제학술대회개최 등 다양한 프로그램을 진행하고
있다. 1999년 이후에는 해외입양인 촉진법 및 절차에 관한 특례법의
시행령과 시행규칙이 개정되었고, 2005년에 또다시 시행령 일부가 개
정되었다. 그리고 한국 정부는 2006년에 국내 입양인 활성화 종합대책
을 발표하였다.[4]

　해외입양인에 대한 문제는 2000년 전후를 통해 연구 경향이 크게
달라졌다. 2000년대 전까지는 주로 미국에 입양된 해외입양인들이 미
국 사회에 얼마나 잘 적응하고 있는가에 초점을 둔 연구들이 많았다.
하지만 2000년 이후에는 해외입양인들의 정체성 문제가 사회적으로
대두되면서, 연구의 추세를 주도하고 있다. 연구자 대부분이 주로 해외
입양인의 사회복지 분야에 한정되어 있어서 연구의 관심도 자아정체
성의 형성과 의식, 입양인의 뿌리 찾기, 입양인의 사후관리에 관한 연
구 등에 집중되어 있다.[5]

〈표 14〉 해외 입양인동포의 한국 사회 접촉 시 경험하는 심리적 문제[6]

문제점	한국 사회	친부모
문화적 차이	언어장벽 문화적 충격	친부모와 언어장벽과 언어 차이로 불편
부정적 감정	한국 정부에 대한 분노 고아원 아이들에 대한 죄책감	양가감정: 자신을 버린 것에 대한 분노와 그리움 친부모의 돈 요구 시 느끼는 분노와 동정
소속감 결여	한국 사회에 대한 소속감 결여	혈연가족이면서 소속감 결여

4) 고혜연·임영식(2008), 「해외입양 사후관리 서비스의 문제점과 그 개선에 관한 연구」,
　『제3회 국외입양인 사후관리 활성화를 위한 워크숍-입양단체기관-주제발표문』,
　GAIPS 입양정보센터, 133-134쪽.
5) 윤택림(2004), 97쪽 참조.
6) 고혜연·임영식(2008), 89쪽을 참조하여 작성.

예를 들면, 해외입양인에 관한 연구는 주로 현지 거주국의 입양 부모들에 대한 제한된 이야기나 한국방문프로그램에 대한 내용적인 측면을 다룬 연구들이 있다.[7] 또한 해외입양인들의 뿌리 찾기의 요구 충족과 제도적 보완의 측면에서 접근하고 있는 연구들도 있다. 그리고 해외입양인들의 청소년 시기의 자아정체성 혼란이나 사회 심리적 적응에 관한 연구도 있다. 이러한 연구자 중 박인선(1998)은 해외입양인의 뿌리 찾기에 관한 연구에서 입양인의 뿌리 찾기가 그들의 자아 형성 발달단계에서 발달 과업인지를 검증했다. 특히 이 연구의 발견은 해외입양인들의 뿌리 찾기가 입양인의 보편적 욕구이며, 해외입양인들의 발달단계에 따른 발달 과업임을 확인했다.[8]

특히 위의 〈표 14〉에 나타난 바와 같이 고혜연·임영식(2008)의 연구는 해외입양인이 한국 사회나 친부모에게 느끼는 감정에 대해 언어와 문화적 차이로 어려움을 느끼고 있음을 지적했다. 즉, 해외입양인은 해외 거주에 따른 양가감정이나 한국 사회에 부정적 감정을 느끼며, 어디에도 소속감을 느끼지 못하는 정체성 혼란이라는 심경을 토로하였다.

이상과 같이 지금까지 해외입양인과 관련된 선행연구들을 살펴보면, 해외 입양에 대한 문제점, 환경적응 과정상의 뿌리 찾기와 정체성 문제, 입양인 사후관리와 제도적 정비, 인종차별과 인권 문제, 상봉 가족과의 갈등 등이 주요 내용이다. 선행연구들에 의하면, 해외입양인에 관한 연구는 비밀 입양의 문제, 미혼모와 장애아, 해외 입양과 국내 입양, 뿌리 찾기와 정체성 문제, 사후관리와 모국방문 프로그램 등의 순으로 정리할 수 있다.

---

7) 고혜연·임영식(2008), 82쪽 참조.
8) 박인선(1998), 「입양인의 현실과 정책과제」, 해외입양인대책협의회.

▓ 제3절 해외 입양인동포의 실태와 유형

여기서 다루는 해외 입양인동포의 실태 및 유형에 관한 연구 방법은
먼저 해외입양인에 관한 단행본, 각종 보고서 및 논문 등 기존 문헌
연구를 검토해 개념화하고 범주화하여 연구의 틀과 방향성을 제시했다.

1988년 서울올림픽 개최를 계기로 한국에 대한 해외입양인들의 관
심이 증폭되었지만, 실제로는 1990년대 중반 이후 모국을 방문하는
해외입양인들이 대폭 증가하기 시작했다. 또한, 한국 정부도 1997년
재외동포재단법을 통해 '세계한민족공동체'에 해외입양인을 정식으로
포함하기도 했다.[9] 이를 계기로 이후 계속해서 해외입양인들을 중심
으로 해외입양인 네트워크나 웹사이트가 구축되었다. 그러자 이들에
대한 언론의 관심이 폭발적으로 증가하기 시작했다.

이와 더불어 한국에서 해외입양인에 관한 관심이 높아진 또 다른
이유 중 무엇보다도 2000년대 이후 글로벌 시대의 도래와 한국의 비약
적인 경제성장, 재외동포(코리안 디아스포라)에 대한 한국 정부의 지속적
인 관심 등을 들 수 있다.

〈표 15〉 해외 입양인동포 연도별 현황(1958~2007)[10]

연도별	해외 입양 아동 수	연도별	해외 입양 아동 수
1958~1968	6,67	1991	2,197
1969~1975	24,404	1992	2,045
1976	6,597	1993	2,290
1977	6,159	1994	2,262
1978	5,917	1995	2,180

---

9) 윤택림(2004), 86쪽 참조.
10) 해외입양인연대 홈페이지, https://goal.or.kr/(검색일: 2023.07.24.).

1979	4,148	1996	2,080
1980	4,144	1997	2,057
1981	4,628	1998	2,443
1982	6,434	1999	2,409
1983	7,263	2000	2,360
1984	7,924	2001	2,436
1985	8,837	2002	2,365
1986	8,680	2003	2,287
1987	7,947	2004	2,258
1988	6,463	2005	2,101
1989	4,191	2006	1,899
1990	2,962	2007	1,203
해외 입양 아동 수 합계		160,247	

한국의 해외입양인 실태는 〈표 15〉에 제시한 바와 같이 1953년 이후 해외 입양이 시작되면서, 2007년까지 160,247명에 달했다. 그러나 한국에서 매년 평균 약 3천 명의 해외입양인이 발생한다고 가정할 때, 현재까지 약 18만 명의 해외입양인이 세계 각지에 흩어져서 디아스포라적 삶을 강요당하고 있다고 볼 수 있다. 해외 입양지역으로는 미국이 103,095명으로 압도적 많았다. 다음은 주로 유럽 지역인 프랑스(11,090명), 덴마크(8,571명), 스웨덴(8,953명), 노르웨이(6,080명), 네덜란드(4,099명), 벨기에(3,697명), 호주(3,147명), 독일(2,352명), 캐나다(1,841명), 스위스(1,111명), 이탈리아(382명), 룩셈부르크(492명), 영국(72명), 기타(62명) 순이다.

2000년부터 2007년까지 해외입양인의 수는 1만 6,909명으로 국내 입양인 1만 2,536명보다 많다. 국가별로는 미국이 약 70%, 유럽 25%, 기타 5%로 입양인의 출생 유형은 1980년대 이후 미혼모의 입양아가 80~90%로 높은 비율을 차지했다.

다음 〈표 16〉에 제시한 바와 같이 2003년에서 2005년까지 해외입양인을 발생유형별로 살펴보면 다음과 같다. 성별로는 남성이 약 두 배 정도로 많으며, 아동 상태별로는 정상아가 장애아의 거의 두 배에 가까워, 장애아가 상당히 높은 비중을 차지하고 있음을 알 수 있다. 발생유형별로는 미혼모의 자녀가 압도적으로 많은 것으로 나타났다.

〈표 16〉 해외 입양인동포 발생유형별 현황(2003~2005)[11]

연도	계	성별		발생유형별			아동 상태별	
		남	여	미혼모 아이 등	기아 빈곤	결손가정	정상	장애
2003	2,287	1,367	920	2,283	2	2	1,638	649
2004	2,258	1,385	873	2,257	0	1	1,553	705
2005	2,101	1,353	748	2,069	4	28	1,364	737

▒ 제4절 해외 입양인동포의 과제와 전망

이 장에서는 2000년대 이후 해외입양인에 대하여 한국인의 시선에서 해외입양인에 대한 태도를 파악하고 그들의 당면 과제와 실태를 고찰하여 시사점을 도출했다.

연구 결과, 1988년 올림픽 개최를 계기로 한국에 대한 해외입양인들의 관심이 증폭되었지만, 실제로는 1990년대 중반 이후 모국을 방문하는 해외입양인들이 증가했다. 이를 계기로 해외입양인을 위한 웹사이트가 구축되고, 한국에서도 이들에 관한 관심이 증폭되면서 언론에서도 폭발적으로 증가하기 시작했다. 또한, 한국 정부도 1997년 '재외동포재단법'을 통해 '세계 한민족공동체'에 해외입양인을 정식으로 포함

---

11) 해외입양인연대 홈페이지, https://goal.or.kr/(검색일: 2023.07.23).

하였다. 이와 더불어 한국에서 해외입양인에 관한 관심이 높아진 이유
는 무엇보다도 글로벌 시대의 도래와 한국의 비약적인 경제발전, 재외
동포(코리안 디아스포라)에 대한 한국 정부의 지속적인 관심 등을 들 수
있다.

1990년대 중반 이후 해외입양인들에 관한 관심이 증폭되면서, 2000
년 이후 한국 정부에서도 해외입양인에 대한 사후관리, 모국 체험프로
그램, 해외입양인 프로젝트 등 다양한 프로그램들이 개발되어 추진되
고 있다. 그러나 이러한 프로그램들은 한국 정부의 해외입양인들에
대한 일방적 성격이 강하며, 진정한 차원에서 그들의 수요와 요구와
부합하는 정책 및 지원이 필요하다.

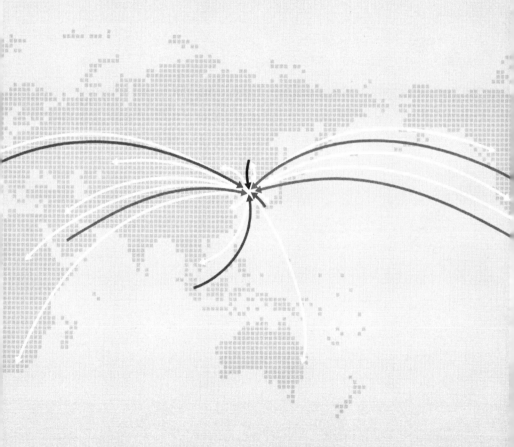

제II부
한국 사회와
다문화 현상 이해

제1장
한국과 다문화사회의 도래

▒ 제1절 다문화사회 한국

이 장에서는 한국의 다문화 정책과 이를 우리 내부의 디아스포라 관점에서 살펴보고자 한다. 법무부 출입국관리사무소의 발표에 의하면, 2013년 말 기준으로 국내 체류 외국인은 1,576,034명으로 157만 명에 육박하고 있으며 전년 대비 9.1% 증가한 것으로 나타났다. 그 이유는 단기 체류 관광객의 증가, 재중동포의 재외동포 자격 대상 확대, 국적 취득요건을 갖춘 외국국적동포의 영주 자격 신청 증가에 따른 것으로 분석된다. 국가별 체류자의 비율은 중국이 49.4%, 미국이 8.5%, 베트남이 7.6%, 일본이 3.6% 순으로 높게 나타났다. 한국 정부가 2006년 "다민족 다문화사회로의 전환"을 공식으로 선언한 이후 '소위' 다문화주의 관련 정책들이 봇물 터지듯 쏟아지고 있다.

2006년 2월 '여성 결혼이민자 가족과 혼혈인·이주자 사회통합지원 방안', '다문화가정 교육지원 대책', '외국인 정책 기본방향 및 추진체계' 등 다문화주의 정책이 등장했다. 2007년 2월에는 다문화주의 정책 수행을 위해 법무부가 '재한외국인처우기본법', 보건복지부가 2008년 '다문화가족지원법'을 제정하였다. 이러한 사회적 흐름에 맞추어 문화체육관광부, 교육과학기술부, 보건복지가족부, 노동부 등도 다문화주의 정책을 시행하기 시작했다. 지방자치단체들도 시대에 부응하여 2008년 현재 16개 광역자치단체 중 15개, 232개 기초자치단체 중 207개 부처가 다문화사회에서 제기되는 의제와 관련된 사업을 추진하고 있다.(김이선들, 2008)

표면적으로만 보면, 과연 다문화주의 정책의 홍수라 할 만하다. 하지만 정책 담론과는 달리 실제 정부의 정책을 살펴보면, 결코 다문화주의 정책이라고 할 수 없다는 주장들이 난무하고 있다.(이혜경, 2007) 다문화주의 정책이란 이름으로 실행되고 있는 정책이 '실제로' 어떤 것들이 있는가? 다문화주의 정책이라면, 다른 나라들과 비교해서 어떤 점들이 다른가? 이에 대하여 한국 정부가 펼치고 있는 다문화주의 정책, 그중에서도 다문화가족지원센터에서 다문화가정을 대상으로 펼치고 있는 다문화주의 정책을 직접 살펴보고자 한다.[1]

그러면 먼저 다문화주의 정책(multiculturalism policies, MCPs)이란 무엇인지에 대하여 살펴보자. 이는 여러 가지로 정의할 수 있지만, 여기서는 우선 벤팅과 킴리카(Banting, Kymlicka, 2006)의 주장에 따라, 다문화주의 정책을 '정부가 소수 민족집단(ethnic groups)을 공적으로 인정·지원·수용하려는 정책'으로 한정해 정의하고자 한다. 이 정의가 비록 캐나다의 경험을 수용한 측면이 있지만(Entzinger, 2006), 이를 수용한 이유는 다음 두 가지 때문이다.

첫째, 우선 다문화주의 정책의 대상과 성격을 분명히 정의하기 위해

---

1) 정부가 펼치고 다문화주의 정책이란 용어를 쓰는 사람마다, 정부 각 부처마다 그 개념이 다르다. 가령, 법무부는 다문화 정책을 이민이나 국경관리 차원의 정책, 복지부는 다문화가족 지원정책, 문화부는 문화적 다양성을 증진하기 위한 정책(이주민이나 국민을 대상으로 한 포괄적인 정책) 등 정부 각 부처나 기관마다 다문화주의 정책을 이해하는 내용이 다르게 나타나고 있다. 따라서 이 글에서는 다문화주의 정책을 정부 기관, 다문화가족센터, 다문화 가정 등을 지칭하는 용어로 한정하여 사용하고자 한다.

서다. 이 정책의 실행 주체는 중앙정부이든 지방정부이든 정부가 주체
다. 그리고 여기에 시민단체가 가세하는 다문화 관련 실천을 덧붙여
정의하는 것이 마땅하다.

　다문화주의 정책의 '대상'은 국민국가 내에 존재하는 다양한 소수
민족집단이다. 이런 점에서 계급, 섹슈얼리티, 장애, 젠더 등 국민국가
내에서 사회적으로 소수자가 된 집단들은 일단 다문화주의 정책에서
'정의상' 배제되고 있다. 다문화주의 정책의 '성격'은 우선 소수 민족집
단이 국민국가 내에서 자신들의 독특한 '문화정체성'을 유지하면서 살
아가는 것을 전제로 하기 때문이다. 소수 민족집단이 거주 국가를 떠나
게 하는 정책은 결코 다문화주의 정책이 될 수 없다. 거주국을 떠나지
않고 정주하도록 할 뿐만 아니라, 자신들의 문화정체성을 공적으로
인정받고 살도록 해야 하는 것이 다문화주의 정책의 일부다.

　둘째, 벤팅과 킴리카의 정의를 따라, 비교 관점을 도입하기 위해서
다. 벤팅과 킴리카의 연구는 이미 다문화주의 지표를 통해 나라별로
다문화주의 정책 정도를 비교해 놓았다. 동일 지표를 사용하여 한국의
다문화주의 정책을 평가한다면, 한국의 다문화주의가 다른 나라들에
비해 어느 위치에 해당하는지 가늠할 수 있다. 이를 통해 한국의 다문
화주의가 담론 차원이 아닌 정책 차원에서 어떻게 실현되고 있는지
비교적인 시각을 가질 수 있다. 벤팅과 킴리카의 다문화주의 정책지표
에서 더욱 강조되고 있는 것은 소수민족별로 다문화주의 정책지표를
제시했다는 점이다. '유럽연합 차별지표', 'UNESCO 문화 다양성 지표'
등 기존의 지표는 소수민족별로 다문화주의 정책지표를 분류하지 않
고 있다.(류정아, 2009)

　서구 자유민주주의 나라들의 다문화주의 정책이 국민국가 안에 존
재하는 소수 민족집단의 성격에 따라 다문화주의 정책의 성격을 결정

하고 있는 점, 즉 집단별 특화된(highly group-differentiated) 다문화주의 정책을 취하고 있는 현실을 고려해야 한다는 것이다.(Kymlicka, 2007) 따라서 한국의 다문화가정에 대한 다문화주의 정책과 서구 자유민주주의 국가들의 다문화주의 정책을 비교하기보다는 한국 내 다문화주의 정책을 비교 분석하는 것이 훨씬 타당하다.

따라서 이 장에서는 우리 안의 디아스포라라는 한국 내 다문화주의 정책에 대하여 한국 정부와 지방정부, 시민사회단체와 다문화가족지원센터, 다문화가정이라는 세 차원에서 분석을 시도하여 정책적인 시사점을 도출하고자 한다.

▒ 제2절 국내 다문화 인구의 증가

한국의 다문화주의 정책은 1990년대 이후 급속도로 진행된 전 지구적인 글로벌화 과정을 통해 이주노동자와 결혼이주여성이 급증하면서 한국 사회의 큰 이슈가 되었다. 원주민이나 이민자 집단을 통합하기 위해 만들어진 서구의 다문화주의와는 달리 한국의 다문화주의는 전 지구화 과정을 통해 새롭게 형성된 다양한 소수민족을 통합하기 위해 만들어졌다.

특히 한국의 다문화주의 정책은 주로 단기 외국인 이주노동자를 대상으로 하기보다는 정착형 이주자인 결혼이주여성들을 대상으로 추진되고 있다. 왜냐하면 그들 출생의 한국인 자녀들이 한국 가족으로 편입되면서 한국 국민으로 받아들여지기 때문이다. 하지만 이러한 한국의 다문화주의 정책은 여전히 부계 혈통주의와 자민족중심주의에서 벗어나지 못하고 있다는 비판을 받고 있다.

따라서 이 장에서는 현재 진행되고 있는 한국 정부의 국가 주도형 다문화 정책이 한국 사회가 당면하고 있는 다양한 다문화 가족의 위기를 해결할 수 있는 대안이 될 수 없음을 밝히고자 한다. 더불어 한국 정부는 결혼이주여성들을 한국 사회의 저출산 문제나 노동력 부족 현상을 해결해 줄 대체인력으로만 볼 것이 아니라, 그들을 한국 사회의 새로운 시민으로 받아들여, 그들이 역할을 다할 수 있는 환경을 조성하는 다문화주의 정책 추진이 필요함을 정부정책과 시민사회단체의 활동을 통해 살펴보고자 한다.

실제로 한국의 다문화주의 정책은 단일민족의 전통과 '우리'라는 자민족중심주의가 팽배한 한국 사회에서 국가적 통합 측면에서 이 정책이 얼마나 잘 실현될 수 있을지는 미지수다. 한국 사회의 세계화는 여전히 진행되고 있으며, 우리 사회의 '다문화화'는 피할 수 없는 과제이다. 더구나 서구 선진국에서 시행한 다문화와 관련된 정책들을 제대로 시도하지도 못한 한국의 경우, 이들 국가가 겪고 있는 다문화와 관련된 경험을 비판적으로 고찰하고, 이데올로기, 전통, 그리고 상식의 차원에서 우리 사회의 현실에 맞는 다문화 정책을 수용할 필요가 있다.

글로벌화 이후 한국에서 소수 민족집단이 생겨나면서, 다문화주의 담론이 급속도로 확대된 것은 1990년 이후 전 세계적으로 급속히 진행된 '이주의 지구화' 현상이다. 그 이유는 한국 내에도 많은 디아스포라 집단이 등장하기 시작했기 때문이다.

예를 들어, 한국 내 체류 외국인은 1990년 49,507명, 1995년 269,641명, 2000년 491,324명, 2005년 747,467명, 2008년 891,341명, 2010년 1,139,283명으로 급속도로 증가했다. 이러한 외국인의 증가를 통해 다문화주의 정책의 대상이 누구이고, 그 수가 얼마나 되는지 대략 알 수 있다. 다문화주의 정책의 대상은 한국에서 합법적인 방법으로 영구적으

<표 17> 한국 내 외국인주민 유형별 분포(2021년 기준)

(단위 : 명)

구분	외국인주민 합계(①+②+③)			① 한국국적을 가지지 않은 자						②한국국적취득자	③외국인주민자녀(출생)
	계	남	여	계	외국인근로자	결혼이민자	유학생	외국국적동포	기타외국인		
'21년	2,134,569	1,090,073	1,004,496	1,649,967	395,175	174,632	156,607	368,581	554,972	210,880	273,722
	전체 외국인주민 대비 구성비	(51.1%)	(48.9%)	(77.3%)	(18.5%)	(8.2%)	(7.3%)	(17.3%)	(26.0%)	(9.9%)	(12.8%)
'20년	2,156,417	1,117,399	1,039,018	1,695,643	455,287	173,756	142,569	345,110	578,921	199,128	261,646
	전체 외국인주민 대비 구성비	(51.8%)	(48.2%)	(78.7%)	(21.1%)	(8.1%)	(6.6%)	(16.0%)	(26.8%)	(9.2%)	(12.1%)
증감	△21,848	△27,326	5,478	△45,676	△60,112	876	14,038	23,471	△23,949	11,752	12,076
	(△1.0%)	(△2.4%)	(0.5%)	(△2.7%)	(△13.2%)	(0.5%)	(9.8%)	(6.8%)	(△4.1%)	(5.9%)	(4.6%)

*출처: 행정안전부

로 또는 장기적으로 거주하는 외국인을 말한다. 여기에는 세 부류가 있다. 12만 5,000여 명에 달하는 국제결혼이주자(국적 미취득자), 9만 6,000여 명에 달하는 국적 취득자, 그리고 12만 2,000여 명에 이르는 다문화가족 자녀들이 포함되어 있다. 이들을 모두 합하면, 34만 3,000여 명으로 전체 외국인거주자 113만여 명의 약 30.4%에 해당한다. 나머지 75%는 한국의 미래 시민이 아니라, 자신의 나라로 귀국할 일시 체류 외국인들로 간주된다. 이런 점에서 한국의 다문화주의 정책의 대상은 34만 3,000여 명에 이르는 소위 다문화가족을 구성한 외국인과 그 자녀들로 한정할 수 있다. 그러나 문제는 국내 거주하는 외국인 중 대략 49%가 이주노동자이며, 결혼이주여성은 약 16%에 불과하다는 점이다. 그중에서 가장 비중이 높은 외국인 이주노동자들은 단기 순환정책과 정주 방지 원칙에 따라 관리되는 인력 수급 정책의 대상일 뿐, 다문화주의 정책의 대상에서 배제되었다.(이선옥, 2007)

위의 〈표 17〉에 제시한 바와 같이 행정안전부가 발표한 '2021 지방자치단체 외국인주민 현황'에 따르면 국내 거주 외국인주민의 수는 2,134,569명으로 나타났다. 이는 전년 대비 21,848명 감소한 수치다. 2006년 통계가 시작된 이후 외국인주민이 처음으로 감소한 2020년에 이어 2021년에도 감소세가 지속되었다. 유형별로 살펴보면, 한국국적을 가지지 않은 사람은 1,649,967명(77.3%), 한국국적을 취득한 사람은 21,880명(9.9%), 외국인주민 자녀(출생)는 273,722명(12.8%)이었다. 지난해 대비 한국국적을 가지지 않은 사람은 45,676명(2.7%) 감소하였고 한국국적을 취득한 사람은 11,752명(5.9%) 증가하였다. 외국인주민 자녀는 12,076명(4.6%) 증가한 것으로 나타났다. 한국국적을 가지지 않은 사람의 증감 내역을 세부적으로 따져보면 외국인 근로자는 2020년에 이어 6,112명(13.2%) 감소하여 전체 외국인주민 감소에 큰 영향을 미쳤다. 반면, 유학생은 14,038명(9.8%) 증가하여 코로나19 이전인 2019년 수준을 회복했고, 외국국적동포는 23,471명(6.8%) 증가하여 지속적인 증가세를 보였다.

외국인주민의 시·도별로는 경기 714,497명(33.5%), 서울 426,743명(20.0%), 인천 134,714명(6.3%), 충남 124,492명(5.8%), 경남 123,074명(5.8%) 순으로 외국인주민이 많이 거주하고 있는 것으로 나타났다. 시·군·구별로는 안산 94,941명, 수원 65,885명, 시흥 64,570명, 화성 62,542명, 부천 53,080명 순으로 집계됐으며, 외국인주민 수가 많은 상위 5개 지역이 모두 경기도였다. 외국인주민 1만명 이상 또는 인구 대비 5% 이상 거주하는 '외국인주민 집중거주지역'은 총 86곳이며, 경기 23개, 서울 17개, 경남 8개, 충남·경북이 각 7개 지역 등이었다.

▓ 제3절 다문화주의와 다문화 정책

서구 다문화주의의 연구를 위해 킴리카(Kymlicka, 2007)는 동화와 동질화에 바탕을 둔 지금까지의 다문화 정책이 이민자들의 문화와 종교를 수용하고, 영토적 자율성과 언어에 대한 권리를 인정하는 한편, 원주민들의 자치 지역과 자치권을 인정하는 방향으로 바뀌고 있음에 주목하였다.

그리고 이러한 서구민주주의 국가들의 다문화주의 특성을 세 가지로 지적하였다. 첫째, 국가 내 여러 소수 민족집단에 대하여 소수자의 특성을 고려해 소수민족 정책을 시행한다. 원주민, 신이민자, 민족 단체 별 소수 민족집단을 모두 똑같이 취급한다고 해서 이들이 다수자에 반하는 소수자집단으로 단일하게 규정되지는 않는다. 소수민족은 각각 고유의 특성에 따라 소수민족이라는 이름으로 통합되어 다수자에 대항하여 투쟁하는 것은 쉽지 않다. 다수자와 소수자 간의 관계뿐만 아니라, 소수자와 소수자 사이에도 서로 경쟁적 투쟁이 있을 수 있기 때문이다. 다문화주의는 소수자들의 다중 투쟁이지, 다수자에 대항하는 소수자의 연합적 투쟁의 형태를 취하지는 않는다.

둘째, 다문화주의 정책에서 소수자의 권리는 인정의 정치학과 권력, 자원의 재분배 정치학의 형태를 모두 띠고 있다. 다문화주의는 소수자의 권리와 지위를 상징적으로 인정하는 것을 초월하여 국가권력이나 공적 서비스, 경제적 기회 등에 대한 접근과 구체적인 재분배의 문제를 함께 생각해야 한다.

셋째, 다문화주의를 통한 소수자들의 인정과 국민 만들기의 문제를 어떻게 조율하느냐의 문제다. 서구 국가들에서 다문화주의를 적극적으로 실행한다고 해도, 어느 국가도 하나의 국민적 또는 국가적 통합정책을

포기하지는 않는다. 따라서 다양한 소수자들을 인정하고, 동시에 물리적
인 강제 통합을 피하면서, 다수자와 소수자, 그리고 소수자들과 소수자들
이 공유할 수 있는 하나의 국민적 통합을 이루는 것이 가장 큰 과제다.
국가마다 정책적 차이가 현저히 드러나는 것도 바로 이 부분이다.

그러므로 다문화주의 정책은 문화적 상대주의와는 다르게 해석된
다.(송재룡, 2009) 문화적 상대주의의 시각은 각 소수자가 가지고 있는
삶의 유형과 사고 체계가 모두 평등성을 지니고 있다. 그래서 이러한
시각은 당위적으로 모든 소수자에게 기계적인 평등성을 부여해야 한
다는 강박성이 내재하고 있다. 그러나 다문화주의에서 인정의 정치학
이 말하는 인정에 대한 요구는 각각의 문화적 전통과 양식이 기본적
권리의 보호 차원에서 나름의 합리성과 가치를 인정해야 한다. 그러나
이는 각 문화의 고유성과 차이에 대한 '사실적' 인정이지, 똑같은 가치
를 부여하는 인정은 아니다.(Taylor, 1994) 즉, 특정한 문화집단에 속한
개인이 지닌 특정한 필요를 인정해야 한다는 것이다. 말하자면, 평등성
을 부여하는 것만으로는 문제 해결이 될 수 없으며, 각 문화가 가진
가치의 차이를 동시에 인정해야 한다는 것이다. 이러한 인정의 문제는
이질적 문화 간의 개방적 태도와 상호 주관적 이해를 요구한다. 즉,
모든 사람이 타문화 및 타자들과 상호작용할 수 있는 장을 마련해주어
야 한다. 그러기 위해서는 각 집단의 문화 속에서 살아가는 개인들이
가진 문화자원을 통해 나타나는 다양한 문화적 상징체계를 이해해야
한다. 문화는 이데올로기이자, 전통이자 상식이기도 한 복합적인 상징
체계를 가지고 있다.(Swidler, 2001)

따라서 이데올로기란 명확하고 의식적이기 때문에 쉽게 노출되고,
도전도 쉽게 받는다. 그 반대가 상식이다. 상식은 불명확하지만 당연한
것으로 여겨지고, 자기도 모르게 행동하는 것이라, 도전에 덜 민감하

다. 전통은 그 중간이라고 할 수 있다. 이데올로기, 전통, 상식의 영역은 고정되어 있지 않다. 같은 문화를 사람들에 따라서 또는 이데올로기, 전통, 상식의 차원에서 그 사람이 처한 상황과 맥락에 따라서 다르게 실천할 수 있다.(최종렬, 2008, 2009)

대개 이데올로기 차원에서의 다문화주의는 평등의 원리와 성취의 원리라는 지배적인 원리에 근거한다. 이는 법과 제도 앞에서 평등권을 확보하고, 이를 문화적 소수자들에게 확대하려는 의식적인 노력을 말한다. 따라서 다문화주의 정책은 이주자들이 거주국에서 자유로운 직업 선택이 가능한지, 시민권 획득이 쉬운지, 적극적 행동(affirmative action)과 같은 소수민족을 위한 차이의 정치학을 추구하는지 등에 관한 내용을 포함한다.

다문화주의 정책은 주로 공적제도 영역에서 나타나며, 민족주의 신화에 대한 도전, 국가통치권, 국가 시민권의 전통적인 개념에 도전 등을 포함한다. 전통적 차원의 다문화주의는 친밀성, 사랑, 상호 애정 등의 실천 원리에 바탕을 두고 있다. 이는 실존적 차원에서의 인정의 정치학을 말하는 것으로 소수자 자신의 문화적 권리를 누릴 수 있는 상태를 말한다.

즉, 소수 민족집단이 자신의 음식을 먹고, 자신의 언어를 말하며, 자신의 종교 등을 믿을 수 있는 자유로운 권리에 대한 보장을 의미한다. 따라서 이는 소수민족이 민족적 집단공동체나 학교, 교회 등과 같은 자신들의 고유영역을 지킬 수 있는가와도 연결된다. 다문화주의의 상식적 차원은 호혜적인 인정과 호혜적인 무관심 등 모두를 포괄한다. 호혜적 인정이란 주류문화와 다른 소수민족의 일상적 습속이나 문화적 행태가 자연스럽게 받아들여지는 것을 의미한다. 호혜적인 무관심은 소수민족이 지닌 차이, 상호 차이에 대해서 그 차이를 인지하면서 상호 의도적인 무관심 전략도 인정하는 것을 말한다. 이러한 일은 바로 지하철, 극장, 학교, 식당 등과 같이 일상적인 생활의 장에서 일어난다. 다수자는 물론이고 원주민, 준국가국민집단, 이민자 집단, 신 소수민 족 모두 자신이 가진 문화자원을 세 가지 차원에서 다양하게 활용하며, 어려운 상황을 해결하기 위해 노력한다.

그러므로 각각의 소수 민족집단이 한국에서 어떻게 인정받으며 적응하고 있는지를 살펴보기 위해서는 다문화주의 정책을 입안하는 정부, 다문화가족지원센터, 다문화가정이라는 세 가지 차원을 입체적으로 비교 분석해 볼 필요가 있다.

킴리카(Kymlicka, 2007)는 한 국가의 다문화 정책이 그 사회를 사회경제적으로 통합시키기보다는 분리와 게토(ghetto)화를 초래할 수 있다고 주장한다. 이는 인종과 민족 간의 갈등 해결이 문화정체성이라는 차이의 극복에 의해서만 해결되는 것이 아니라, 다양한 경제적 불평등, 권리와 의무에 대한 차별, 일상생활 속에서의 편견 등과 같은 근본적인 문제 해결이 선행되지 않고는 이루어질 수 없다고 주장하였다.

〈표 18〉 한국 다문화주의 용어 개념 정의[2]

용어 구분	한국에서의 해석	출처
다문화 사회	결혼이민자 등 국내 정착 이주자 및 국적 취득자 증가와 결혼이민자 2세의 취학 증가 등 사회 현상을 의미. 소수민족에 대한 민족적, 문화적 다양성이 관심을 둘 만한 사안으로 인정되는 사회.	제1회 외국인 정책회의 (외국인정책위원회, 2006)
다문화 가족	대한민국 국민과 혼인한 적이 있거나, 혼인 관계에 있는 외국인 결혼이주자, 출생 시부터 대한민국 국적을 취득한 자로 이루어진 가족.	재한외국인처우기본법, 다문화가족지원법
다문화 정책	'일정한 이주자 및 가족에 대한 지원정책'으로 대체하여 사용.	사회통합정책 설명자료 (법무부, 2008)

2) 박진경(2010) 「한국의 다문화주의와 다문화 정책의 선택적 적용」, 『한국정책학회보』, 제19권 3호.

	'사회통합정책이란 우리 사회의 구성원이 된 외국인노동자(이민자)들이 부당한 차별을 받지 않도록 배려 조치 등을 다루는 정책(개인적 관심) 또는 이들의 사회부적응으로 인한 사회갈등을 최소화하기 위한 정책(사회적 관점)'	
이민정책	외국인에 대한 일시적 또는 영구적 사회구성원 자격의 부여와 이에 수반되는 내용을 다루는 정책.	제1차 외국인 정책 기본계획(외국인정책위원회, 2008)
외국인 정책	대한민국으로 이주하고자 하는 외국인과 그 자녀들에 대해 영구적 또는 일시적 사회구성원 자격을 부여하거나 국내에서 살아가는 데 필요한 제반 환경조성에 관한 사항을 정치, 경제, 사회, 문화, 외교 등 종합적인 관점에서 다루는 정책.	제1차 외국인 정책 기본계획(외국인정책위원회, 2008)

■ 제4절 노무현 정부와 이명박 정부의 다문화 정책

그러면 여기에서는 노무현 정부와 이명박 정부의 다문화주의 정책을 중심으로 기본적인 틀과 그 차이에 대하여 살펴보자.

1. 노무현 정부의 다문화 정책(2003~2008)

1980년대 이후 한국 사회는 다문화주의 도래로 단일민족주의의 포기와 급격한 다문화사회로 전환되면서, 이에 대한 정책적 대응에 매우 어려웠다. 참여정부 이전에는 외국인 이주노동자에 대한 관리와 통제에 집중하였으며, 다문화주의 정책이나 외국인 정책이라는 개념은 매우 생소했다. 이러한 상황에서 '다문화사회로의 전환'을 공식적으로 표방하고 나선 참여정부는 다문화주의에 대한 강력한 정책적 대응책을 모색하기 시작했다.

그 결과 참여정부에서 다문화주의 정책은 2007년 '재한외국인처우기본법'의 제정과 '제1차 외국인정책기본계획'의 수립 등 한국이 향후 다문화주의 사회에서 본격적으로 추진해야 할 외국인 정책의 기틀을 마련하는 계기가 되었다. 노무현 정부는 다문화주의 시대의 도래에 맞추어 기본적인 틀을 마련했다고 볼 수 있다.

2. 이명박 정부의 다문화 정책(2008~2013)

한국 정부는 외국인 이주노동자들의 급격한 증가로 다문화주의 정책을 표방하여 다양한 정책을 시행하고 있지만, 실제로는 순혈주의적이고 가부장적인 동화정책을 펴고 있다.(이선옥, 2007; 김현미, 2008) 또한, 한국 내의 문화적 다양성을 추구하기보다는 그 대신 사회적 통합에 많은 관심을 가져왔다는 비판이 제기되었다.(김이선들, 2008; 김현미, 2008) 그렇다고 한국 정부의 다문화 정책을 비판하고 이주민의 입장을 대변해 준다고 해서 직면한 문제의 해결에 도움이 되지는 않을 것이다.(Kim, 2009) 이 시점에서 좀 더 냉철하게 한국 정부가 추진하는 정책대로 지금과 같이 순혈주의적이고 가부장적인 동화정책을 통해 사회적 통합이 제대로 이루어질 수 있을지에 관해 한국 사회의 구조적 차원과 행위적 차원에서 세밀하게 고찰할 필요가 있다. 한국 정부는 다문화가정이 가부장적 핵가족 안으로 개별적으로 동화될 것이라고 기대하며 정책을 추진하고 있지만, 사회통합적 차원의 다문화 정책은 지금까지 사회적 구조와 행위의 차원에서 성공하기 어려운 정책이기도 하며, 많은 시행착오를 겪어 왔다.

한국 사회의 다문화 정책의 수요에 따라, 2010년 5월 7일 이명박 정부는 '다문화가족 지원정책 기본계획(2010~2012)'을 발표하였다. 간단히 살펴보면 다음과 같다. 첫째, 국제결혼중개업에 대한 관리 및 입국 전 검증시스템 강화, 둘째, 결혼이민자에 대한 한국어교육 및 의사소통 지원 강화, 셋째, 결혼이민자 직업교육 및 취업 지원 활성화, 넷째,

다문화가정 이혼 및 폭력 피해 결혼이민자 인권 보호 증진, 다섯째, 다문화가족 자녀에 대한 맞춤형 교육지원 강화, 여섯째, 다문화에 대한 사회적 이해 제고, 일곱째, 다문화가족 지원 관련 총괄·조정기능 강화, 여덟째, 다문화가족 지원 서비스 전달체계 강화" 등으로 '다문화가족'에 대한 국가의 정책적 배려를 강화하고 있다. 이는 다문화가정에 대해서도 국민 재생산의 위기를 국가가 심각하게 수용하여 개선하려는 의지를 보여주고 있다.

'다문화가족지원법' 제16조 제2항은 "국가와 지방자치단체는 결혼이민자 등이 상부상조하기 위한 단체의 구성·운영 등을 지원할 수 있다."라고 규정하고 있다. 이 규정을 보면, 결혼이민자들에게 문화활동을 지원하기보다는 서로 간의 상부상조를 중시하는 경향을 엿볼 수 있다. 소수민족이 문화 활동을 추구하기 위해서는 이주자 개개인이 아닌 문화집단으로 성장해야 가능하다. 그렇지만 한국에는 아직 국제결혼 이주여성이 문화집단을 구성할 정도로 성장하지 못하고 있다. 이런 점에서 한국 정부는 소수 민족집단의 문화 활동을 지원하려고 해도 마땅한 지원 대상이 없다고 말할 수 있다. 그러나 '다문화가족지원법' 제16조 제2항에는 "국가와 지방자치단체가 다문화가족 지원사업을 수행하는 단체나 개인에 대하여 필요한 비용의 전부 또는 일부를 보조하거나 업무수행에 필요한 행정적 지원을 취할 수 있다."고 규정하고 있다.

현재 한국 정부는 소수 민족집단 조직 그 자체에 자금을 지원하기보다는 넓은 의미에서 다문화가족 지원사업을 수행하는 다문화센터를 지원하고 있다. 다문화센터의 정책 비전으로는 "문화적 다양성을 기반으로 창조적 문화국가 실현"을 목표로 설정하고 있다. 다문화센터의 구체적인 정책 목표는 "다문화사회 문화적 교류 및 소통강화"로 정하고

있다. 이 센터의 역할과 기능은 다문화사회를 문화적으로 지원하는
것이다. 그 구체적인 내용은 다음과 같다.(최윤정, 2009:9) 첫째, 이주민의
언어·문화적 적응지원을 통해 사회구성원으로 통합, 둘째, 이주민과
내국인 간의 문화적 이해증진을 통해 사회공동체의 유지 및 발전, 셋째,
이주민의 고유한 문화를 제도적으로 인정하는 문화권 보장 등이다.

여기서 다문화주의 정책이라 부를 수 있는 것은 세 번째의 이주민의
문화권을 보장한다는 내용이다. 첫 번째의 사회구성원으로의 통합과
두 번째의 사회공동체 유지 발전은 동화정책이나 다문화주의 정책이
라 할 수 없다. 또한, 다문화의 문화권을 보장한다는 명목으로 지원되
는 사업도 대개 문화 향유의 기회를 증진하는 데 집중되어 있다. 한국
정부가 실시하고 있는 저소득층 문화 향유의 기회를 확대하는 사업과
크게 다를 바 없다.

■ 제5절 한국 사회의 다문화 정책 전망

그러면 한국 사회에서 다문화주의 정책의 유일한 대상인 다문화가
정을 대상으로 시행되고 있는 정책은 어떤 것들이 있는지 살펴보자.
한국 정부가 한국 내 우리 안의 디아스포라 집단을 대상으로 시행하는
다문화주의 정책을 구체적으로 살펴보고, 이어서 현장에서의 실행 정
도를 살펴보고자 한다.

다문화주의 정책에 관한 서구의 사례에서 살펴볼 수 있는 바와 같이
1980년 8월부터 2000년대까지 다문화주의 정책을 살펴보고자 한다.
다문화주의 정책이 실제로 시작된 것은 충북 옥천군의회가 '조선족'
여성과 '농촌총각'의 결혼을 주선하면서부터다. 이때가 1993년 9월이

기 때문에 이후 2009년 12월 현재까지 한국 정부가 시행했거나 계획했던 다문화주의 정책을 중심으로 개괄하고자 한다.

1. 재한 외국인 처우 기본법

한국 정부는 2009년 12월 현재까지 중앙정부나 지방정부 차원에서 다문화주의 자체를 명시적으로 법제화하고 있지 않다. 비록 외국인 노동이주자의 인권을 보호할 수 있는 국제인권규약에 가입하고 있지만, 목표는 소수민족 '개인'의 인권 보호이지, '소수 민족집단'의 문화권 진작이 아니다. 결정적으로는 캐나다의 '권리와 자유헌장'과 같은 헌법 규정이 아예 없는 실정이다. 대신 한국 정부가 다문화주의 정책의 법률적 근거로 삼고 있는 것은 '재한외국인처우기본법(2007년 5월 17일 공포, 7월 18일 시행)'과 '다문화가족지원법(2008년 3월 21일 제정)'이라 할 수 있다.

'재한외국인처우기본법'에 대하여 좀 더 자세히 살펴보면 그 목적은 다음과 같다. 이 법의 목적은 "재한외국인에 대한 처우 등에 관한 기본적인 사항을 정함으로써 재한외국인이 대한민국 사회에 적응하여 개인의 능력을 충분히 발휘할 수 있도록 하고, 대한민국 국민과 재한외국인이 상호 이해하고 존중하는 사회 환경을 만들어 대한민국의 발전과 사회통합에 이바지함을 목적으로 한다."이다.

따라서 이 법의 주된 목적은 궁극적으로 국가 발전의 시각에서 재한외국인이 한국에 잘 적응하도록 법적으로 뒷받침하는 것이지 다문화주의를 발전시키려는 목적은 아니다. 제12조에는 결혼이민자와 그 자녀의 처우를 규정하고 있는데 주요 내용은 다음과 같다. 첫째, 국가 및 지방자치단체는 결혼이민자에 대한 국어교육, 대한민국의 제도·문화에 대한 교육, 결혼이민자의 자녀에 대한 보육 및 교육지원 등을 통하여 결혼이민자와 그 자녀가 대한민국 사회에 빨리 적응하도록 지원할 수 있다. 둘째, 제1항에는 대한민국 국민과 사실혼 관계에서 출생한 자녀를 양육하고 있는 재한 외국인과 그 자녀에 대하여 준용한다.

이러한 규정은 결혼이민자와 다문화가정의 자녀가 한국 사회에 적응할 수 있도록 하는 내용을 강조하고 있으며, 다문화주의를 명시적으로 규정하고 있지는 않다. 그나마 다문화주의와 관련된 규정이 있다면, 재한외국인과 한국인이 서로를 이해하고 존중하는 사회 환경을 조성한다는 내용이다. 기본법 제18조를 보면 다문화에 대한 이해증진에 관한 규정이 있다. 이 규정을 자세히 살펴보면, "국가 및 지방자치단체는 국민과 재한외국인이 서로의 역사·문화 및 제도를 이해하고 존중할 수 있도록 교육, 홍보, 불합리한 제도의 개선이나 기타 필요한 조처를 하기 위하여 노력해야 한다."라고 명시되어 있다. 하지만 이 역시 이민자 집단의 문화를 인정함으로써 사회통합을 이룬다는 다문화주의 자체가 목적이라기보다는 한국의 발전과 사회통합이라는 집단주의와 통합주의의 관점이 지배적이다. 이 점에 있어서 '다문화가족지원법'도 큰 차이는 없는 것으로 보인다.

사실 '재한외국인처우기본법'은 재한외국인 중 특별히 결혼이민자와 그 자녀의 적응을 지원하기 위한 기본법이라 할 수 있다. '다문화가족지원법'은 "다문화가족 구성원이 안정적인 가족생활을 영위할 수 있도록 함으로써 이들의 삶의 질의 향상과 사회통합에 이바지함을 목적으로 한다."라고 규정하고 있다. 이 점에서 한국 정부가 차이 중립적인 정책에서 차이 인지적인 정책으로의 전환을 시도하고 있다는 점을 알 수 있다. 하지만 이러한 정책 전환은 사회통합을 위한 것이지 다문화주의와는 직접적인 관련이 없다. 서구에서는 이민자 집단이 소수민족집단으로 성장하여 주류사회와 갈등을 겪으면서 사회통합 문제가 중심으로 부상했다면, 한국은 이민자 집단이 아직 소수 민족집단으로 성장하지 못하고 있는 상황에서 사회통합을 먼저 논의하고 있는 것이나 마찬가지이다.

이민자 집단이 소수 민족집단으로 성장하는 것을 사전에 예방하여 개별적으로 한국 사회에 동화되도록 노력하고 있는 셈이다. 국회는 이보다 한발 늦었지만 2009년 6월 18일 '국회다문화포럼'을 개최하였으며, 향후 '다문화기본법'을 제정하려고 계획하고 있다. 구체적으로 '다문화기본법'은 '재한외국인처우기본법'의 새로운 명칭이다. 이 법은 적용 범위를 미국적 취득자 체류 외국인 등 다문화 관련자 전체를 포괄하는 방향으로 전개되고 있다.

2. 다문화가족 지원법

한국 다문화가정의 '다문화가족지원법' 제5조에 의하면 다문화가족의 이해증진을 위한 규정이 있다. 이에 따르면 "국가와 지방자치단체는 다문화가족에 대한 사회적 차별 및 편견을 예방하고 사회구성원이 문화적 다양성을 인정하고 존중할 수 있도록 다문화 이해 교육과 홍보 등 필요한 조처를 취해야 한다."라고 규정하고 있다. 이러한 규정에 의거 문화체육관광부는 '다문화 수용성과 포용성' 증진을 위한 홍보사업을 펼쳐왔다. 우선 다문화사회 '포용과 화합'을 주제로 공익광고를 내보내기도 했다. 예를 들면, 아리랑TV를 다문화 전문 채널로 활용하여, 다문화 관련 뉴스, 전문가 대담 프로그램 등을 방영했다. 이는 이주민의 성공모델을 통해 긍정 이미지를 조명하고 부각하기 위해, 결혼이주여성, 외국인 이주근로자, 외국인 유학생, 문화예술전문가 등 분야별 이주 생활 스토리를 발굴하도록 지원했다.(최윤정, 2009)

다문화 미디어 정책은 체계적으로 정리되어 있지는 않다. 다만 사회

통합의 관점에서 공익광고 제작, 다문화 특집 다큐멘터리 제작, 다문화
관련 UCC 공모전 등 단편적인 홍보 정책이 존재할 뿐이다. 그 이유는
다문화주의 정책의 목표가 사회통합에 있을 뿐 다문화주의에 있지 않기
때문이다. 정부 정책에서 다문화가정이 소수 민족집단으로 성장하지
못하도록 하는 사회통합의 관점이 강조되고 있다. 이런 와중에 민간단
체가 주도하는 '이주노동자의 방송(2004년 설립)'과 '이주민 방송(2005년
개국) 등이 한국인으로 성공적으로 통합된 소수민족이 아닌 온갖 차별에
노출된 소수 민족집단의 목소리를 내고 있다.

이중시민권은 다문화주의 정책에서 가장 뜨거운 논쟁거리가 되고
있다. 진정한 다문화주의가 되기 위해서는 사실 이중시민권이 절대적
으로 필요하다. 하지만 한국은 이중시민권을 허용하지 않고 있다. 지금
까지는 남성의 국방의 의무 때문이라는 이유가 강했지만, 아무런 관련
이 없는 결혼이민자도 이중국적을 허용하지 않고 있다. 이는 한국의
가부장적 혈통주의 때문이라고 볼 수 있다.

한국 정부는 국적법을 1998년 9월, 2003년 2월, 2005년 등 세 번
이상 개정했지만, 이중국적을 허용하지 않고 있다. 다만 다문화가정의
이주여성이 국적을 취득할 수 있는 여건을 완화하였다. 2005년 개정된
한국 국적법 제10조 제1항은 "대한민국 국적을 취득한 외국인으로서
외국 국적을 가지고 있는 자는 대한민국 국적을 취득한 날부터 6개월
내에 그 외국 국적을 포기하여야 한다."라고 규정하고 있다. 제2항에는
"제1항을 이행하지 아니한 자는 그 기간이 경과한 때에 대한민국 국적
을 상실(喪失)한다."라고 명기하고 있다. 다만 이주여성의 경우 동화를
쉽게 유도하기 위해 일반 귀화 조건보다 완화한 간이 귀화요건을 두고
있다.

3. 이중 언어 교육과 모국어 학습 지원

2008년도 교육과학기술부가 수립한 '다문화가정 학생교육지원계획'에는 다문화가정 학생을 대상으로 다언어를 구사하는 글로벌 인재로 육성하여 인재 대국을 실현한다고 공표하고 있다. 하지만 현실적으로 이러한 계획을 실행한다는 것은 쉽지 않았다. 예를 들어, 경북 상주시는 보건복지가족부의 지원을 받아 2009년 5월부터 다문화가족 아동을 대상으로 재가 방문 서비스를 시행했다. 바우처 사업의 일종인 이 사업은 상주지역 내 다문화가족 아동 72명을 대상으로 2010년 4월부터 2011년 4월까지 1년간 주 2회 지도교사가 가정을 방문하여 지도했다. 하지만 이 사업은 사업명과는 달리 이중 언어 교육이 중심이 아니라, 한글과 한국문화교육이 중심이었다. 왜냐하면 우선 이중 언어를 구사하는 교사가 거의 없었기 때문이다.

실제로 선발된 교사들도 다문화사업 유경험자 및 사회복지와 아동복지학 전공자로 구성되어 있었다. 또한, 경기도 부천에서는 '무지개 주말학교'를 운영하면서 이중 언어 교육을 했다. 다른 지역들도 이를 모델로 삼아 시행을 계획했다. 하지만 주말에 잠깐 운영하는 이중언어 교육을 통해 글로벌 인재를 육성할 수 있을지는 의문이다.

'재한외국인처우기본법' 제10조를 보면, "국가 및 지방자치단체는 재한외국인 또는 그 자녀에 대해 불합리한 차별 방지 및 인권옹호를 위한 교육·홍보, 그 밖에 필요한 조치를 하기 위해 노력해야 한다."라고 규정하고 있다. 이러한 법 규정은 다문화가정에 적극적인 조치라기보다는 소극적 조치인 '차별금지' 정도에 가깝다. 적극적인 조치는 원래 미국에서 역사적으로 차별받아 왔던 소수 민족집단의 차별 상황을 해소하기 위해 만들어진 것이다.

한국에서 다문화가정 결혼이민자들이 출현한 역사가 비교적 짧다는 점을 고려하면, 적극적인 조치가 없다는 점을 들어 정부의 정책을 비판하기는 아직 이르다. 그렇다고 계속해서 다문화가정에 대한 일정 정도의 차별의 역사가 축적된 후에야 적극적인 조치를 취하면 된다는 것은 더욱 아니다. 다문화가정이 앞으로 공적제도 영역(국가와 시장)으로 진출하게 될 때 처하게 될 차별의 종류를 미리 파악하여 차별을 해소할 선제적인 조치를 대비할 필요가 있다.

제2장
귀환 고려인동포와 다문화

■ 제1절 광주 광산구 월곡동 고려인마을

이 장은 귀환 고려인(이하 고려인)들이 어떻게 광주광역시(이하 광주시) 광산구 월곡동에 모여 살게 되었으며, 그들의 언어사용과 정체성의 실태를 살펴보는 데 있다. 고려인들은 1990년대 초중반부터 역사적 조국인 한국으로 들어와 터를 잡기 시작했다. 2000년 무렵에는 한국으로 귀환한 고려인 일부가 광주시 광산구 월곡동과 산정동 일대에 들어와 자리를 잡았다.[1] 이곳에 고려인들이 정착하게 된 가장 큰 이유는 월곡동 주변 하남산단 등 인근에 자리한 산단 노동자 유입이 큰 역할을 했다.

구체적으로 광주시 광산구 월곡동은 1986년 하남지구 택지 개발사업이 진행된 이후 인구 유입이 급증했다. 월곡동 주변의 하남산업단지는 1981년부터 조성되기 시작하여 전자, 자동차 부품, 기계, 화학업종 등 1,000여 개의 기업이 입주해있고, 평동산업단지, 소촌산업단지, 첨단과 학단지 등과 인접해 있어, 외국인들의 유입이 많았다. 이처럼 월곡동 주변에는 평동·하남·진곡 등 많은 산업단지가 조성되어 있어 일자리를 쉽게 구할 수 있었다. 여기에다 고려인이 모여들기 시작한 2,000년대

---

[1] 김병학(2019), 『고려인은 누구인가?』, 도서출판 고려인마을, 166쪽.

초반 당시 월곡동은 지금과는 달리 비교적 임대료가 저렴하여 광주시 주변 공단에서 일하는 고려인 노동자들이 거주 공간으로 활용할 수 있었다. 이처럼 월곡동은 공단에서 근무하는 고려인 노동자들의 거주 공간이라는 배후 지대로서의 마을 기능과 더불어 고려인 정체성의 변화를 초기 형성과정부터 살펴볼 수 있는 공간이라는 점에서 주목받을만하다. 이러한 월곡동의 지리적 공간의 특성 때문에 세계 곳곳에서 다국적 외국인 근로자들이 월곡동 주변의 산단 인근으로 모여들었다.

특히 광주시 광산구 월곡동 고려인마을은 2001년 4월 고려인 신조야 씨가 이주여성으로 결혼한 딸의 초청으로 한국에 입국하여 일하다가 2002년 10월 체류 기간 만료로 불법체류자가 되어 농공단지를 전전하게 되면서 이천영 목사를 만나 새로운 삶을 시작한 곳이기도 하다. 그리고 2000년대 초반 하남공단 일대의 외국인노동자를 대상으로 지원사업을 벌여 온 이천영 목사가 신조야 씨 등 고려인 노동자의 임금 문제에 적극적으로 개입하면서 고려인마을을 중심으로 한 고려인 동포 지원사업이 본격적으로 시작되었다.[2] 이를 계기로 2000년 전후 월곡동과 산정동 일대에 하나둘씩 터 잡은 고려인들이 마을을 형성하기 시작하면서, 고려인마을은 중국, 동남아, 터키 등 다양한 국적을 가진 외국인들이 어울리는 공간을 형성하기 시작했다.[3]

그리고 최근에는 특히 러시아, 터키, 베트남, 인도, 태국, 중국 등 다양한 외국인 국적의 음식문화가 유입되어 세계 음식문화 거리로 형성되기 시작하면서, 이제는 외국인뿐만 아니라 이국적인 풍경과 외국 음식을 체험하려는 광주시민들과 외부 관광객들이 넘쳐나고 있다.

이 장은 광주시 거주 외국인의 증가추세를 고려하여 광주시에 거주

---

2) 광주시립박물관(2019), 『광주 고려인마을 사람들』, 엔터, 28쪽.
3) 〈광주드림 '찐 로컬' 월곡동, 지방 소멸 시대 '뜨는' 이유〉, 광주드림, 2023.01.02.

하는 등록외국인 중 특히 광산구 월곡동에 거주하는 고려인을 중심으로 월곡동 고려인마을의 공간형성의 과정과 그 한정된 공간에서 생활하는 고려인의 생활실태를 중심으로 살펴보고자 한다.

■ 제2절 귀환 고려인동포의 정체성

그러면 중앙아시아 고려인들이 한국으로 이주하기 시작한 1990년대 전후를 기준으로 살펴보고자 한다. 1992년 소련연방이 붕괴하면서 고려인들도 대전환기를 맞이하였다. 중앙아시아에 있는 소련 공화국이 독립하여 지역 내셔널리즘이 강화되면서 지역 언어에 서투른 사람들은 전문직이나 교육 등 공공부문에서 그 지위를 유지할 수 없었다. 고려인들은 엘리트의 지위를 잃고 명예도 크게 실추되었다. 이 때문에 1990년대 초기 고려인들의 대규모 이주는 그들의 조상이 1937년 강제이주 되기 이전에 거주했던 러시아 극동지역으로 사실상 그들의 모국이나 다름없었다. 그러나 처음 기대와는 달리 러시아 이주는 크게 기대에 못 미쳤고 다시 중앙아시아로 귀환하거나 우크라이나로 재이주하였다.

먼저 1990년대 이전의 고려인의 정체성에 관한 선행연구를 살펴보면, 최한우(1996:165-239)의 연구는 구소련 해체 후 중앙아시아 사회현상을 살펴보고 중앙아시아 고려인의 정체성 및 타민족 집단에 대한 인식을 분석하였다. 그는 한민족 정체성의 근본적인 문제를 4가지로 설명하였다. 첫째, 우즈베키스탄의 환경이 구소련 전후 사정이 판이한 것은 국가의 주인이 바뀌었다는 것이다. 둘째, 구소련 체제는 다민족 국가로써 다민족 평등 공존의 논리가 강조되던 사회주의 체제였다. 셋째, 과거 구소련 체제는 공산 이데올로기가 최고의 가치로 추구되는 동시에 문화적 다양성이 허용되는 사회였다. 넷째, 언어적 문제이다. 중앙아시아의 고려인의 정체성 문제는 중앙아시아 민족들의 자기 정체성 정립과 연관하여 생각해야 하며, 향후 중앙아시아 고려인의 입지 및 정체성 문제의 해결을 위해서는 먼저 한민족의 정체성과 관련하여 알타이 문화권 비교연구 및 알타이 민족공동체 연구를 심도 있게 선행되어야 한다고 보았다.

또한, 박명규 외(1995)는 중앙아시아 고려인의 집합적 정체성과 변화과정을 정치적인 의식과 남북한에 대한 인식 수준에서 살펴보았다. 중앙아시아로 강제 이주하게 된 이후 고려인은 심각한 자존심의 훼손과 집합적인 정체성의 혼란을 겪었다. 수십 년간 연해주에서 쌓아온 개인적·민족적 생활의 근거를 하루아침에 잃었을 뿐 아니라 집합적으로 배척과 차별을 받아야 했으며 '한인'이라는 범주 자체가 환영받지 못하는 사회적인 환경에서 오랫동안 고통을 받았다. 비록 현지 민족들과의 사이에 심각한 갈등이 야기되지는 않았지만 높은 교육열, 문화적 전통에 대한 자부심, 사회주의 신념에 대한 이해와 참여의 역사 등 이들의 자부심의 근원이었던 다양한 요소들이 오랫동안 상처를 입었다. 개인적으로는 새로운 사회적 상황에 적응해 나갔지만, 집단적으로는 매우 깊은 상처였다. 중앙아시아 사회의 한 구성인 소수민족 집단으로서 다민족 사회에 적응하여 살아가는 곤경과 어려움, 특히 탈냉전 이후 구소련지역에서 나타나는 민족주의적, 분열주의적인 경향과 경제적 어려움이 이들에게 어떤 영향을 미칠 것인지에 대한 세심한 배려의 필요성을 강조하였다.

구소련지역 고려인 언론 활동의 전개 과정과 현황을 구소련의 언론정책과 소수민족 정책과 연관하여 고찰한 김영기(1999)는 고려인들의 민족정체성 제고를 위한 국가적 차원의 정책적 대책과 지원, 언론 관련 프로그램 개발 등 정책 방안을 제안하였다. 또한, 반병률(2008)은 러시아 고려인사회와 정체성의 변화를 러시아 원동 시기(1863~1937)를 중심으로 연구했다. 이 시기에 이주 1세대들의 영향력이 유지되고 있었고, 제정 시기의 잔재라 할 수 있는 대러시아주의는 1920년대 말 1930년대 초에 공공연하게 비판되었다. 그러나 1930년대 중반 강제 이주 시기에 이르면 대러시아주의가 횡행하게 되면서 고려인 등 소수민족들의 민족문화가 위기에 처했다. 스탈린 탄압으로 인해 한글 등 민족문화에 익숙하고 정통했던 고려인사회 지도자급의 제1세대들이 대거 숙청되면서 더욱 러시아화 된 고려인 2~3세들이 전면에 나서게 되었고 고려인들의 정치적, 사회문화적 정체성이 크게 바뀌게 되었다. 소련이라는 다민족 다문화 국가에서 다양한 문화와의 교류를 통해서 다른 민족문화들과의 접촉과 흡수가 활발해지면서 소비에트 시민으로서의 새로운 정체성을 형성하게 되었다.

이상과 같은 선행연구들은 러시아 중앙아시아 거주 고려인들을 대상으로 1990년대 이전 고려인 정체성에 관한 연구들이다. 1990년대 무렵부터 우즈베키스탄에서 한국으로 이주하여 성공한 자들이 나타나기 시작했다. 그리고 이러한 이주의 연속과정에서 고려인의 한국 귀환자의 인구가 서서히 증가했다. 한국인 남성과 결혼한 여성들도 나타났다. 국제결혼 초기에는 한민족 출신의 신부를 한국인들이 좋아했기 때문에 우즈베키스탄 한민족 신부의 인기가 높았다. 그러나 중앙아시아 고려인의 모국과의 조우는 조선족처럼 적극적이지 않았다. 특히 그들은 한국어를 구사할 수 없었기 때문에 한국에 거주하는 것은 곤란했다. 귀환이주 초기 중국 조선족들은 한국의 건축 현장이나 식당에서 일했는데 고려인들은 한국어가 서툴러 직업을 구하기 어려웠다. 고려인들은 통상적으로 중국 조선족과 비교하여 임금이 낮았고 그들 밑에서 파트타임이나 비정규노동에 종사했다. 고려인 귀환 이주자들은 한국인, 조선족,

고려인이라는 계층적인 관계를 실감하게 되었다.(Song, 2009)

이 장에서는 1990년대 이후 국내로 이주하기 시작한 고려인들에 초점을 두고 있다. 광주시립박물관(2019:37)의 연구에 의하면 고려인 마을은 2000년대 초반 광주시 광산구 월곡동에 태동하기 시작한 것으로 추정하고 있다. 이 연구에 따르면 광산구청이 러시아 및 구소련지역(중앙아시아) 등록외국인 및 외국국적동포 수를 통해 광산구 거주 고려인의 수를 추산한 결과, 2010년 314명, 2014년 1,134명, 2018년 4,659명으로 2010년 이후 급증하고 있음을 보여주고 있다. 따라서 2010년 이전에는 광역시 거주 고려인의 수에 대한 추정치가 존재하지 않기 때문에 본 논문에서는 2010년 이후로 한정하였다.

2000년대 전후 국내 거주 고려인 연구들은 고려인의 국내 이주에 따른 정체성의 변화와 구축과정에 중점을 두고 있는 것으로 보인다. 가령, 김영술(2020:33-35)은 고려인의 정체성에 대하여 민족정체성과 러시아 중앙아시아인으로 국가정체성이라는 이중정체성을 소유하고 있다고 주장하였다. 이와는 달리 정병진·남빅토르(2011)의 국내 거주 고려인에 관한 연구는 고려인의 성향에 대하여 고려인이라는 소속감이 강하고 이에 따라 고려인이라는 정체성이 강하다고 주장하였다. 그러나 신현준(2012:167-168)의 고려인 정체성 연구는 고려인들이 한국에 거주함으로써 새로운 문화정체성의 재구축 과정에 있다고 주장하였다.

이상과 같이 선행연구들을 검토해보면, 고려인들은 1990년대를 전후로 국내로 이주하기 전에는 러시아인-고려인의 정체성, 2000년대 이후 국내로 이주하여 거주하기 시작한 이후로는 고려인-한국인의 정체성을 선택하게 되는 상황에 놓이게 된 것으로 생각할 수 있다. 그러면 다음 절에서 고려인동포의 공간형성과 에스닉 비즈니스에 대하여 살펴보고자 한다.

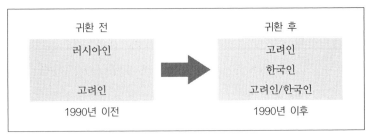

〈자료 16〉 1990년대 전후 고려인 정체성의 변화

▒ 제3절 고려인동포의 공간형성과 에스닉 비즈니스

1991년 한-소 수교 이후 시작된 고려인의 한국 이주는 30년을 초과하고 있다.[4] 본 연구에서 다루고 있는 '귀환 동포' 고려인의 정의는 반세기 이상을 다른 문화권에서 살다가 한국에 거주하기 위하여 재외동포 체류 비자(F4)를 통해 입국한 고려인 동포를 지칭한다. 전술한 바와 같이 광주시 고려인마을은 광주시 광산구 월곡동 일대를 중심으로 형성되어 있다. 그 이유는 2000년대 초반부터 외국인 이주노동자들을 포함하여 소수의 고려인 이주노동자가 하남공단과 가까운 지역인 월곡동과 산정동 일대에 정착하기 시작하면서, '고려인 동포' 자원사업이 본격적으로 시작되었기 때문이다. 이후 2004년에 고려인공동체 모임이 만들어지고, 2005년에 고려인 이주노동자 상담소가 개설되었다. 그리고 2013년에는 전국 지자체 가운데 최초로 광주시가 고려인 주민 지원조례를 제정하여 고려인 동포 정착지원을 위한 제도적 장치가 마련되면서, 고려인들이 모여들기 시작하였고 고려인마을 규모도 점점 확대되었다.[5]

---

4) 김병학(2019), 『고려인은 누구인가?』, 도서출판 고려인마을, 4-5쪽.

한국에 거주하는 외국인 주민 수는 2020년 11월 기준 약 215만 명
(2,146,748명)으로, 총인구 대비 4.1%에 이르는 것으로 나타났다. 이는
2006년 발표 이래 처음으로 감소한 수치다. 유형별로 살펴보면, 한국
국적을 가지고 있지 않은 사람(외국인 근로자, 외국 국적 동포, 결혼이민자
등)이 169만 5,643명(79.0%), 한국 국적을 취득한 자가 19만 9,128명
(9.3%), 외국인 주민 자녀(출생)가 25만 1,977명(11.7%)으로 나타났다.[6]

<표 19> 인구 대비 체류 외국인 연도별 현황(2017~2021)

분류	2017	2018	2019	2020	2021
전체 인구	51,778,544명	51,826,059명	51,849,861명	51,829,023명	51,638,809명
체류 외국인	2,180,498명	2,367,607명	2,524,656명	2,036,075명	1,956,781명

*출처: 법무부

위의 <표 20>에 제시한 바와 같이 연도별 인구 대비 체류 외국인
현황(2017~2021)을 살펴보면, 전체 인구 대비 체류 외국인 비율은 2017
년 4.21%에서 2019년 4.87%로 매년 증가하다가 코로나19의 영향으로
2021년에는 3.79%로 감소하였다. 2021년을 기준으로 체류 외국인을
국적별로 살펴보면, 한국계 중국인을 포함한 중국이 42.9%(840,193명)
를 차지하고 있으며, 베트남 10.7%(208,740명), 태국 8.8%(171,800명), 미
국 7.2%(140,672명), 우즈베키스탄 3.4%(66,677명) 순으로 나타났다.

그러면 다음 <표 21>에 제시한 바와 같이 본 연구의 중심 지역인
광주시의 지난 5년간 등록외국인 통계를 살펴보고자 한다. 최근 5년간
(2016~2020) 광주시 전체 등록외국인은 1.7%의 증가했다. 각 기초구별
증감률은 동구 6.5%, 광산구 2.4%, 북구 0.2% 순으로 증가하였으며,

---

5) 김용필·임영상 외(2020), 『한국에서 아시아를 찾다』, 아시아발전재단, 199~200쪽.
6) 행정안전부, <행정안전부 외국인 주민 현황통계>, https://www.mois.go.kr/(검색일: 2022.10.24.)

이와 반대로 감소한 구는 서구 -0.8%, 남구 -0.1% 순이었다.

<표 20> 광주시 등록외국인 실태 및 현황(2016~2020)[7]

(단위: 명)

행정구별	2016	2017	2018	2019	2020	증감률
총계	19,920	21,279	22,815	23,825	21,323	1.7%
광산구	10,907	12,154	12,954	13,461	11,978	2.4%
남구	1,460	1,401	1,418	1,553	1,453	-0.1%
동구	1,254	1,338	1,872	1,919	1,613	6.5%
북구	4,597	4,752	4,873	5,201	4,632	0.2%
서구	1,702	1,634	1,698	1,691	1,647	-0.8%

다음 <표 22>는 광주시에 거주하는 등록외국인의 출신 국적별 실태 현황을 보여주고 있다. 2020년 기준 광주시의 총등록외국인 수는 21,232명이며, 주요 국적별로는 베트남 5,568명(33.2%), 중국 3,455명 (20.6%), 우즈베키스탄 2,282명(13.6%) 순으로 높은 비중을 차지하고 있다. 주요 외국인 구성은 러시아를 제외한 대부분이 아시아계가 주를 이루고 있다.

<표 21> 광주시 등록외국인 출신 국적별 실태 현황[8]

(단위: 명(%))

순위	국적	총계(%)
1	베트남	5,568(33.2)
2	중국	3,455(20.6)
3	우즈베키스탄	2,282(13.6)
4	한국계 중국인	1,208(7.2)
5	캄보디아	1,104(6.6)
6	필리핀	863(5.1)
7	카자흐스탄	856(5.1)

7) 한국통계청(2022), 『KOISS 2020년 12월 말 기준』.
8) 한국통계청(2020), 『KOISS 2020년 12월 말 기준』.

8	몽골	526(3.1)
9	인도네시아	486(2.9)
10	러시아(구소련)	430(2.6)
합계		16,778(100)

고려인마을 이주민과 같이 국제 이주의 관점에서 이민자들이 특정 장소에 공간을 형성하게 된 배경은 외국인에 대한 사회문화적, 경제적 진입장벽에 낮아 외국인의 접근이 쉽고, 외국인들이 집중되면서 사회-경제적 네트워크를 기반으로 외국인들을 유인하는 특성으로 설명된다.9) 그러나 로저 월딩거(Waldinger Roger, 1986)는 이민자들이 특정 지역과 특정 장소에 집중되어 에스닉 비즈니스를 개업하는 이유에 대하여 다음 〈자료 18〉과 같이 1) 시장의 조건, 2) 소유에 대한 접근, 3) 영향요인, 4) 자원이동 등 4가지로 설명하고 있다.

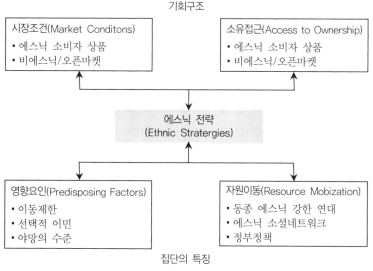

〈자료 17〉 에스닉 비즈니스 성장의 상호 모델10)

9) 광주시립박물관(2019), 『광주 고려인마을 사람들』, 엔터, 28쪽.

이들의 연구성과에 따르면, 초기 고려인들은 집단의 특성과 기회구
조가 풍부하고, 임대료가 비교적 저렴한 월곡동에 집중되기 시작했다.
고려인들이 월곡동이라는 특정 장소에 모여들면서 자연스레 중앙아시
아 등 모국 음식에 대한 향수가 커지게 됨에 따라 그들을 대상으로
현지 음식을 판매하는 식당이 생겨났다. 이어서 고려인 대상 카페와
식료품점, 미용실, 뷰티숍, 여행사, 환전소, 꽃집, 잡화점, 핸드폰 가게
등 고려인의 삶과 밀접히 연관된 상품들이 자연스럽게 자리를 잡기
시작했다.

이러한 고려인 에스닉 비즈니스에 대하여 일본에서 한국인 뉴커머
에스닉 기업의 유형을 연구한 임영언(2006)은 다음 〈표 23〉과 같이 에스
닉 기업 유형을 4가지로 구분하였다.[11] 이를 고려인마을의 에스닉 비
즈니스 창업 유형에 비추어 살펴보면, 다음과 같다.[12]

먼저, 제1유형은 구소련/중앙아시아와 한국과의 무역으로 충족시킬
수 있는 기호와 문화적 욕구를 충족하는 상품 및 서비스라고 할 수
있다. 여기에는 구소련이나 중앙아시아 지역에서 생산된 식료품, 신문,
잡지, 여행업, 고용알선업 등이 해당한다. 제2유형은 한국인 고객보다
는 고려인 고객을 대상으로 영업하는 가게다. 여기에는 고려인 식당,
뷰티산업, 미용, 카페 등이 포함된다. 제3유형은 고려인들이 구소련/중
앙아시아와 무역에 있어서 잡화 도매나 소매업을 하는 경우다. 이 경우,
광주시 광산구 월곡동의 고려인 고객을 대상으로 하기보다는 한국인
이나 기타 민족을 대상으로 하는 경우를 말한다. 제4유형은 고려인들

---

10) Waldinger Roger(1986) *Through the eye of the Needle: Immigrants and Enterprise in New York's Garment Trades*, New York: New York University Press.
11) 임영언(2006), 『재일코리안 기업가 창업 방법과 민족 네트워크』, 한국학술정보, 59쪽.
12) 林永彦(2004), 『韓国人企業家: ニューカマーの起業過程とエスニック資源』, 長崎出版, 76쪽.

이 한국인 및 기타 민족을 대상으로 하는 소규모 자영업(Small Business)
이다. 이 경우, 상품과 서비스에 대한 수요와 공급 모두가 한국에서
이루어지며, 인종, 스타일, 기호 등이 구소련이나 중앙아시아로부터
독립되어 있다.

이상에서 살펴본 바와 같이 광주시 광산구 월곡동의 고려인마을이
란 공간이 형성된 배경으로 지리적으로 하남공단 가까운 지역에 위치
하며, 비교적 싼 임대료, 광주시의 각종 고려인 지원사업과 상담소 개
설, 고려인 지원 조례제정, 이를 토대로 고려인의 사회-경제적 네트워
크를 기반으로 고려인의 삶에 필요한 에스닉 비즈니스 전개와 정보제
공 등을 들 수 있다.

〈표 22〉 고려인동포 에스닉 비즈니스 창업 유형[13]

수요와 공급체계	대상고객	
	고려인	고려인 이외
구소련/중앙아시아 상호 무역 기반	제1유형 식료품, 신문, 잡지, 여행사, 이민 고용 알선업 등	제3유형 잡화 도매, 소매업 등
국내 시장 월곡동 주변 기반	제2유형 식당, 뷰티, 미용 카페	제4유형 주류, 식료품점 등

▓ 제4절 귀환 고려인동포와 고려인마을

이 장의 연구 목적은 광주시 광산구 월곡동에 거주하는 고려인을
중심으로 고려인마을의 공간형성 과정, 그들의 생활실태의 분석을 통
해 시사점을 제공하는 데 있다. 기존의 선행연구들은 러시아 및 중앙아

13) 광주시립박물관(2019), 『광주 고려인마을 사람들』, 엔터, 74쪽. 이 표는 고려인마을
    운영사업장 현황의 내용을 중심으로 작성한 것임.

시아 거주 고려인들을 대상으로 한 정체성에 관한 연구들이다. 본 연구는 1990년대 이후 국내로 이주하기 시작한 고려인들에 초점을 두고 있다. 고려인은 1990년대를 전후로 국내로 이주하기 전에는 러시아인-고려인의 정체성, 국내로 이주하여 거주하기 시작한 2010년 이후로는 고려인-한국인의 정체성을 선택하게 되는 상황에 놓이게 되었다. 이를 고려하여 최근의 연구들은 고려인의 국내 이주에 따른 정체성의 구축 과정에 중점을 두고 있는 것으로 보인다. 연구 결과는 다음과 같다.

초기 고려인들의 월곡동 집중화 현상은 집단의 특성과 기회구조가 풍부하고 임대료가 비교적 저렴한 월곡동에 모여들면서 시작되었다. 고려인들이 월곡동이라는 특정 공간에 모여들면서 구소련 및 중앙아시아의 모국 음식에 대한 향수가 커지면서, 자연스럽게 그들이 현지 음식을 먹을 수 있는 식당 등 에스닉 비즈니스가 생겨나기 시작했다.

고려인마을은 국내로 이주한 고려인들에게 마음의 위안과 생활 공간을 제공해주고 있다. 하지만, 고려인의 한국어 말하기, 듣기, 쓰기, 읽기를 조사한 결과, 대부분 평균에 못 미치는 수준으로 나타났다. 이 연구에서는 조사대상자의 연령층이 높아, 그들의 한국어 배우기와 능력에 대한 의욕이 별로 없는 것으로 나타났다. 인구통계학적 특성에서도 그들은 나이가 많아 언어습득과 생활에 어려움이 많고, 여성들이 많았다. 따라서 커뮤니티에 활동적이고 생산적이기보다는 가족 돌봄에 종사하는 비율이 높은 것으로 나타났다. 이러한 결과는 한국어를 못해도 살아갈 수 있는 환경에 처해 있어서 한국어를 배우고 싶은 의욕과 열정이 부족하다는 것을 의미하기도 한다. 또한, 한민족으로서 한국인 지향의 정체성은 매우 높게 나타나고 있으나, 고려인 대상의 다양한 지원에도 불구하고 한국에 살고 싶은 마음이나 한국 정착에 대한 의지는 여전히 불분명한 것으로 나타났다.

이러한 고려인마을을 둘러싼 대전환과 변화의 환경 속에서 향후 고려인의 정체성과 더불어 고려인마을의 성장과 발전은 고려인 남성, 가족 이주와 거주지 정착, 청년의 유입에 따라 크게 좌우될 것으로 보인다. 또한, 고려인마을에서 가시적 커뮤니티의 건설과 고려인들 사이의 잠재적인 정체성의 확립 형태가 향후 어떤 방식으로 출현할 것인지가 기대되고 있다.

▨ 제5절 고려인동포의 권익증진과 생활 안정 방안

2023년 6월 23일 충청북도 산하 충북연구원 대회의실에서 충청북도 고려인 정착지원 정책토론회가 열렸다. 연구자는 토론자로서 '충청북도 고려인 정착 지원방안'이란 주제로 토론문을 발표했다. 한국외국어대 임영상 명예교수가 '고려인 동포의 한국살이, 어떻게 지원할 것인가'란 제목으로 발표하였고, 이어서 임정호 제천시 미래전략팀장이 '제천시 고려인 등 재외동포 이주 정착지원 종합계획'이란 주제로 사례발표를 했다.

임영상 교수는 '인구감소시대 지역형 특화 비자 사업과 고려인 동포'란 제목에서 법무부의 지역특화형 비자 제도(즉, 국가균형발전을 위한 지역특화형 동포제도)의 추진 배경, 시범사업의 목적, 시범사업의 주요 내용을 설명했다. 「국가균형발전 특별법」 시행령 제2조의 3 규정에 따라 국가균형발전위원회의 심의를 거쳐 확정된 인구감소지역은 89개가 지정되었다. 제천시가 89번째다. 법무부는 시범사업 지자체를 선정해, 우수 인재와 동포 가족의 지역 정착을 위해 체류 특례자격을 부여한다. 선정된 지자체는 지역별로 필요한 인재의 규모를 파악해서 정착

지원 프로그램을 운영한다. 저출산 고령화와 수도권 인구 집중으로 지방 인구가 감소하고 있고, 지역의 활력이 저하하고 있으며, 인구의 사회적 유출이 심화하고 있는 등 악순환이 지속함에 따라 외국인 정책 차원에서 시급한 대응이 필요한 상황이다. 문제는 중국동포와 러시아 동포 등의 80% 이상이 수도권에 집중적으로 거주하고 있다는 점이다. 따라서 법무부는 경제활동 인구의 확충과 인구감소지역의 활성화를 위한 특단의 대책 중 하나인 '지역특화형 비자 제도'를 신설해 시행하고 있다. 법무부는 외국인 비자 정책을 수립과 시행에 있어서 지자체와의 연계 방안을 마련하고, 전국 각 지역의 정확한 수요를 반영한 맞춤형 비자 발급 제도를 시행하고 있다. 즉, 지역의 수요를 반영한 비자 정책을 추진하기 위해 지역민의 수용성이 높은 인구감소지역을 대상으로 시범사업을 우선해서 실시하고 있다.

법무부가 시행하는 시범사업의 목적은 다음과 같다. 앞에서 언급한 지역의 인구감소 문제에 적극적으로 대응하기 위해 우리나라에 합법적으로 입국해서 체류하는 외국인의 정착을 촉진하고, 외국인이 지역 주민이 통합하여 함께 그 지역사회의 지속 가능한 발전에 참여할 수 있는 지역특화형 비자 정책 시범사업을 추진하고 있다. 인구감소지역의 지역별 특화산업, 대학, 일자리 현황 등에 적합한 외국의 정착을 유도하여 지자체의 생활인구를 확대하고, 경제활동을 촉진하며, 인구 유출을 억제하고, 인구 유입을 늘리는 등 선순환 구조를 실현하는 데 시범사업의 목적이 있다.

법무부는 지자체와 협업으로 1년(2022.10.04~2023.10.03.) 동안 시범사업 후 이 비자 제도를 본격 시행할 예정이다. 이 시범사업의 주요 내용은 다음과 같다. 유형1(우수인재)와 유형 2(동포가족)이 있다. 유형1(우수인재)는 시범사업에 선정된 지방자치단체장이 추천하는 외국인에게 거주(F-2) 비자 체류자격의 변경을 허용하고 정착지원 프로그램 운영을 지원한다. 유형 2(동포 가족)는 시범사업에 선정된 지역에 거주하는 외국 국적 동포와 가족(배우자와 자녀)에게 체류 특혜를 부여하고 정착 지원 프로그램 운영을 지원한다. 여기서 외국 국적 동포란 「재외동포의 출입국과 법적지위에 관한 법률」 제2조 제2항에 해당하는 자로, ① 출생에 의하여 대한민국 국적을 보유했던 사람으로서 외국 국적을 취득한 사람, ② 그 직계비속으로서 외국 국적을 취득한 사람이다. 유형 2(동포 가족) 대상자는 지자체 주도가 아니라 동포 자신이 거주하는 지역의 출입국외국인사무소에 직접 신청하는 방식이라서 중국동포 사회는 상대적으로 관심이 부족한 편이다. 그런데 고려인 동포가 개별적으로 신청하는 것은 사실상 불가능하다.

다음은 법무부의 〈지역특화형 비자〉 사업 추가 공모(10월 18일) 유형 2부분에 대한 설명이다.

(1) (법무부) 동포와 가족에 대한 체류 특례 부여
① 지역특화형 재외동포(F-4) 자격변경
- **(대상)** ㉠ 시범지역에 2년 이상 실거주하고 있는 동포
         ㉡ 인구감소지역이 아닌 지역(군 단위 기초지자체는 제외)에 거주하다가 지역특화형 비자 시범지역 공고일 이후 시범지역으로 거주하려는 60세 미만 동포
         ㉢ 2인 이상 가족(본인, 배우자, 자녀) 단위로 대한민국에 신규 입국하여 시범지역에 거주하려는 60세 미만 동포(㉢은 단기 체류자격에서 자격변경도 가능)
※ ㉠은 동포 1인 가구 가능, ㉡과 ㉢은 60세 미만 동포와 그 가족(배우자, 자녀)으로 구성된 2인 이상 가족을 대상으로 함.
※ ㉠과 ㉡은 외국인등록을 한 사람(체류자격 무관), ㉢은 외국인등록을 한 사람 외 **단기 체류자격(C-3-8 등)인 사람도 가능**

- (체류 특례) '최소 2년 이상 실거주'를 허가 요건으로 동포와 자녀는 재외동포(F-4), 비동포 배우자는 방문 동거(F-1) 체류자격으로 변경

② 재외동포 취업 활동 제한 완화
- (대상) 시범지역에 2년 이상 실거주하는 재외동포(F-4)
- (체류 특례) 관할 출입국 외국인 관서에 사전에 '인구감소지역 거주 재외동포(F-4) 체류자격 외 활동 허가'를 받은 경우, 재외동포(F-4)에게 제한되어있는 직업* 중 단순 노무 직업(41개) 및 일부 서비스업(5개**) 취업 활동 가능
* 「재외동포(F-4) 자격의 취업 활동 제한범위의 고시」(법무부고시 제 2018-70호)에 따라 재외동포(F-4)는 단순 노무 등 53개 직업에 취업 활동 제한
** 호텔서비스원, 그 외 숙박시설서비스원, 음식서비스종사원, 음료서비스종사원, 골프장캐디

③ 동포의 배우자 취업 활동 허용
- (대상) 시범지역에 실거주 재외동포(F-4)와 동거하는 배우자 방문동거 (F-1)
- (체류 특례) 관할 출입국 외국인 관서에 사전에 '체류자격 외 활동허가'를 받아 단순 노무 분야의 취업 활동 가능

④ 영주(F-5) 자격 요건 완화
- (대상) 재외동포(F-4) 자격으로 인구감소지역 2년 이상 실거주한 동포
※ 단, 신규 정착 재외동포(①의 ⓛ과 ⓒ에 해당하는 사람)는 4년 이상 실거주 필요
- (체류 특례) 영주(F-5-6) 자격변경 시 소득요건 완화(국민총소득 (GNI) 이상 → GNI 70% 이상)
※ 단, 기본소양 요건(사회통합프로그램 3단계 이상 이수 또는 사전평가 61점 이상)을 충족하여야 함

(2) (지자체) 동포 가족 주민 정착지원 계획안
- (공통사항) 지역주민이 수용할 수 있는 **외국인 주민 확보를 위한 지원 계획안** 수립, 주민 설득 방안 등을 마련
  (예시) 한국어·한국 사회, 문화 교육, 사회통합프로그램 활용, 주거 대책, **외국인커뮤니티 관리**, 외국인정착우수사례멘토링, 지역주민참여프로그램운영 계획 등
- (**동포 맞춤 정착지원**) 지역특화사업으로 해당 지역에 **신규 정착하고자 하는 동포와 가족을 위한 정착 지원 프로그램 계획 제출**
  * (참고) 고려인 동포와 중국 동포 등을 주 대상으로 설계
  (예시) **주거 지원**(공공임대주택 등) **창업 취업** 지원, **동포 자녀교육** 지원 등[14]

이어서 충청북도의 외국인 주민과 고려인 동포 현황을 간단히 알아보자. 전국의 외국인 주민 수는 213만 4,569명(전체 인구 5,173만 8,071명의 4.1%)이며, 충청북도의 외국인 주민 수는 7만 3,529명(충북 인구 152만 4,764명의 4.5%)이다. 충청북도의 시군별 외국인 주민 수 중에서 청주시 2만 6,135명, 음성군 1만 4,795명, 진천군 1만 1,030명으로, 세 지자체의 주민 수가 5만 1,960명(70.6%)이다. 이 세 지역에는 산업단지가 형성되어 있고, 많은 중소기업이 있어 일자리가 풍부해서 많은 외국인이 거주하고 있는 것으로 보인다. 충청북도의 시군별 고려인 동포 수 중에서 청주시 2,266명, 진천군 812명, 음성군 337명으로, 세 지자체의 고려인 동포 수가 3,415명(전체 고려인 동포 수 3, 554명의 96%)이다. 충청북도 고려인 정착지원 정책토론회[고려인의 권익증진과 생활 안정 방안 모색] 자료집(2023. 06. 23.)의 표 2-8 시군구별 규모 순위 비교에서 2016년

---

14) 충청북도·충청북도의회 정책복지위원회(2023), 『충청북도 고려인 정착지원 정책토론회 [고려인의 권익증진과 생활 안정 방안 모색]』, 발표 및 토론 자료집, 4-7쪽.

청주시 고려인 주민 수는 1,697명이었는데, 2021년에는 3,639명으로 1,947명(약 150%) 증가했고, 12개 지자체 중 각각 전국 8위 규모다. 임영상 교수에 따르면, 지난 5년 동안 고려인 동포 수가 60%쯤 증가했으며, 현재 법무 통계는 8만 명 이하이고, 체감 통계로는 10만 명 정도다. 그는 우크라이나전쟁으로 최대 10만 명의 고려인 동포가 더 한국으로 귀환할 수도 있을 것으로 보고 있다.[15)]

임정호 제천시 미래전략팀장이 발표한 '제천시 고려인 등 재외동포 이주 정착지원 종합계획'의 추진 배경 및 사업개요를 간단히 소개하고자 한다.

[추진 배경]

◆ **인구정책 기저 전환 필요** [물리적 인구 증가 → 유동 생활인구 증가]

  ※ 인구감소지역 지원특별법[2022.6.]인구 정의 ▶ 주민등록인구 + 외국인 + 체류 인구

  ※ 법무부 2022년 인구감소지역 지역특화형 비자 발급 시범사업 시행 등 적극적 외국인 정책 시행

◆ 지역사회 소득·소비의 근간이 되는 **생산 노동 인력 부족** 현상 심화

  ※ 최근 5년 사이 20~57세 노동인구의 급격한 감소세 [2018년 61,190명 → 2022년 54,858명 / 10.3% 감소]

◆ 가속화되고 있는 **지방 소멸 극복**을 위한 유효한 대책 마련 절실

  ※ 2021년 10월 행안부 발표 인구감소지역에 제천시가 89번째 포함 → 전화위복의 기회

◆ 제천시 고려인 등 재외동포 주민 지원조례 제정 [2023. 4. 7.]

---

15) 충청북도·충청북도의회 정책복지위원회(2023), 15-18쪽.

[사업개요]

◆ 사업 기간 : 2023년 4월 ~ 지속

◆ 위치 : 제천시 관내

◆ 지원 대상 : 고려인 등 재외동포 [C-3-8, H-2, F-4, F-5 비자 입국 체류자]

　* 합법적으로 체류하는 재외동포 중 제천시에 2년 이상 거주 서약자

◆ 주요 내용 : 고려인 등 재외동포 이주 정착 지원 시스템 구축[16]

　다음은 필자(이영범 청주대 교수)가 발표한 '충청북도 고려인 정착지원 방안'의 내용이다.

◆ **정착지원 방안 1**

정확한 실태조사와 안정된 일자리 창출 방안 및 구인난 해결 방안의 시급한 모색이 필요함 : 공장, 자영업, 서비스산업, 농축산업 등.

　저출산 및 고령화와 수도권 인구 집중화 현상으로 인해 지방 인구가 감소하고 있으며, 지역의 경제 활력이 저하하고, 인구의 사회적 유출 등으로 인한 악순환이 지속하여, 외국인 지원정책 차원에서 적극적 대응이 필요하다.(재한 동포 중 조선족, 고려인의 80% 이상이 수도권에 거주) 특히 전국 인구감소지역 89곳 중 6곳이 충북에 있다. 법무부에서 경제 활동 인구의 확대와 인구감소지역의 활성화를 위한 '지역특화형 비자 신설'과제에 2022년에 제천시와 단양군이 선정되었다. 따라서 외국인 비자 정책 수립에 있어 지자체와의 연계 방안을 마련하고, 지역의 정확한 수요를 반영한 맞춤형 비자 발급이 필요하다. 지역 수요를 반영한 비자 정책을 추진하기 위해 지역민의 수용성이 높은 인구감소지역을

---

16) 충청북도·충청북도의회 정책복지위원회(2023), 26쪽.

대상으로 한 시범사업을 자영업, 서비스산업, 농축산업 등에서 우선해서 실시할 필요가 있다.

최근 보도에 따르면, 2023년 6월 4일 빈 일자리 수는 21만 명인데, 정부는 관련 대책으로 외국인 인력 활용방안을 추진하고 있다. 한국어 능력을 갖춘 방문취업 동포(H-2) 비자를 택배 분류 업무에 허용하는 방안, 비전문취업(E-9) 등 취업비자의 근속 제한을 완화하고, 일정 기간 이상 근무해서 기술이 숙련되거나 한국어 능력을 갖춘 외국인력을 우대하는 비전문취업(E-9) 외국인력 장기근속 특례 신설을 검토 중이며, 기존에 지정한 구인난 6대 업종(조선, 뿌리제조업, 물류운송업, 보건복지업, 음식점업, 농업, 해외건설업)에 4개 업종(건설업, 수산업, 해운업, 자원 순환업)을 추가 선정할 예정이라고 한다.(머니투데이 2023년 6월 15일자)

◆ 정착지원 방안 2

자녀교육 문제의 시급한 해결 방안 모색이 필요함.

고려인 동포의 정착지원 방안 중 가장 중요한 것은 일자리 창출과 자녀교육 문제의 해결이다. 유아와 아동 교육 및 초중고등학교에서의 한국어 교육 및 기초교육, 청소년의 진로 교육 및 취업 교육 문제의 시급한 해결 방안 모색이 필요하다.

◆ 정착지원 방안 3

고려인 지원 단체의 결성과 고려인 커뮤니티 형성이 시급히 필요함.

충북에는 고려인이 청주시에 2,266명, 진천군에 812명, 음성군에 337명이 거주하고 있으나, 아직 커뮤니티가 형성되지 못했다. 고려인 동포의 정착지원 방안 중 가장 중요한 것은 일자리 창출과 자녀교육 문제의 해결이다. 이로 인해 고려인의 정체성과 역사의식 등이 부족하다. 따라서 고려인이 잘 정착해 살도록 지원할 단체와 소통의 창구로서 역할을 할 커뮤니티의 형성이 시급히 필요한 실정이다. 또한, 고려인의 정체성 회복과 역사의식의 제고 및 고려인들 간의 소통과 한국인들과의 소통을 위해 커뮤니티의 구축이 시급히 필요하다.

◆ 정착지원 방안 4

상호문화 이해의 교육 및 역사교육 방안 모색이 시급히 필요함.

앞에서 언급한 고려인의 정체성 회복과 역사의식의 제고를 위한 교육을 해야 하고, 한국인과 고려인에 대한 상호존중과 배려 및 이해와 소통을 위한 상호문화 다양성 교육을 해야 한다.[17]

〈자료 18〉 봉명초등학교의 상호문화 이해 교육 프로그램 안내 책자 표지

다음은 손희순 봉명초등학교 교장이 발표한 '충북교육, 봉명교육을 찾아서 온 외국인 가정 다문화(고려인)!'의 내용 중 일부다.

---

17) 충청북도·충청북도의회 정책복지위원회(2023), 47-49쪽.

뒷부분의 제3장 3절에서 필자(이영범 청주대 교수)가 쓴 봉명초등학교의 다문화교육과 이중 언어교육에 관한 탐방 기사의 내용과 중복되는 곳이 많아서, 여기서는 '고려인의 정착을 위한 제언'이란 제목의 7가지 제언만 간단히 소개하고자 한다.

1. **맞춤형 한국어 프로그램 제공**(휴일반, 야간반, 직장에서 등)
 - 언어 소통 부재로 자녀교육 및 선주민과의 소통이 어려우나 고려인들의 네트워크로 생활의 불편함이 없어 한국어를 배우려 하지 않고, 생업으로 시간을 내기가 어려움
 - 학부모, 이주민의 한국어교육 필수화, 최소 생활 한국어 등급 취득 의무화
 - 자녀 상담, 가정 학습 등 가정에서 학부모의 역할이 어려움

2. **한국문화 이해 교육 및 준법 교육 제공**
 - 생활 문화 차이로 선주민과의 갈등(흡연, 쓰레기 분리수거 등), 학교에서 배운 기본생활
 - 습관 및 학교 교칙 준수 등 공공 생활 어려움
 - 건강한 가정문화 교육(가정폭력, 아동학대), 양성평등, 인권 존중(가부장 문화) 및 성교육

3. **학교 교육 및 자녀 돌봄을 위한 지자체의 체계적 지원**
 - 러시아어 전공 내국인 인재 활용 및 이중 언어 (교사) 인력풀 양성
 - 학교 교육 및 돌봄 기관, 관공서, 은행 등 이중 언어 인력지원
 - 대학 및 유관기관, 퇴직 교원 연계 멘토링 지도 활성화로 학습 및 상담 지원

- 생업 종사로 방과 후 돌봄 기관의 수요가 높아 고려인 돌봄센터 공간 마련 및 운영
- 학교 밖 청소년센터 운영, 방과 후 동아리 활동의 활성화로 방과 후 생활지도 및 진로지도

4. 유아 학비 지원으로 유치원 교육 참여도 제고

- 언어 및 한국문화(기본생활 습관, 급식지도, 교우관계 및 사회생활 익히기) 습득이 유아기에 가장 효율적임
- 다자녀 가정이 많아 유아 학비 부담으로 가정에서 부모가 자녀를 돌봄 : 초등학교에 입학하여 학교에 적응하는 데 2~3년 동안 어려움

5. 안정된 일자리로 학부모, 이주민의 정서 안정이 자녀교육 및 건강한 사회문화 형성에 기여

- 부모 간에 비자가 달라 취업을 할 수 없는 가장, 일용직으로 불안정한 수입
- 직장에서 집단 교육 및 장기적인 심리상담
- 이주민센터, 커뮤니티를 통한 고려인들의 소통 공간 및 화합의 장 마련(향수 달래기)

6. 선주민과 균형 있는 지원 및 이해도 제고, 고려인 참여도 제고

- 선주민 역차별에 대한 오해, 선주민의 자발적인 지원 및 협업 방안
- 선주민과 소통의 장 함께하는 주민자치위원회, 함께하는 지역축제 등

7. 선주민, 고려인의 서로 존중하고 배려하는 다문화 수용성 교육

및 글로벌 시민 의식 제고

- 지역에서 어울림 프로그램 운영, 고려인 동포에 대한 연수로 고려
  인에 대한 의식 개선
- 고려인 역사(이주사 및 독립운동사)교육을 통한 고려인의 정체성
  확립18)

다음은 장희주 청주교대 학생이 발표한 '고려인 대상 한국어교육
방안 사례'의 내용 중 일부다. '고려인 대상 한국어교육의 시급성'이란
제목의 내용 중 일부만 소개한다.

◆ 고려인 대상 한국어교육의 시급성

'고려인 지원센터 미르'의 설문조사 결과

(2019년 10월~12월, 경기도 안산시 고려인 306명 대상, 일대일 면접 방식)

1. 고려인이 한국에 살면서 가장 어려운 점 :

한국어 문제(38%)와 일자리 문제(35%)로 가장 어려움을 겪고 있고,
이어서 기타(12%), 자녀교육 문제(9%), 체류 관련 문제(6%) 순으로 가장
어려움을 겪고 있다.

2. 고려인이 일하는 데 큰 어려움 :

한국어 의사소통의 어려움(42%)으로 가장 큰 어려움을 겪고 있고,
이어서 적은 임금(22%), 노동 강도(16%), 기타(11%), 차별(9%) 순으로
큰 어려움을 겪고 있다.

---

18) 충청북도·충청북도의회 정책복지위원회(2023), 64-65쪽.

3. 자녀교육과 관련한 어려운 점 :

자녀의 한국어 능력 향상(35%)과 교육비용(33%)으로 가장 큰 어려움을 겪고 있고, 이어서 기타(11%), 보육 돌봄 공간(9%) 순으로 큰 어려움을 겪고 있다.

4. 본인의 한국어 실력 :

완전 초급(65.7%)이 가장 높은 비율을 차지하고 있고, 이어서 보통 (24.2%), 초급(5.6%), 중상급(4.5%), 상급(0%) 순이었다.[19]

다음은 장기봉 충청북도 인구정책담당관이 발표한 '정부와 지자체의 외국인 정책 추진 방향'의 내용 중 일부다.

◆ 정부와 지자체의 외국인 정책 추진 방향

1. 재외동포청 출범(2023년 6월)

O 2021년 기준 재외동포 732만 명, 충청북도 동포 거소 신고자 1만 5천 명

O 재외동포 보호 및 지원, 재외동포와 모국 간 교류 협력

(모국방문 기회 확대 등)

⇒ 재외동포청 제안사업 발굴 추진 중

2. 이민청 신설 추진(법무부)

O 2022년 말 국내 체류 외국인 224만 명, 충청북도 체류 외국인 5만 6천 명

O 법무부(출입국·난민)·고용노동부(외국인근로자)·행정안전부(외국

---

19) 충청북도·충청북도의회 정책복지위원회(2023), 68-69쪽.

인주민)·여성가족부(다문화) 등 각 부처에 산재된 외국인 정책의
효율화를 위한 '컨트롤타워' 필요

○ 인구감소와 지역소멸, 제조업·농어업 등 인력 부족, 국민과 이주
민의 사회통합 문제 등 이민정책에 대한 다양한 사회적 요구가
대두됨(인구 위기 극복, 인구문제 대안으로 논의됨)

3. 인구정책 범부처 협의체 '인구정책기획단' 출범

○ 인구정책의 범위를 저출산 및 고령화 대응을 넘어 인구 구조의
변화로까지 확대

※ 단장 : 저출산고령화위원회 상임위원, 기획재정부 1차관, 보건복
지부 1차관 공동

○ 주요 과제(외국인) 관련
인구 구조의 변화 및 지역 수요를 반영한 비자 정책
첨단과학기술 분야의 우수인력 유치 포함[20]

4. 충청북도 추진 상항

○ **체류 외국인 현황**(2022. 12. 31. 기준)

○ 체류 외국인은 56,398명으로 2021년 50,006명 대비 6,392명 증가
(전년 대비 12.8% 상승)

- **유형별** ① 등록외국인 73.2% ② 동포 거소 신고자 26.8%

- **성별** ① 남자 61.2% ② 여자 38.8%

○ 등록외국인은 41,270명으로 2021년 36,045명 대비 5,225**명** 증가(전
년 대비 14.5% 상승)

○ 외국 국적 동포 거소 신고자는 15,128명으로 2021년 13,961명 대비

---

20) 충청북도·충청북도의회 정책복지위원회(2023), 77-78쪽.

1,167명 증가(전년 대비 14.5% 상승)

o 주요 국적별 : 중국(한국계) 17,879명(31.7%), 베트남 5,881명(12.2%), 우즈베키스탄 5,368명(9.5%), 네팔 3,150명(5.6%), 캄보디아 2,518명(4.5%), 필리핀 2,071명(3.7%), 기타 18,531명(32.8%)

o 연령별 : 경제활동이 가능한 20~59세가 46,779명(83%) 0~9세 1,947명(3.5%), 10~19세 1,814명(3.2%), 20~29세 14,475명(25.7%), 30~39세 16,132명(28.6%), 40~49세 8,462명(15.0%), 50~59세 7,730 명(13.7%), 60세 이상 5,838명(10.4%)

o 체류자격별 : 비전문 취업(E-9) 15,457명(27.4%), 결혼이민(E-6) 4,589명(8.1%), 방문 동거(E-1) 4,329명(7.7%), 영주(E-5) 3,517명 (6.2%), 방문취업(H-2) 2,111명(5.5%), 유학(D-2) 2,804명(5.0%), 기타 7,453명(13.2%), 동포 거소 신고자 15,128명(26.8%)

〈3대 추진전략〉

① 인구 자연 증가(출생률) ② 인구이동(인구 유입·유출 방지) ③ 외국인 유입

※ 지자체 인구정책에 외국인 유입을 포함한 것은 선제적이나, 제도 미비와 여건 미성숙 등으로 어려움 예상

o 외국인 주민 실태조사 추진(2023년 6월)

- 제1회 추정예산 용역비 계상(8,000만 원)

- 현재 용역 계약 추진 중(하반기 실태조사)

- 외국인 유형별 실태조사(정책 수요 분석, 계획수립에 반영)

o 외국인 정책지원 및 유입 시책 신규 사업발굴 추진 중

⇒ **정책 추진 초기 단계로 기반 조성 및 사업발굴에 주력**[21]

---

21) 충청북도·충청북도의회 정책복지위원회(2023), 82-83쪽.

제3장

다문화사회 이행과 차세대 다문화 정책

▨ 제1절 다문화사회 이행

　이 장에서는 한국 사회가 다문화주의 사회로의 이행이 불가피하고 다문화 현상과 한국 사회 내 다문화적 인적 구성도 필연적이라면, 그에 따른 사회적 갈등을 최소화하기 위하여 다문화 차세대 청소년들의 사회적 정착을 위한 정책적 방안을 마련하는 데 있다. 따라서 이 연구는 그동안 한국 내 다문화 현상의 등장에 따라 나타난 이주민과 주류 한국인사회의 사회통합 문제에 대한 접근을 살펴보고, 다문화 차세대의 다문화주의 정책의 방향을 살펴보고자 한다.[1]

　지난 30여 년간 한국 사회는 다양한 경로로 해외인력의 국내 유입을 추진하면서 사회적 풍경도 많은 변화를 보여왔다. 초국적 이동의 확장에 따라 인적 및 물적 자원과 정보가 국경을 넘어 이동하고 새로운 이주와 정착을 통해 다문화적 패러다임이 크게 확장되었다. 1980년대 이전까지 각 국가는 냉전과 보호무역주의를 지향했었다. 그러나 초국적 이동, 자유무역주의의 확산, 선진국의 저출산과 고령화가 연결된 부족한 노동시장을 해외인력으로 대체하는 글로벌 노동 이주와 노동

---

1) '다문화 융합 세대'란 용어는 한국에서 출생하였거나, 중도 입국한 다문화 가정의 자녀로 현재 한국에서 초중고등학교에 재학 중인 세대를 통칭하는 의미로 사용하였다.

시장의 이중화가 촉진되었다.

한국은 1990년 이후 30여 년 동안 다문화사회로의 이행기를 경험했다. 해외에서 국내로 장단기의 이주노동, 국제결혼 등을 통해 유입된 인력은 2019년 말 약 50만 명에 달했다. 다문화 인력 비중이 5%에 도달하면, 다문화사회로 분류된다. 현재 한국 사회는 머지않은 시기에 5%에 도달할 전망이다. 실제로 미국이나 유럽, 일본, 캐나다 출신 이주들 외에도 중국, 몽골, 러시아(유럽이자 아시아), 중앙아, 베트남, 미얀마, 필리핀, 태국 등 동남아, 아프리카, 중동, 중남미 출신 이주자들을 일상생활에서 쉽게 찾아볼 수 있다.

해외에서 온 이주자들은 한국 사회에 정착한 후 본국에서 가족이나 지인 또는 자녀를 데려오거나, 한국에서 출산하는 사례들도 증가했다. 2007년 이후 2011년까지 5년간 전국 초·중·고 학생 수는 줄었지만, 다문화 가정의 학생 수는 대체로 매년 20% 이상 늘어났다. 결혼과 출산을 통해 자녀 세대와 함께 성장한 이들도 적지 않다. 다문화 가정의 출산 자녀의 수도 꾸준히 늘어나 2021년 기준 결혼이민자의 자녀 중 초중등 학생들이 약 16만 명에 달했다. 2021년 연말 기준 국내 초등학생의 수는 약 533만 명이다. 이는 10년 전인 2011년 대비 약 160만 명이나 감소한 것이다. 그런데 2011년에 불과 약 3만 명에 불과했던 다문화 차세대 청소년의 규모가 약 16만 명(전체 학생 수의 약 3%)에 도달한 것이다.

이러한 변화에도 불구하고 한국이 다문화사회의 도래에 충분히 대응했다고 말할 수 없다. 아직 분단사회인 한국의 헌법에는 민족의 단결, 민족문화의 창달이란 말을 표기하는 등 민족주의의 가치가 강조되고 있다. 여전히 한국인의 대부분은 내부 집단과 외부 집단을 구분하는 경향이 강하고, 이주민을 한국 사회의 내부 구성원으로 받아들이는 데 일정한 제약성을 노출해왔다. 주류 한국인들은 단일민족 신화나, 혈통주의, 민족을 앞세우는 지향이 강하다. 이러한 현상은 다문화주의의 이행과정에 일정한 지체 요인 또는 장애 요인이 될 수 있다는 비판을 받는 이유 중 하나다.

한국은 헌법 11조에 성별, 종교, 사회적 신분에 의한 차별금지를 규정하고 있으나, 인종이나 민족에 근거한 차별금지는 명시되어 있지 않다. UN 인종차별철폐위원회(CERD)는 2007년 인종 차별철폐 이행보고서에서 한국 내 단일민족의 이미지가 인종차별 등의 문제를 유발할 것으로 전망하고, 이를 해소할 것을 권고한 바 있다. 즉, 한국 사회가 소수인종에 대한 교육, 문화, 정보 등에서 불평등의 해소가 필요하며, 인종, 민족, 국가 그룹 간의 이해와 관용, 우애 증진을 위한 인권 프로그램, 다른 민족과 타 국가의 역사와 문화에 대한 이해증진을 초중등교육에 반영해, 다문화 이주민뿐만 아니라 대다수 한국인에게 다문화 교육을 시행할 필요가 있다는 것이다.

해외인력의 유입과정에서 외국 문화에 대한 편견과 기피, 반발, 가치 충돌, 결혼사기나 범죄 등 여러 시행착오도 겪었다. 한국인 남성과 다문화 여성 간의 국제결혼 같은 방식의 다문화가족공동체의 결합과정에서 발생하는 일탈, 범죄, 가족해체와 같은 불안 요소도 존재한다. 어떤 외국인이 지역공동체나 가족공동체에 편입되는 과정은 필수적으로 그가 나고 자란 지역과 출신 국가의 문화를 수반한다. 국내 공단 주변이나 낮은 거주 비용에 따라 형성된 외국인 밀집 지역에서 새로운 외국 문화가 등장하고, 인도, 베트남, 네팔 등의 문화가 스며들기도 한다. 한국 사회에는 이러한 외부 문화의 유입을 수용하기보다는 이를 주류문화에 대한 도전이나 침투로 간주하는 차별적 정서도 일부 존재한다. 2010년을 전후로 외국인노동자대책시민연대, 다문화반대범국민

실천연대와 같은 단체를 중심으로 잠복해 있던 외국인 혐오증이 수면 위로 나타나기도 했다. 인터넷 공간에서 의견을 교환하던 외국인 혐오 세력 중 일부는 노골적으로 공식적인 장소에서 행동을 표출하기도 했다. 그들은 정부의 다문화 정책을 역차별 정책이라 말하며 국내 외국인들에 대한 반감을 드러내고 있다. 한편, 그들 중 일부는 경제위기를 "외국인들이 일자리를 빼앗아서"라는 표현을 하는 등 자극적인 선동을 하거나 왜곡하기도 한다.

한국 사회 다문화주의의 확산과 그 반발은 사회통합의 중요한 이슈로 재등장하고 있다. 따라서 무엇보다 한국 사회에서 이주민의 지속적인 증가에 따른 사회구성원의 변화를 인식하고, 주류사회 구성원의 다문화 수용성을 높이는 것이 한국 사회의 매우 중요한 문제 중 하나로 대두되고 있다. 실제로 이러한 다문화 현상에 대한 사회구성원의 수용성이 확산하지 못하고, 또한, 문화적 차이와 편견을 극복하고, 공동체적 결속을 모색하는 방안을 찾으려 노력하지 않는다면, 미국 사회에서 종종 노출되어왔던 인종차별과 민족 갈등과 같은 새로운 갈등 요인들이 등장할 수 있다.

따라서 다문화가족 내 다문화 차세대의 사회적 정착을 위한 정책 방안을 마련하는 일은 매우 중요하다. 이 장은 그동안 한국 사회에 다문화 현상이 등장함에 따라 나타난 이주민과 주류 한국인사회 가의 갈등을 해소하기 위한 사회통합 방안 관련 문제에 대한 접근을 살펴보고, 다문화가족 내 다문화 차세대를 위한 다문화주의 정책의 방향을 살펴보고자 한다.

■제2절 이주의 다양화와 국내 다문화사회 동향

1. 한국 사회 외국인력 수용요인과 정책적 동기

한국은 1990년대 이후 국제사회에 대한 개방을 늘려왔다. 1990년 초반까지 외국인 근로자의 도입은 산업연수생 형태로 진행되었고, 그 업종의 범위도 제한적이었다. 초기 국내 산업시장에서 외국인 근로자의 도입은 정책적 원칙과 명확한 근거를 바탕으로 추진된 것은 아니다. 이에 관한 연구의 결과, 초기부터 현재까지 외국인력의 도입을 주로 노동시장의 수요구조에만 초점을 맞춰 이를 수용하고 있음을 알게 되었다.

국내에서 외국인 노동자의 도입이 1990년 초반까지 산업연수생을 도입하는 형태로 진행되었다. 그러나 1991년 실시한 '해외 투자업체 연수제도'에 따라 외국인 근로자의 도입이 본격화되었다. 이어서 1993년 외국인 산업기술 연수제도의 도입을 계기로 단순 기능인력 위주의 해외 인력의 합법적인 도입이 시작되었다. 이는 국내시장에서 산업인력 인력난이 심한 업종을 선택해 외국인력을 배정하는 방식이었다.

여기에는 주로 3디(D)업종과 같은 분야에서 저개발국가 출신의 값싼 노동력을 활용하려는 노동시장의 이중화라는 측면도 포함되어 있다. 그러나 현장에서는 불법체류 외국인의 고용이 늘어나고 있음에도 불구하고, 이 불법체류 외국인 노동자들의 규모에 대한 실태조차 정확히 파악되지 못하는 등 악순환이 발생하고 있었다. 특히 고용허가제는 내국인 직원을 구하지 못하는 기업이 적정규모의 외국인 근로자를 합법적으로 고용하도록 인허가하고, 외국인력의 도입과 관리를 국가가 직접 수행하는 제도였다.

예를 들어, 건설 현장에서 인력난이 발생하자, 정부는 1997년 2,500

명이던 외국인 산업연수생을 2002년에는 5,000명으로 늘리기도 했다. 그러나 이러한 형태의 외국인 인력의 도입은 주로 실무지식이 필요 없는 단순 노동업무에 적용되며, 그들의 업무는 대부분 단순 반복 업무 다.2) 2000년대 이후 글로벌 경제가 확산하는 상황에서 한국으로 유입 되는 외국인 규모도 급증했다. 2003년 이후 '외국인근로자의 고용에 관한 법률' 제정으로 2004년부터 단순 기능 외국인 근로자의 도입을 합법적으로 허용하는 고용허가제가 도입되었다. 또한, 기존 외국 국적 의 동포를 대상으로 한 '취업관리제'를 '고용허가제의 특례제도'로 통 합해 적용하였다. 이어서 취업연수제는 2006년까지 '고용허가제'와 병 행해 실시해오다가 폐지되었다. 그리고 2007년부터는 단순 기능 외국 인 근로자 인력을 도입하는 제도가 '고용허가제'로 일원화되어 현재에 이르고 있다.

방문취업 동포에 대한 취업을 허용하는 업종은 2004년 건설업과 일부 서비스업 등에서 시작하여, 2014년 제조업, 농축산업, 어업, 음식업, 가사도우미, 간병인, 도소매업 등 29개 서비스업으로 확대되었다. 이에 따라 초기의 외국인 도입에 대한 취업을 허용하는 업종은 산업연수생 당시의 도입허용 업종을 그대로 반영했다. 그리고 추가 취업 허용업종의 경우, 해당 업종별 단체의 요구나 인력 부족이 심각하다고 판단되는 업종에 대한 현장실사 및 정책적 판단을 통해 결정이 이루어졌다.3)

---

2) 외국인력은 의사소통이 제한적이고 내국인보다 생산력이 떨어진다는 편견도 오랫동 안 존재해왔다. 즉, 외국인력에서 의사 소통상의 제약성, 종교와 문화적 차이, 작업의 정확성과 정밀성의 취약 등이 나타난다는 지적도 있다.
3) 현재 비전문 외국인 근로자 도입 규모 결정의 경우, 매년 고용노동부 산하 외국인력정 책위원회에서 국내경제의 상황, 노동시장의 동향, 불법체류의 추이 등을 종합적으로 고려해 결정하고 있다.

2. 국내 체류 외국인의 분포와 다문화 이주-정주 여건의 다변화

국내 외국인력은 출신국이 다양하고, 인적인 규모도 양적으로 팽창해왔다. 2000년대 후반 이후 한미FTA, 한국-EU FTA 등 쌍방적 혹은 다자적 자유무역협정을 계기로 인력이동의 제도적 빗장이 풀리자, 더욱 다양한 형태의 외국인력이 국내로 유입되면서 다변화가 촉진되었다. 산업적 필요로 추진된 외국인력의 수용은 사회적 차원에서 다루어질 필요성도 꾸준히 제기되었다.

2020년 1월 기준 국내 체류 외국인은 2,524,652명이다. 2011년 약 113만, 2015년 약 189만 명, 2017년 약 218만 명을 돌파하며 지속적인 상승세를 보였다. 2020년대 초 한국 정부는 전체 인구의 약 5,200만 명 중에서 외국인이 차지하는 비중이 4.9%에 근접함에 따라 한국 사회가 2020년부터 다문화사회로 진입할 것으로 전망했다. 그러나 2020년 1월 말부터 시작된 코로나19의 영향으로 지난 2년간 국가 간 이동 제한 등으로 해외 유입 외국인의 수는 감소했다.

그런데 2022년 2월 말 국내에서 사회적 거리 두기가 본격적으로 해제되고, 국내로 재입국 외국인 숫자도 급증하면서, 2022년 4월 1,987,250명이던 국내 외국인의 수가 한 달 만에 25,612명이나 증가했다. 2022년 5월 말 국내 체류 외국인의 수는 2,012,862명으로 회복되었다. 이는 2010년 대비 약 100만 명 이상이 증가한 것이다. 현재의 증가 추세라면, 2022년 연말이나 2023년에는 250만 명을 회복할 것으로 보인다. 국내 체류 외국인 규모가 2백만 명을 초월함에 따라, 서울과 부산 및 대구를 제외한 인천, 대전, 광주광역시 등의 인구와 비슷한 수준이 되었다. 국내 외국인 구성을 보면, 단순노동 인력이 40.7%, 결혼이민자가 11.2%다.

2015년 여성가족부가 발표한 자료에 따르면, 한국의 다문화 가정

구성원의 수는 2013년 754,000명, 2014년 795,000명, 2015년 817,000명으로 꾸준히 늘어났고, 이런 가운데 다문화 가정의 출산으로 인해 다문화 교육의 대상자인 다문화가정의 자녀들이 지속해서 증가해 왔다. 실제로 2009년 약 11만 명, 2010년 약 12만 명, 2011년 약 15만 명, 2019년 166,025명으로 증가했고, 2020년에는 소폭 증가하여 166,612명을 기록했다.

최근 5년 국내 등록외국인의 비율은 중국이나 미국 출신의 경우는 줄었지만, 동남아와 중앙아시아 출신은 늘어났다. 국내 등록외국인은 2015년 114만 3천 명에서 매년 늘어 2019년 127만 2천 명에 달했으나, 코로나19의 영향으로 약 2020년 110만 명으로 감소했다. 국적별로 보면, 중국 출신이 1,101,782명으로 43%에 달했다. 베트남은 22만 4,518명으로 8.9%, 태국 20만 9,909명(8.3%), 미국 15만 6,982명(6.2%), 일본 8만 6,106명(3.4%) 등의 순이었다. 법무부에 따르면, 2020년 기준 20대와 30대의 비중은 전체 등록외국인의 57%를 차지하고 있다. 한편, 2022년 5월 말 기준 국내 체류 외국인은 약 200만 명인데, 그중 등록외국인은 1,105,204명, 외국 국적 동포의 국내 거소 신고자는 483,167명, 단기 체류 외국인은 424,491명이었다. 국적별로 중국 829,749명(41.2%), 베트남 209,194명(10.4%), 태국 174,721명(8.7%), 미국 159,717명(7.9%), 우즈베키스탄 68,546명(3.4%) 등의 순이다.

그중 등록외국인(1,105,204명)을 보면 권역별로 수도권 660,156명(59.7%), 영남권 198,850명(18.0%), 충청권 122,570명(11.1%), 호남권 85,067명(7.7%) 순이었다. 결혼이민자는 169,588명으로 전월 대비 195명 증가했고, 외국인 유학생은 174,940명으로 전월 174,129명보다 811명 증가했다. 기존의 주한미군 기지 내 미군뿐만 아니라 각종 외국 인력의 유입에 따라 서울 구로, 성동, 광주, 안산, 인천, 부천, 수원,

성남 등에도 다양한 외국인 집거지가 형성된 것이 대표적인 변화다.⁴⁾

외국인력의 국내 수용은 출신국과 정주국 간의 관계, 수용국의 출입국 관리정책 및 이민 수용정책 등에 따라 인력의 유인요건과 흡인 배출(pull-push)요인이 상호작동한다. 이는 국내 외국인의 체류와 정주에 있어 기회 요인과 취약점이 서로 혼재되어 있음을 의미한다. 한국 사회는 2000년대 이후 활발해진 K-팝, K-영화, K-드라마, K-스포츠 같은 한류 확산 등을 거치며, 국제적 위상이 크게 향상되었다. 이런 요소들이 본국과의 임금 격차로 인해 한국에 취업하러 오거나 한글을 배우기 위해 오는 외국 노동자들의 흡인(pull)요인으로 작동했다. 그것들은 한국이 가진 기회 요소다.

2010년대 중반 이후 연평균 3천만 명이 넘는 관광객이 한국을 방문했다. 특히 제주 관광객이 증가하면서, 제주에 상업적 생활 기반을 차지하려는 중국인들의 토지 소유가 증가하는 현상도 발생했다. 그러나 과거사 문제와 통상갈등에 따른 한일관계의 악화, 일부 한중관계의 경색에 따른 혐한류의 출현 등은 위기 요소에 해당했다. 코로나19 이후 한중관계의 악화, 자영업의 영업시간 제한에 따른 휴업과 폐업의 장기화가 속출하면서, 국내 체류 중국인과 조선족의 체류 여건이 나빠졌다.

한편, 국내 체류 외국인의 규모가 늘어나면서, 불법체류자의 규모도 증가하여 사회 문제화되었다. 외국인의 규모는 2017년 이후 꾸준히 증가해, 2015년 약 189만 명의 국내 체류 외국인 중 약 21만 명이 불법

---

4) 광주광역시의 경우, 2016~2020년까지 5년간 등록외국인의 증가율도 2.4%를 기록했다. 구체적으로 2016년 19,920명, 2017년 21,279명, 2018년 22,815명, 2019년 23,825명으로 꾸준히 증가하다가, 2020년 21.323으로 일시적인 감소세를 보였으나, 2022년 이후 다시 증가세로 돌아섰다. 광주광역시에 등록된 외국인 규모는 2020년 기준 베트남이 5,568명(26.1%), 중국 3,455명(16.2%), 우즈베키스탄 2,282명(10.7%), 한국계 중국인(중국 조선족) 1,208명(5.7%) 순이다. 이들은 하남단지, 평동공단, 첨단산업단지 등 산업공단이 밀집된 광산구에 거주하고 있다.

체류자였고, 2017년에는 국내 체류 외국인의 규모가 국내 체류 외국인
218만 명 중 불법체류자가 약 25만 명에 달했다. 2019년에는 국내 체류
외국인 252만 4천 명 중 불법체류자의 수가 약 40만 명에 달했다.(출입
국외국인정책본부, 2020)

그 밖에도 최근 수년간 한국 사회로의 난민 이동과 같은 새로운 형태
의 이민 문제도 대두하고 있다. 2019년 홍콩사태, 2021년 미얀마군
쿠데타 이후 해외 미얀마인의 난민화, 2021년 아프가니스탄 파병 미군
의 철수에 따른 아프가니스탄 이탈자도 국내에 수용되었다. 2022년
3월에는 우크라이나전쟁의 여파로 우크라이나 난민들이 주변 국가뿐
만 아니라 한국으로 유입되기도 했다. 유엔은 전쟁위험으로 인해 이탈
한 이들을 난민으로 보고, 이들에 대한 인도적 지원 필요성을 강조한
바 있다. 필리포 그란디 유엔난민기구 최고 대표는 "우크라이나 상황은
21세기 유럽 내 가장 큰 규모의 난민사태가 될 수 있다"고 주장했다.

이처럼 세계적인 팬데믹(보건 위기)과 전쟁, 식량 위기, 일자리 위기,
인플레이션, 기후 위기, 경제위기 등이 겹치면서 상황은 더욱 악화하고
있다. 세계은행에 따르면, 2021년 한 해 동안 23개국에서 약 8억 5천만
명이 분쟁을 겪었다. 2022년 6월 16일 공개된 유엔난민기구(UNHCR)
글로벌 동향 보고서에 따르면, 그해 5월 기준 전쟁, 폭력 사태, 박해
및 인권침해, 기아나 경제위기 등의 요인으로 발생한 강제 실향민의
규모가 1억 명을 돌파했다. 이는 2010년대 대비 약 2배나 증가한 것이
다. 2021년은 자국 내에서 집을 잃은 실향민의 숫자가 15년 연속으로
증가한 해였다.[5]

---

[5] 2021년 말 전쟁, 폭력, 박해 및 인권침해 등으로 거주지에서 쫓겨나거나 이주당한
숫자는 약 8,930만 명이다. 우간다와 차드와 같은 국가들에서 전쟁과 기아 등 난민이
늘어나, 2020년 2,640만 명이던 수치가 2021년 1년 동안에 2,710만 명으로 늘었다.

유엔난민기구가 강제 이주민에 대한 수치를 집계한 이래 대규모 난민이 지구 전체적으로 발생하고 있다. 이는 세계에서 14번째로 인구가 많은 나라의 국민 숫자와 비슷하고, 전 세계 인구의 1%를 넘는 수치다. 2021년 약 570만 명의 실향민이 고향과 본국으로 돌아갔다. 그중 국내 실향민은 약 530만 명이고, 일반 난민은 약 43만 명이다.

난민의 증가세로 인해 세계적 차원의 인도적 지원과 더불어 탈 국경 이주자들의 사회 정착과 안정화 문제도 거론되고 있다. 2021년 9월 29일 유엔난민기구는 아프가니스탄 난민 출신 의사 살리마 레흐만(Saleema Rehman)을 비롯해 총 5명을 난센 난민 상(the Nansen Refugee Award) 수상자로 선정했다.[6] 최근 10여 년 동안 두 배에 가까이 증가한 강제 이주민의 존재는 인류가 처한 현실의 문제다. 만약 지속 가능한 해결책을 마련하지 않는다면, 이러한 추세는 지속되어 더욱 심각한 상황에 이를 것이다.

■ 제3절 다문화사회 이행과 차세대 문제

1. 다문화사회 이행과 정책적 딜레마

한국 사회가 성공적인 다문화사회로 이행하려면, 외국인 근로자, 조선족과 탈북자, 결혼이민자 등처럼 국적을 취득했거나 이중국적 상태, 미국적 취득 상태의 이민자를 포함해, 다양한 이민 사회에 대한 이해가

2020년 말 '강제 이주자'의 수는 8,240만 명(8%)으로 대폭 증가했다.

6) 난센 난민 상은 노르웨이 출신 외교관이자 극지 탐험가이며 국제연맹 난민고등판무관을 지낸 노벨평화상 수상자인 프로도프 난센의 이름을 따서 명명된 것으로, 1954년부터 해마다 강제 이주민과 무국적자를 위해 헌신적인 활동을 펼친 한 명 이상의 개인과 단체에 수여된다.

선행되어야 한다. 이를 통해 주류사회 구성원의 편견의 탈피나 다문화 현상에 대한 수용성 등과 같은 태도 변화가 필수적이다. 다문화 관련 제도의 정비와 정책 등도 중요하지만, 상담과 교육, 지원을 통해 이들을 사회구성원으로 수용하고 공동체의 일원으로 수용하는 것도 중요하다. 매년 증가하는 다문화가정의 자녀를 대상으로 정부와 지자체는 다문화 교육을 시행하고 있다.

2006년 교육과학기술부는 한국의 다문화 가정에 대해 민족, 인종, 문화적 배경이 다양한 구성원으로 구성된 가정으로 정의한 바 있다. 초기에는 다문화 가정의 범위가 국제결혼가정, 외국인노동자 가정, 북한 이탈주민(새터민) 가정을 포함한 개념이었다. 그러나 이후 새터민을 별도로 제외하고, 국제결혼가정과 외국인노동자 가정의 자녀를 다문화 자녀 교육 정책의 대상으로 삼고 있다. 2011년 정비된 '다문화가족법'에 따르면, 국내 다문화가족은 '재한외국인 처우 기본법'상 결혼이민자와 '국적법'상 한국 국적을 취득한 자로 이루어진 가족을 의미한다.[7]

다문화사회의 갈등을 최소화하기 위한 제도적 정비도 추진되어왔다. 2010년 초·중등교육법 시행령 개정 등을 통해 국내 거주 외국인노동자 가정이나 국제결혼가정의 자녀와 중도 입국 자녀들이 초중등학교에 입학할 수 있는 법적 근거가 마련되었지만, 실제로는 법 시행에 대한 인식 부족, 다문화 학생 수용에 대한 국내 학교와 교사들의 입학 거부나 반발도 있었다.(강태중, 2011)

2007년 제정된 '재한외국인 처우 기본법'은 국가 및 지방자치단체는

---

7) 한국 국적의 취득은 국적법상 출생 당시 부 또는 모가 한국 국적 혹은 출생 전 부모가 사망한 경우, 사망 당시 한국 국민이었던 자, 국내에서 발견된 기아는 한국 출생으로 간주(국적법 제2조), 인지에 의한 국적 취득 즉 출생 시 민법상 미성년(국적법 제3조), 법무부 장관의 한국 국적자이거나 귀화 허가를 받은 자에 한정된다.(국적법 제4조)

결혼이민자에 대한 국어교육, 대한민국 제도문화에 대한 교육, 결혼이민자 자녀에 대한 보육 및 교육지원, 의료지원을 통해 결혼이민자와 그 자녀가 한국 사회에 적응하도록 지원할 것을 명시한 바 있다. 이후 2008년 제정된 '다문화가족지원법'은 국가와 지자체가 결혼이민자에 대한 교육지원의 근거를 마련하고, 거주 및 가정환경으로 인한 교육격차를 줄이기 위한 방문교육이나 원격교육과 같은 지원 근거를 제시한 바 있다. 2020년 개정된 '다문화가족지원법'은 다문화 가정 구성원이 삶의 질 향상과 사회통합에 이바지하는 것을 목적으로 하고 있다. 이를 위해 ① 다문화가족에 대한 이해증진, ② 생활정보 제공 및 교육지원, ③ 평등한 가족관계 유지를 위한 상담과 교육(부부교육, 부모 교육), ⑤ 가정폭력 피해자 보호 지원, ⑥ 의료지원, ⑦ 아동 청소년 보육 및 교육지원, ⑧ 다국어에 대한 서비스 제공, ⑨ 다문화가족 지원센터 운영, ⑩ 민간 단체 지원 등을 명시하고 있다.

2009년 이후 다문화 가정 학생교육지원 중장기 계획이 추진되었지만, 중도 입국 청소년8)등 많은 다문화 청소년이 차별의 경험이나 부적응 사례를 보인다. 이처럼 국내 체류 다문화가족이나 국내 등록외국인 자녀들에 대한 교육 및 지원정책은 다층적인 접근이 요구된다. 일정한 취학 연령의 자녀들이나 학업을 마친 자녀들의 사회 정착 등은 개인의

---

8) 한국인과 결혼한 외국인 배우자 중에는 국제결혼으로 재혼한 경우가 적지 않고, 그중 일부는 본국에 자녀를 두고 있다. 또한, 미취학 연령의 자녀들이 어리다는 이유로 본국에 두기도 한다. 한국인과 재혼한 외국인 배우자의 출신국 자녀는 한국에 방문비자로 입국하는 경우가 많다. 이 중도 입국 청소년들은 입양이나 특별귀화를 통해 한국 국적을 취득할 수 있다. 계부(한국인 아버지)가 입양 절차를 거치면, 특별귀화 대상이 되어 국적 취득이 가능하고, 어머니의 체류 기간이 2년 이상 지나면, 미성년 자녀는 특별귀화 대상이 되어 국적 취득이 가능하다. 특별귀화의 경우, 15세 미만의 미성년은 필기와 면접시험이 면제되며, 15세 이상 20세 미만자는 필기시험은 면제되고, 한국어 능력과 태도 등의 면접은 필수다.

문제가 아니라, 가족-지역사회-마을공동체 및 일터가 서로 머리를 맞
대고 협업해야 할 과제로 부상하고 있다. 특히, 외국인 이주민 자녀가
학령기가 되면서 공교육 안에 진입하는 수가 많이 증가하고 있지만,
학교 차원에서 이들을 위한 준비는 아직 부족한 실정이다. 다문화 가정
의 자녀 중 40.6%가 차별을 경험했고, 따돌림을 경험한 비율은 19.6%
였다. 학업 중도 포기 등의 사례도 지속되고 있다. 학교 교육의 큰 장벽
은 언어와 문화의 차이가 아니라, '차이의 차별화'라고 할 수 있다.

한국에서의 공교육을 받는 외국인 자녀의 수가 증가하고, 일부 다문화
대안학교에서의 학생지원 등이 진행되고 있다. 이러한 가운데 출신
국가별 다양성만큼이나 문화적 다양성에 대한 '수용성' 확보도 필요하
다. 그동안 국내 체류 외국인 및 다문화 가정에 대한 주류사회의 포용성과
차별완화는 다문화사회로의 이행에 저해 요인으로 간주되어왔다.

한국 사회에 거주하는 이주노동자나 결혼이민자 대상의 조사 결과
에서도 다수의 이주민이 한국인으로부터 차별을 경험한 것으로 나타
나고 있다. 실제로 다수의 이주민과 현지인 간의 갈등을 이주민의 사회
부적응과 같은 부정적 요인에서 다루기도 한다. 그런데 이 또한 사회갈
등을 유발하는 문제로 간주가 된다. 게다가 이주민들의 진학, 취업,
장애, 질병 등의 여러 과정에서 겪는 사회적 차별도 다문화 갈등의
심화를 촉발할 위험 요소로 간주가 된다.

2. 차세대 다문화학생 증가와 사회 정착: 청주 봉명초등학교 사례

한국은 세계에서 가장 빠르게 저출산 및 고령화 시대로 진입하고
있다. 특히 신생아 출산율은 0.78%로 급감하면서 2022년 현재 3년 연
속 세계 1위를 기록하고 있다. 인구학자들은 2050년 인구소멸 농촌과
도시들이 속출하리라 전망하고 있다. 이와 더불어 지역 간 불균형이나

양극화에 따른 사회 불평등도 커지고 있다. 한국인 자녀 수의 급감 속에서 국내의 다문화 가정 출생자 또는 중도 입국 아동 청소년의 비중은 본격적인 3% 시대를 맞고 있다. 10여 년 전인 2011년 기준 국내 초중등학교 학생의 수는 약 698만 명이었는데, 다문화 아동 청소년의 수는 3,800명으로 초중등학교 학생 수의 0.55%에 불과했다. 그러나 2021년 기준 국내 아동 청소년의 수는 약 533만 명으로 10년간 약 160만 명이 감소했다. 반면에 다문화 아동 청소년의 수는 2011년 대비 4.1배나 증가해 16만 명이나 늘어났다. 특히 2014년 이후 8년 연속 1만 명 이상의 다문화 학생의 수가 증가했다. 이는 국내 다문화 정주 여건이 가족 동반의 형태로 전환되었음을 보여준다. 교육부가 발표한 2016년 '다문화교육지원계획'에 따르면, 2016년 말 기준 전체 학생 681만 9,900명 중 다문화가정의 학생 수는 총 82,536명(유치원을 포함한 초중고등학교 학생의 수)으로 전체의 1.4%에 달한다.

2022년 국내 초중등학교 학생 중에서 다문화가정 아동 청소년의 비중은 약 3%에 달한다.

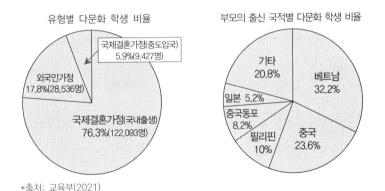

유형별 다문화 학생 비율

국제결혼가정(중도입국) 5.9%(9,427명)

외국인가정 17.8%(28,536명)

국제결혼가정(국내출생) 76.3%(122,093명)

부모의 출신 국적별 다문화 학생 비율

기타 20.8%

베트남 32.2%

일본 5.2%

중국동포 8.2%

필리핀 10%

중국 23.6%

*출처: 교육부(2021)

〈자료 19〉 국내 다문화학생 배경 구성

〈자료 20〉 봉명초등학교의 외국인을 위한 기초 한국어반 수강생 모집 러시아어 현수막

　　다문화가정의 자녀들이 교육에서 소외당하지 않고, 학교 교육을 지속하기 위해서는 체계적인 한국어 교육이 필수적이다. 다문화가정 학생들의 학습 부진의 주요한 원인이 한국어 능력의 부족과 문화 부적응이라는 점은 공공연한 사실이다. 국제결혼가정의 학생들은 유아기에 한국어가 미숙한 한쪽 부모와 생활하게 되어 언어발달이 늦다. 또한, 중도 입국 학생들의 경우에는 본인이 나고 자란 본국의 환경과 다른 언어와 문화를 학교 입학과 함께 경험하게 되었다.(유의정, 2011) 이중 언어문화의 환경에서 다문화 청소년들의 상황 대처 능력의 취약성은 불가피하게 드러난다. 학교에서도 한국어를 처음 접하는 중도 입국 취학생들의 수시입학에 대한 대응엔 한계가 따른다. 이러한 문제를 해결하기 위해 학생들의 취학 초기 및 중기별 단계에 따른 체계적인 한국어 학습을 지원할 특수학급 구성이나 한국어 교사 지원이 매우 중요하다. 일반 다문화 인력에 비해 다문화적 취약성에 노출된 청소년들이 지닌 다문화 환경에 대한 인식은 성장기 이후에도 큰 영향력을 받게 된다. 따라서 이 다문화 차세대를 포용하고 배려하며, 공생하는 관계를 형성하지 못하고 차별과 편견 및 배제의 태도를 유지한다면, 향후 다문화 갈등은 심화할 가능성이 크다. 다문화 청소년들의 경험은

다문화사회의 형성에 있어서 그만큼 중요한 의미를 지니고 있다.

다문화 인력이 밀집된 서울시 구로지역은 다문화 특성이 학교 교육에 직접 반영되고 있는 사례에 해당한다. 구로중학교는 전교생 436명 중 40%가 부모 중 한 명이 중국동포이거나 중국인 다문화 가정 출신의 학생으로 구성되어 있다. 이 중학교의 2021년 입학생의 50%가 다문화 가정 출신이다. 다문화 학생들은 국내 출생자, 중도 입국해 한국 국적 취득을 앞둔 학생, 중도 입국해 국적 변경을 결정하지 못한 학생 등 여러 부류가 있다. 이처럼 다양한 배경을 가진 학생들이 같은 학교에서 공부하지만, 학생들은 이 때문에 서로 불편함을 느끼지는 않는다고 한다.

이와 관련해 구로남초등학교에서는 2학년부터 6학년까지의 학생들을 대상으로 약 20시간의 중국어 교육이 진행되고 있다. 이 학교에서는 전교생 510명 중 45%가 중국계와 중국동포의 다문화 학생으로 구성된 학교의 강점을 살려, 다문화 학생들과 선주민 학생들 간 상호문화의 감수성을 높이고, 선주민 학생 등의 외국어 능력을 기르기 위해 이러한 방식의 수업을 진행하고 있다. 적지 않은 다문화 아동 청소년들이 중도 입국 등의 이유로 한국어가 서툴러 이 학생들을 대상으로 다문화 특별학급을 편성해, 매주 5~7시간씩 한국어를 가르치는 등 그들의 학교생활 적응을 돕고 있다. 선주민 학생들은 학교와 이주민 학생들의 도움을 받아 중국어를 배우고, 이주민 학생들은 선주민 학생들과 학교의 도움을 받아 한국어를 배우는 셈인데, 학생들과 학부모들 모두로부터 반응이 좋다.

우리 사회에서 한국인 부모를 둔 선주민 학생들과 한 명 이상의 외국계 혈통의 부모를 가진 다문화 학생들이 함께 어울려 학교생활을 하는 모습은 이제 더는 드문 광경이 아니다. 다문화 학생이 전체 학생에서 차지하는 비중은 2022년 처음 3%를 넘겼고, 갈수록 그 비중이 커질 전망이다.

필자(이영범 청주대 교수)는 2023년 7월 18일 충청북도 청주시 봉명동에 있는 봉명초등학교를 방문해 다문화교육과 이중 언어 교육 현장의 모습을 생생히 체험할 수 있었다. 2023년 5월 1일 기준 봉명초등학교의 전체 학생 수 537명 중 다문화 학생 수는 286명(53.2%)이다. 국가별 다문화 학생의 수는 러시아 111명, 우즈베키스탄 98명, 카자흐스탄 44명, 우크라이나 20명, 키르기스스탄 14명, 몽골 13명, 중국 10명, 필리핀 9명, 투르크메니스탄 2명, 베트남 2명, 타지키스탄 1명, 일본 1명, 캄보디아 1명이다. 러시아 및 중앙아시아 지역 출신의 학생 수는 290명(89%)으로 상당히 높은 비중을 차지하고, 몽골과 중국 등 기타 지역 출신의 학생은 36명(11%)으로 비교적 낮은 비중을 차지하고 있다. 이는 서울시 구로남초등학교의 전교생 510명 중 45%가 중국계와 중국 동포인 점에 비교하면, 봉명초등학교의 중국 출신 학생 수는 러시아 및 중앙아시아 지역 출신의 학생 수에 비해 상당히 낮은 비율이다.

봉명초등학교(교장 손희순)는 7개의 한국어 학급(총 88명)을 편성해 운영하고 있는데, 한 반당 학생 수는 10명에서 15명이다. 충북도교육청으로부터 지원받는 한국어 및 다문화 수업 지원 인력은 다음과 같이 총 40명이다. 즉, 다문화 언어 강사 2명, 원어민 러시아어 보조교사 1명, 생활 도우미 3명, 수업 지원 튜터(1교실 2교사제) 13명(러시아어 이중 언어 강사 5명 포함), 다문화 맞춤형 멘토 18명(정년퇴직한 교장 선생님 등), 충북대 러시아어언어문화학과 학생 3명이다.

다문화 언어 강사는 통번역과 상담 및 전체 학년 대상의 창체(창의적 체험) 수업을 담당하고, 원어민 러시아어 보조교사는 다문화 학생과 학부모 상담과 한국어와 모국어 수업 및 통번역 업무를 담당하고, 수업

지원 튜터는 전체 학년을 대상으로 수업을 지원하고 있다. 그리고 다문화 맞춤형 멘토는 39명의 다문화 학생을 지도하며, 충북대 러시아언어문화학과 학생은 유치원부터 전체 학년을 대상으로 원하는 학급을 지원하고 있다.

방과 후 학습의 경우, 학생들이 다문화 멘토링에 참여하는 등 다양한 프로그램에 참여하고 있다. 사교육비 절감 등을 목적으로 운영되는 방과 후 프로그램의 경우, 아직은 참여도가 저조한 편이나 조금씩 높아지고 있다고 한다. 여학생의 경우 댄스 동아리를 선호하며, 남학생의 경우는 축구와 농구 동아리를 선호한다고 한다. 그리고 어떤 학생들의 경우는 러시아어를 잘하지 못해 이 언어를 사용하는 부모와의 소통이 어렵다고 한다. 특히 사춘기 학생들이 더 그렇다고 한다. 이러한 문제를 해결하기 위해 방과 후 학습 프로그램으로 한국어반과 러시아어반을 개설해 운영하고 있다.

봉명초등학교의 다문화 학생 수는 다음과 같이 점점 증가하고 있다. 2020년에는 전체 학생 수 487명 중 197명(26.7%), 2021년 전체 학생 수 463명 중 134명(33.6%), 2022년 전체 학생 수 456명 중 134명(43.2%), 2023년 전체 학생 수 537명 중 286명(53.2%)이다. 2020년에 비해 무려 2배 정도 증가한 셈이다. 현재 2학기에 이 학교에 들어오려고 대기 중인 학생 수가 40명이다.

이처럼 다문화 학생 수가 급증한 이유 중 하나는 교장 선생님의 다문화교육과 이중 언어 교육에 대한 투철한 교육철학과 강한 열정과 헌신 그리고 학생에 대한 넘치는 사랑, 또한 교장 선생님처럼 열심히 사랑으로 가르치는 전 직원과 강사 등이 혼연일체가 되어 나온 결과라는 것을 생생히 느낄 수 있었다. 이와 더불어 충청북도교육청으로부터 시설과 인력지원을 받은 것도 다문화 학생의 증가에 일조했다. 즉, 봉명초등학

교가 2년간(2021. 3. 1 ~ 2023. 2. 28.) 충청북도교육청의 다문화 교육 연구
학교로 지정되어 컴퓨터실, AI 교실 등 첨단 교육 시설(도교육청의 미래
정보화 사업)을 갖출 수 있었다. 글로벌 교육 인재를 양성하기 위해 새로
짓고 있는 2층 건물에 마치 국제학교처럼 국가별 체험관, 의상, 소품
등을 갖출 것이라고 한다.

앞에서 언급했듯이 선생님들의 사랑을 듬뿍 받은 덕분인지 학생들
이 교장 선생님과 선생님들에게 다가가 안기는 모습과 밝은 얼굴로
인사하는 모습을 자주 볼 수 있었다. 어떤 학생은 교장 선생님에게
스스럼없이 다가가 자신이 한국말을 잘한다는 것을 자랑하려는 듯 자
연스레 말을 걸기도 했다. 나중에 그 이유를 알 수 있었다. 교장 선생님
이 "다문화 학생들을 예뻐해 주고, 다 받아 주셨기" 때문이다.

이는 다음에 소개하는 소책자에 실린 함박꽃과 함박웃음의 연관성
설명과도 관련된다. 즉, "함박꽃 프로그램과 함박웃음 프로그램은 봉명
초의 교화 '함박꽃'에서 이름을 따왔습니다." "함박꽃처럼 항상 아이들
얼굴에 웃음꽃이 활짝 피어나기를 바랍니다."

한편, 2022. 충청북도 연구학교 박람회 '상호문화이해 교육을 통한
함께 성장하는 학교 만들기'란 소책자에 실린 내용을 소개하면 다음과
같다.

봉명초등학교의 다문화 교육 연구의 필요성과 목적으로
1) 이주민 밀집 거주지에 있는 학교로 매년 이주민 학생들이 늘고
   있어 서로의 삶을 이해하고 함께 성장할 수 있는 다문화 교육이 필요함.
2) 교사, 학부모, 학생의 다문화 핵심 역량을 강화하고 상호문화이해
   교육 프로그램을 개발 및 적용하여 함께 성장하는 학교 문화를 창조함.

운영 과제는 크게 다음과 같이 2가지다.

1) 상호문화이해를 위한 역량 강화 프로그램 개발과 적용

2) 교육과정 속 상호문화이해 교육 프로그램의 개발과 적용

먼저 운영 과제 1) 상호문화이해를 위한 역량 강화 프로그램 개발과 적용에 있어서 학생, 학부모, 교사로 구분해 살펴보면 다음과 같다.

(1) 학생의 상호문화이해 감수성 강화를 위해

이중 언어 강사의 협력 수업 - 함박꽃 프로그램 운영, 다문화 정책학교로서 한국어 학급 운영, 다문화 학생 맞춤형 멘토링 운영

(2) 학부모의 상호문화이해 공감대 형성을 위해

학부모 다문화 연수실시, 모모(母母) 학부모 공예 동아리 운영, 학부모회 주체의 다사랑 돌봄센터 운영

(3) 교사의 상호문화이해 역량 강화를 위해

본교 특색에 맞는 전학공(전문 학습 공동체) 운영(러시아어 회화 등), 교사 다문화 연수(선진학교 사례 공유), 전담 교과 협의회 및 전담 교사 특색활동

이어서 운영 과제 2) 교육과정 속 상호문화이해 교육 프로그램의 개발과 적용에 있어서 함께 즐기며 노는 상호문화이해 체험과 상호문화이해 프로젝트 수업으로 구분해서 살펴보면 다음과 같다.

(1) 함께 즐기며 노는 상호문화이해 체험으로

놀이와 함께 즐기는 함박웃음 프로그램 운영, 마음이 자라는 성장 아웃도어 프로그램 운영, 함박꿈자랑 학생 자율 동아리 운영

(2) 상호문화이해 프로젝트 수업으로

학년별 전학공 운영을 통한 교육과정 재구성, 다문화 교육을 주제로

프로젝트 수업 실시, 연구학교 수업 공개의 날 운영

마지막으로 연구학교 운영 결과와 제언은 다음과 같다.

연구학교 운영 결과 : 학생, 학부모, 교사 교육 공동체의 상호문화이해 역량 강화, 함박꽃, 함박웃음 등 다문화 학교에 적합한 창체 교육과정 수립, 상호문화 이해 교육을 통한 학생, 학부모, 교사의 다문화 감수성 증진

제언 : 상호문화이해를 위한 다양한 프로그램 확대 운영, 함께 성장하는 학교 문화 조성을 위한 교육 공동체의 지속적인 노력

끝으로 앞에서 소개한 소책자의 맨 뒷장에 봉명초등학교의 중점교육을 영어로 표현한 'SMILE'에 대한 설명이 나와 있다. 즉, "행복 4중주로 제 빛깔을 찾아가는 함박꽃 이야기"라는 제목 아래, 'SMILE', 즉 창의 배움(S), 인성 키움(Mi), 공감 나눔(L), 문화 채움(E)이라는 이 학교의 중점교육 사항이 표현되어 있다. 그런 다음에 다음과 같이 이를 조금 더 자세히 풀이해 놓다.

• 창의 배움(Self-esteem): 이해력을 키우는 **기초와 기본이 탄탄한 교육**, 성장과 발달을 돕는 **배움 중심 교육**
• 인성 키움(Mind): 존중과 배려의 **인성교육**, 글로벌 역량을 키우는 **세계시민 교육**
• 공감 나눔(Leadership): 자율과 자치 중심의 **학생 자치**, 어울림이 있는 **교육복지**
• 문화 채움(Experience): 미래 역량을 기르는 **체험교육**, 행복을 키우는 **놀이 교육**[9]

이처럼 봉명초등학교의 교사진과 교육 프로그램은 거의 완벽한 듯하다. 아쉬운 점은 학교 밖의 교육이 잘 이루어지지 않다는 데 있다. 따라서 학교 인근의 여러 기관과 단체들도 다문화 학생들과 학부모 등을 위한 한국문화 교육, 시민교육, 정체성 교육, 예절 교육 등을 실시할 필요가 있다. 또한, 고려인(구소련에서 독립한 15개 공화국에 사는 우리 한인 동포) 등과 연관된 여러 시민단체가 분산되어 활동하고 있는데, 이를 한곳으로 모아 체계적으로 활동할 구심점인 커뮤니티의 설립이 시급히 필요하다. 즉, 가칭 '고려인주민센터'와 같은 복합공간의 설립이 시급하다.

위에 소개한 필자가 봉명초등학교에서 실시하는 이중 언어 및 다문화 교육 관련 탐방기를 쓴 후 이 학교에서 "교육의 품 안에서 한 명 한 명 제 빛깔을 찾아가는 봉명 함박꽃 이야기"란 타이틀의 글을 보내주었다. 앞에서 소개한 내용을 더 자세히 설명하는 이 글을 약간 수정 보완하여 싣는다.

1986년 3월 5일 개교한 청주 봉명초등학교(교장 손희순, 청주시 흥덕구 봉명로141번길 3)의 학생 수는 현재 537명이다. 이 학교의 학생들은 따뜻한 교육의 품 안에서 꿈을 키우고 제 빛깔을 찾아가며 함박꽃처럼 활짝 피어나고 있다. 봉명초는 2017년부터 다문화 학생의 비중이 급격히 늘어나기 시작해, 2023년 5월 1일 기준으로 전교생 537명 중 다문화 학생은 286명(유치원생 40명 포함)으로 그 비율이 53.2%인데, 그 비중은 지속해서 증가하고 있다. 288명의 다문화 학생(유치원생 40명 중 39명 포함. 97%) 중 265명(95%)이 외국인 가정 학생이다. 그들은 모국어가

---

9) 충청북도교육청 지정 다문화 교육 연구학교 봉명초등학교(2022), 『2022 충청북도 연구학교 박람회, 상호문화이해 교육을 통한 함께 성장하는 학교 만들기』, 안내 책자, 4-7쪽.

러시아어인 러시아 또는 중앙아시아에서 중도 입국한 다문화 학생들
이며, 이 중 대부분은 고려인(구소련 붕괴 후 독립한 15개 공화국에 사는
우리 한인 동포) 4세대로 재외동포비자를 받아 한국에 장기체류할 수
있다. 그들은 한국어를 모르거나 한국어가 서툴러 의사소통과 한국
학교생활 적응에 어려움을 겪을 수밖에 없다. 이처럼 한국어로 의사소
통하기 어려운 학생이 절반인 학급을 운영하는 교사들, 좁혀지지 않는
문화적 차이와 언어적 장벽으로 인해 다문화 학생 및 가정과의 갈등이
잠재되어있는 선주민 학생들과 학부모들, 그리고 외국인에 대해 부정
적으로 바라보는 지역주민들이 뒤섞여 있는 척박하고 복합적인 교육
환경에서 즉, 함박꽃들로 피어나기에는 척박해 보였던 이 봉명초에서
어떻게 학생들이 꿈과 함박웃음을 되찾아 밝게 빛날 수 있었을까?

봉명초의 교육 비전은 '행복 4중주로 제 빛깔을 찾아가는 함박꽃
이야기'다. 행복 4중주는 1) 꿈을 키우는 학생, 2) 연구하는 교사, 3)
참여하는 학부모, 4) 함께 하는 지역사회가 함께 호흡하며 하모니를
이루는 오케스트라와 같은 '봉명 교육 공동체'를 뜻한다. '봉명 교육
공동체'의 '행복 4중주'는 모두가 힘을 모아 따뜻한 교육의 품 안에서
이 학교의 학생 한 명 한 명이 제 빛깔을 찾아 함박꽃을 활짝 피우는
것을 목표로 한다. 2020학년도부터 교육의 4 주체가 봉명초의 교육여
건을 개선하기 위해 열정을 쏟은 결과 척박해 보이기만 했던 봉명초의
이곳저곳에서 함박 웃음꽃들이 피어나기 시작했다.

이 학교는 학생들이 각자의 재능과 역량을 꽃피우며 빛날 수 있도록
다음과 같이 힘을 길러주는 데 힘을 쏟고 있다. 다문화 학생들이 학교
생활에서 가장 힘들어하는 점이 언어적인 소통의 어려움이다. 한국어
가 서툰 학생들을 지원하기 위하여 봉명초에서는 '1인 2교사제'의 맞춤
형 교육을 제공하고 있다. 봉명초의 수업 협력 교사는 다른 학교와는

다르게 러시아어와 한국어를 구사하는 이중 언어 강사 5명과 한국인 강사 4명이 함께 수업 시간에 학생들에게 도움을 주고 있다. 이중 언어 강사들은 주로 고학년 수업에 배치되어 다문화 학생들의 수업 참여 및 학습 이해를 돕고 있다. 그들은 다문화 학생들이 수업 시간에 겪는 어려움을 실시간으로 도와줄 수 있어서 다문화 학생과 학부모로부터 매우 높은 만족도가 얻고 있다. 한국인 수업 협력 강사는 저학년과 중학년에 배치되어 생활지도와 학습 습득이 느린 학생들을 도와주면서 모든 학생이 소외되지 않고 학습에 참여할 수 있도록 지원하고 있다. 그 밖에도 방과 후에는 다문화 학생들을 위해 충북도교육청 산하 국제 교육원으로부터 퇴직 교원 20여 명을 지원받아 매주 4시간씩 1:1 멘토링으로 국어, 수학을 지도하는 다문화 맞춤형 멘토링 프로그램도 실시하고 있다.

중도 입국한 다문화 학생들이 한국의 학교생활에 적응하며 한국어를 습득할 수 있도록 그들을 7개의 한국어 학급(유치원 2학급, 오전 반 오후 반)에 수준별로 배정하여 한국어 교육과정(KSL)을 운영하고 있다.

한편, 다문화 학생들의 재능과 역량이 꽃피우며 빛날 수 있도록 이중 언어 재능을 강화하고 글로벌 역량을 배양하기 위해 2022학년도부터 교내 함박꽃 이중 언어 말하기 대회를 학기별로 1회씩, 연 2회 시행하고 있다. 자신의 모어(모국의 언어)와 문화를 잘 알 뿐 아니라 한국의 문화와 언어에도 익숙하여 이중 언어를 자유롭게 구사하는 학생들이 교내 이중 언어 말하기 대회에서 자신의 빛나는 모습을 보여주고 있다. 이중 언어 말하기 대회는 한국어 부문과 영어 부문 총 2개의 부문으로 모어와 이중 언어로 말하는 대회로 진행한다. 선주민인 한국 학생들도 한국어와 영어로 봉명초에 대해 말하면서 글로벌 역량을 뽐내는 모습을 보여준다. 어려서 한국에 중도 입국하게 된 다문화 학생들은 모어인 러시아어로 말하고 듣기는 유창하게 잘하지만, 러시아어 알파벳이나 문법은 배우지 못해서 읽고 쓰기를 어려워하는 학생들이 많다. 이를 위해 봉명초에 배정된 러시아 원어민 강사가 방과 후 수업을 통하여 그들에게 러시아어 알파벳부터 단어를 읽고 쓰는 방법, 러시아어 문법을 지도하고 있으며, 수학 수업도 러시아어로 진행하여 학생들의 이해를 돕고 있다. 한국어 자격증인 토픽 6급 소유자인 러시아어 원어민 강사는 한국어도 유창하게 잘하여 8시 40분부터 4시 40분까지 학교에 상주하며 학생들의 학습 지원, 상담, 통·번역 관련 일을 하면서 방과 후 수업을 하고 있다.

봉명초등학교에서는 학습적인 측면뿐 아니라 상호문화이해의 성장 활동으로서 놀이 교육과 예체능 교육을 활성화하여 학생들이 다양한 부문에서 제 빛깔을 발할 수 있도록 돕고 있다. 2021학년도에는 학교 스포츠클럽 충북도대회에서 농구 개인부, 플랭크 남초등부, 육상단체 여초등부 총 3종목에서 1위를 수상했고, 육상단체 남초등부, 스포츠 태킹 여초등부 종목에서 2위, 스포츠스태킹 남초등부에서 3위 등 총 6종목에서 수상했다. 2022학년도에는 다문화 학생들과 선주민 학생들로 구성된 팀이 충청북도 교육감기 청주시 축구대회에서 2위를 하였고 교육장배 학교스포츠클럽 대회 배드민턴 부문에서 여초등부 3위를 하였다. 그 밖에도 태권도 대회, 충북 이중 언어 말하기 대회, 그리기 대회, 충북과학전람회 등 다양한 부문에서도 학생들이 많은 상을 받으며 두각을 나타내고 있다.

봉명초등학교 교사들 또한 학생들의 꿈을 키우기 위하여 부단히 노력하고 있다. 그들은 2020학년도부터 기초 러시아어를 배우기 위한 전문적 학습 공동체를 운영하며 학생들과 의사소통하기 위해 러시아어를 배우고 있다. 또한 그들은 다문화 감수성 증진을 위한 수업 나눔

전문적 학습 공동체를 운영하며 수업사례와 생활지도 방법을 공유하며 연구하고 있다. 그 밖에도 교사들은 다문화 학급 운영을 위한 수업자료를 공동제작하고 다문화 교육 관련 도서를 선정하여 수업에 적용하는 등 다문화 학급을 운영하는 교사들의 어려움과 막막함을 해소하기 위해서 부단히 연구하고 있다.

매년 새 학년 준비기간에는 전입교사와 신규교사에게 학교 현황과 다문화 감수성 교육 연수를 하고 있으며, 봉명초보다 5~6년 전에 다문화 학생이 급증한 선진학교의 교원과 교감 선생님을 초청하여 사례를 듣는 연수도 매년 꾸준히 진행하고 있다. 경기도 안산의 선일초등학교, 충청남도 천안 신창초등학교, 경기도의 군서미래국제학교의 사례를 참고하여 봉명초등학교에 알맞게 적용해보는 연수들이 교사들에게 큰 호응을 얻고 있다.

봉명초등학교는 2021년부터 2022년까지 2년간 다문화 연구학교를 운영하면서 수업 나눔과 동료 장학이 활성화되었고, 또한 교사들이 서로 수업을 공유하며 어려움을 함께 나누고 돕고 격려하는 분위기가 형성되었다. 교사들이 번아웃되지 않도록 딱딱한 분위기를 풍기는 교무실의 명칭을 '봉명 休카페'로 바꾸어, 서로의 어려움을 듣고 격려하는 공간으로 탈바꿈했다.

2021년에는 2명의 교사가 다문화 인식개선에 기여하고 학교 현장의 다문화 교육 활성화와 다문화 감수성 제고를 돕기 위한 충청북도 다문화 교육 우수사례 공모전에 참가해 교육 수기로 각각 최우수상과 우수상을 받았다.

봉명초등학교 손희순 교장은 학부모와의 공감대를 형성하고 소통하기 위하여 2020년도부터 매일 아침 등교 맞이 활동을 하면서 학부모와의 꾸준한 소통을 통해 학부모의 의견을 학교 운영에 반영하는 방법으로 학부모들의 마음의 문을 열기 시작하였다. 예전에는 오랜 시간 동안 학부모들이 학교에 관심이 부족했을 뿐 아니라 다문화 학부모들과 선주민 학부모들 간 소통이 부재했었다. 그래서 그들 간의 소통을 돕고 다문화 학부모의 학교생활 이해를 돕기 위해 학부모 한글 교실 운영하고 있으며, 학교 설명회를 진행하고 있다. 또한, 한국인 가정의 어머니와 다문화가정의 어머니가 함께하는 '함박꽃 모모(母母)' 학부모 동아리를 구성해 그들의 소통을 돕고 있다. 이러한 프로그램의 운영과 지속적인 학부모 동아리 운영으로 인해 학부모들이 학교에 대해 주인의식을 갖고 교육의 주체로 적극적으로 참여하고자 하는 분위기가 형성되었다. 2021년부터는 학부모회가 주체가 되어 저학년 학생들을 대상으로 '다사랑돌봄센터'가 운영되고 있다. 다사랑돌봄센터는 학부모들이 다문화가정과 선주민 가정이 서로 어울리고 동화할 기회를 제공하기 위한 목적으로 시작되었다. 학교 근처의 봉명 1동 행정복지센터 봉명 작은 도서관에서 다문화 학생, 선주민 학생을 위한 돌봄 프로그램이 지속해서 운영되고 있다. 학부모들도 교육의 중요한 주체로서 교육활동에 적극적으로 참여하고 있다. 또한, 그들은 학부모 재능기부 수업, 저소득층 자녀들을 위한 반찬 기부, 방역용품과 장학금 기부 등을 하고 있다.

봉명초등학교는 '지역사회와 함께하는 충북형 온 마을 배움터 조성'에도 열심이다. "지역사회의 중심에는 학교가 있다."라는 말은 2020년부터 손희순 교장이 동사무소, 주민자치회, 경찰서, 시민단체, 지역의원을 찾아가면서 했던 말이다. 이 해부터 그는 교실을 지역사회에 공개하고 학교의 현황을 알리면서 지역 단체의 적극적인 관심과 도움을 요청하였다. 학교의 어려운 상황을 알게 된 많은 지역 단체의 기관과 MOU를 체결하였다. 지역사회는 학생들을 위해 다양한 프로그램을 운

영하며 온 마을 배움터를 조성해나가고 있다. 중도 입국으로 정서가
불안한 학생들을 위하여 청주건강가족다문화지원센터에서는 한국어
학급을 대상으로 정서 지원, 심리치료 프로그램을 지원해주고 있으며,
서청주 우체국에서는 다문화 학생을 대상으로 지속적인 음악치료 프
로그램을 진행하고 있다. 청주시평생학습관에서는 다문화 학부모를
위한 한국문화 이해 프로그램을 운영하여 K-FOOD 요리 교실, 세종대
왕 초정약수 체험프로그램, 가족 체험프로그램 운영 등 다양한 프로그
램을 운영하였다. 특히 K-FOOD 요리 교실은 다문화 학부모에게 큰
호응을 얻었다. 다문화 학생들이 한국 음식에 거부감을 가져 급식을
잘 먹지 않았는데, 다문화 학부모가 한국 요리를 요리 교실에서 배워
한국 음식을 가정에서 해주자 다문화 학생들이 학교 급식에 조금씩
적응할 수 있게 되었다. 충청북도문화재연구원과 협조하여 가족 체험
프로그램도 진행하였다. 충북의 명소를 가보지 못한 다문화가정을 위
하여 단양 답사형 체험학습 프로그램을 진행하였는데, 50가정 이상의
신청할 정도로 인기가 많았다. 봉명 1동 주민 센터와 연계하여 다문화
학생들과 봉명 1동 마을복지추진단과 함께 농촌 체험 기회를 제공하는
프로그램도 3회 운영하였다. 다양한 프로그램을 통해 다문화 학생들이
지역에 대한 소속감과 자긍심을 기를 수 있었다. 인근의 대학교와의
MOU 체결과 프로그램 운영도 활발하게 운영되었다. 충북대학교 러시
아언어문화학과 학생들이 봉명초에 방문하여 진로지도 특강을 실시하
기도 하고, 그들이 학생들의 학습과 학교 적응을 돕는 멘토링 프로그램
도 진행하고 있다. 또한, 청주교대 다문화교육센터와도 MOU를 체결하
였다. 청주교대 학생들이 다문화 학생들의 학교생활 적응과 기초학력
신장에 도움을 주고 있다. 예비교사들인 그들에게는 다문화 교육의
실재를 경험하고 다문화사회의 중요성을 인식할 수 있는 프로그램을

진행하고 있다. 최근에는 청주교대 다문화교육센터에서 이 대학의 학생들을 대상으로 다문화 감수성 향상을 위한 콘텐츠 공모전을 진행하여, 공모전에 수상한 학생들이 봉명초등학교에 방문하여 실제로 수업에 적용해보기도 했다. '한 아이를 키우기 위해선 온 마을이 필요하다,'는 말처럼 봉명초등학교는 교육의 중요한 주체인 지역사회와 함께 협력하고 상생하는 교육생태계, 온 마을 배움터를 조성해 가고 있다.

봉명초등학교에서는 다양한 문화를 일시적으로 체험만 해보는 프로그램을 지양하고 학생들이 함께 소통하고 공감하며 어울리며 동행할 수 있도록 상호문화교육 프로그램을 지속해서 운영하고 있다. '소통'과 '공감'을 기반으로 함께 어울리며 동행하는 상호문화교육을 다음과 같이 3가지 활동을 시행하고 있다. 1) 언어적인 장벽 낮추기, 2) 함박웃음 프로그램 운영, 3) 자연에서 공동체 의식 배우기, 학교 공간혁신.

외국인 가정 학생들의 한국어 능력을 향상할 기회를 제공하기 위하여 한국어 진단평가를 연간 4회로 확대하여 운영하였고, 담임교사가 한국어 강사와 지속적인 상담을 통해 한국어 능력이 향상될 수 있도록 했다. 선주민 학생들 또한 다문화 언어 강사가 운영하는 함박꽃 창의적 체험활동 시간에 기초 러시아어 회화 수업 연 20시간 배울 수 있도록 하였다. 이를 통해 상호 언어장벽을 낮추고, 상호소통을 통한 갈등 완화에도 힘쓰고 있다. 즉, 한국문화와 한국어만을 강요하지 않고 서로의 언어와 문화도 존중해가며 함께 공감하고 소통하기 위해 노력하고 있다.

선주민 학생들과 다문화 학생들이 서로의 문화를 이해해보고 함께 어울릴 수 있도록 행복 교육지구센터 마을 강사와 연계하여 한국의 전통 놀이 수업과 세계 여러 나라의 전통 놀이, 음식, 문화를 체험해보는 함박웃음 프로그램을 연간 16차시씩 운영하였다. 단순히 다양한 문화를 체험해보는 것에 그치지 않고 다양한 문화를 체험한 후 서로 소통하고 공감해보면서 서로에 대해 더 알아가는 기회를 제공하였다.
또한, 다양한 문화를 알아본 후 새로운 문화를 창조해보는 시간도 갖게
하면서 상호문화주의를 교실에서 실제로 경험해 볼 수 있도록 하였다.
2021년 다문화 학생과 선주민 학생들이 한 팀을 이뤄 '러시아 장기
대회'를 진행한 것도 큰 호응을 얻었다. 또한, 함께 소통하고 동행하는
기회를 마련하기 위해 다문화 어울림 프로그램인 교내 보드게임 대회
를 전 학년을 대상으로 개최하였고, 보드게임의 종목은 '러시아 장기'
로 진행되었다. 출전하는 팀은 선주민 학생과 다문화 학생이 한 팀으로
구성해, 대회를 준비하며 함께 소통하고 어울리는 기회를 제공하였다.
이처럼 다양한 문화가 서로 소통하는 도구가 되어 서로 풍성하게 어울
릴 수 있었다.

　언어적으로 소통하기 어려워하는 다문화 학생들이 자연 속에서 공
동체 의식을 함양하고 협업하고 배려할 수 있도록 성장아웃도어 프로
그램을 활성화하였다. 2022년 코로나19로 인한 사회적 거리두기가 완
화되자, 4학년 학생들은 진천수련원에서 친구들과 함께하는 캠핑 디딤
과정 프로그램에 참여했다. 그들은 함께 텐트를 치고 취사도 해보고
고무보트를 함께 타는 수상 활동에 참여하였다. 5학년 학생들은 해양
수련원에 방문하여 다양한 해양스포츠 체험활동에 함께 참여하며 협
동심을 기르고 친밀감을 느낄 수 있었다. 6학년 학생들은 진천수련원
에서 3박 4일 동안 수련 활동을 함께하며 주어진 문제를 친구들과 함께
소통하며 해결해나가는 다양한 체험활동을 하였다.

　학교의 공간도 다문화 학생들이 내적으로 안정감을 누리고 친구들
과 편하게 어울릴 수 있도록 많은 부분을 리모델링했다. 학교 건물의
층마다 학생들이 편히 쉴 수 있고 친구들과 이야기 할 수 있는 공간을
조성했으며, 조회대도 학생들이 꿈과 끼를 펼칠 수 있는 공간으로 조성

하였다. 교실도 학생들에게 안락한 분위기를 느낄 수 있도록 노후 칠판, 내벽, 창문 등을 교체하였다.

학교의 따뜻한 품을 경험한 학생들의 배움은 가정과 사회로 이어져 나가게 마련이다. 봉명초등학교의 꿈자람 동아리인 '봉명동 꼬마탐험가'의 학생들은 학교에 소속감과 애정을 가지고 쓰레기를 줍고 다양한 캠페인 활동을 하였다. '봉명여지도'랑 꿈자람 동아리 학생들은 봉명동에 있는 관공서를 직접 탐방하고, 이 지역의 대표 음식, 맛집을 조사하고 그림을 그려 봉명여지도를 만들어 배부하였다. 6학년 학생들은 다문화 학생과 선주민 학생들이 팀을 모집하여 봉명 유치원 학생들에게 러시아어 또는 한국어 그림책을 읽어주는 활동을 했다. 봉명유치원의 다문화 원아 비율은 66%로 상당히 높은 편이다. 상호문화이해 교육의 일환으로 실시한 유치원과 초등학교 간 연계 활동 중 하나인 이 그림책 읽어주기 프로그램은 큰 호응을 얻었다.

학교폭력을 막고 안전한 학교생활, 안전한 봉명동 지역을 위하여 흥덕경찰서와 연계해 다문화 학생과 선주민 학생 18명으로 구성된 어린이 경찰대 'Dream pol'이 조직되었다. 어린이 경찰대 학생들은 휴일과 방과 후 시간을 활용하여 학교 주변 살피기와 학교폭력 예방 캠페인 등 다양한 활동을 펼칠 예정이다. 이처럼 학교의 따뜻한 품을 경험한 학생들은 다시 그 배움을 가정과 사회로 흘려보내며 따뜻한 교육의 품을 넓혀나가게 마련이다.

다음은 학생들이 꿈을 꾸고 꿈을 실현해 나가는 학교, 소망과 꿈이 가득한 학교의 꿈에 관한 이야기다. 봉명초등학교에는 2023년 5월 1일 현재 13개 국적의 학생들이 재학하고 있다. 이 학교에서뿐만 아니라 전국적으로 다문화 학생은 꾸준히 증가하고 있다. 우리 학생들이 살아갈 사회 역시 다문화사회다. 다문화사회에 대해 깊이 경험하고 다문화 감수성을 높일 수 있는 가장 최적의 장소는 학교다. 봉명초등학교는 다양한 프로그램 운영을 통해 민족, 인종, 언어, 종교 등의 다양한 문화적 배경을 가진 사람들 모두가 공존하는 다문화사회로의 변화에 능동적으로 대응하기 위해 가져야 할 지식, 기능, 가치 등을 함양할 수 있는 세계시민으로 성장할 수 있는 발판을 마련하고 있다.

봉명초등학교 학생들에게 우리 학교의 자랑이 무엇인지 물어보면, 학생들은 주저 없이 '다문화 학교'라고 대답한다. 이 학교의 모든 학생이 꿈을 꾸고 그 꿈을 실현해 나갈 수 있도록, 한 명 한 명이 빛나고 함박 웃음꽃이 필 수 있도록 학교는 학생들의 배움터의 큰 울타리가 되 줄 것이다. 이 학교에서 이루어지는 다문화 교육, 상호문화 이해 교육을 통해 모든 학생이 서로를 '존중'하고 서로 '소통'하며 '공감'할 수 있는 세계시민의 자질을 갖춘 사람으로 성장하길 바란다.

충청북도교육청의 다문화 교육 연구학교로 지정되기 이전에는 한때 이 학교가 '기피 학교'로 여겨지기도 했지만, 2020년도부터 갑자기 늘어난 다문화 학생들에게 맞춤형 지원을 할 수 있도록 충청북도교육청에서 공립학교인 봉명초에 적극적인 관심을 보이며 인력 및 교육여건 관련 예산 지원을 다양한 영역에서 많이 지원해주어 선주민 학생들과 이주민 학생들이 안정적으로 배우고 성장할 수 있는 교육환경 체제가 단시간 내에 마련되었다. 또한, 봉명초의 커다란 장점인 강한 열정과 넘치는 사랑을 가진 많은 교원이 학생과 학부모와 함께 성장할 수 있는 교육과정 운영을 고심해서 연구하여 가능한 한 한 명의 학생도 놓치지 않도록 탄탄한 교육과정을 운영하고 있기 때문인 것 같다. 봉명초에서는 다문화 학생들을 약자로 보는 것이 아니라, 그들의 이중 언어 역량을 강점으로 키워주기 위하여 이중 언어교육을 꾸준히 하고 있으며, 모든 학교 구성원의 다문화 수용성과 감수성의 향상을 위한 다문화교육과 글로벌 민주 시민교육을 꾸준히 하고 있다.

위의 사례들이 한국 사회에서 보편적인 현상은 아니지만, 적지 않은 농촌지역의 학교에서도 다문화 학생들의 비중은 점점 높아지고 있다. 특히 한국 사회는 교육 수준이 경제소득에 커다란 영향을 미치는 구조를 지니고 있다. 그러나 다문화 가정 아동의 학업 중단 현상은 상급학교로 진학할수록 높아지는 경향이 나타나고 있다. 다문화 가정은 주로 부계가 한국인이고 모계가 외국 여성인 경우가 많지만, 그 반대로 한국인 여성이 유럽, 미국, 일본, 중국 출신의 남성과 결혼한 사례도 적지 않다. 국내 거주 다문화가족은 부부가 늦게 결혼한 경우가 많지만, 출산이 가족관계 형성과 지속적 정주 환경에 큰 영향을 미친다.

조사기관에 따라 약간 차이는 있지만, 다문화 융합 세대 청소년들이 또래집단과 어울리지 못하는 부적응을 호소하는 비율은 64.7%로 나타났다. 그 주요 원인은 능숙하지 못한 한국어 또는 외모에 따른 차별과 관련된다. 그들이 같은 또래집단의 한국문화에 대한 부적응도 그중 한 가지 이유다. 게다가 중도 입학 외국인 자녀들의 경우에는 친구나 선생님과의 관계가 원활하지 못하고, 의사소통의 주요한 도구인 언어가 제약받고 있어, 고등학교 진학률 역시 약 80%에 그치고 있다. 이와 같은 다문화가정 아동 청소년의 학업 중단과 학교 이탈 현상은 여전히 중요한 문제로 남아있다. 다문화 가정 자녀들은 피부색이나 외모, 서툰 언어와 말투로 놀림이나 따돌림을 당하기도 하지만, 때로는 방치되거나, 학교폭력에 노출되기도 한다.

심지어 중도 입국 청소년들은 다문화 학교가 아닌 경우 일부 입학 신청 과정에서 학교 당국이나 교사로부터 다른 학교를 알아보라는 말을 듣는 등 냉대를 당하는 경우도 많다. 이는 한국어가 서툰 외국인 학생을 받아주면, 학생 관리가 어렵다는 인식 때문이다. 때로는 그들이

일반고등학교 진학을 원하면, 일부 학생들은 대학입시보다는 직업교
육을 받는 특성화 고등학교로 전학을 권유받기도 한다. 국외 출신 '중
도 입국 청소년'들은 학교 입학이 지체되거나 중도에 학업을 포기하거
나 학업 시기를 놓쳐 또래집단과 함께 학교에 다닐 수 없는 경우도
많다. 이런 상황에서 다문화 학생들은 '학교 밖 청소년'으로 전락하는
경향이 높아진다. 다문화 청소년의 학업 중단은 20세 이후 생활방식에
도 영향을 미칠 수 있다. 다문화가정의 자녀들이 학업을 중단하면, 생
계를 위해 아르바이트 등을 하며 차별이나 배제를 겪는 일도 많고,
경제적 궁핍이 악순환되거나 각종 청소년 범죄와 같은 요인에 영향을
받을 가능성도 크다.

■ 제4절 차세대 다문화학생과 다문화 정책

1. 차세대 다문화학생을 위한 상생과 공존형 다문화 정책

다문화에 대한 여러 해석이 존재하지만, 하나의 단일문화로 귀착되
는 것이 아니라 서로 다른 문화가 지속해서 상호 간에 밀접한 관계를
형성하면서, 때로는 주류문화와 하위문화 간에, 때로는 하위문화 간의
상호접촉과 충돌에서 발생한 여러 유형의 갈등과 문제를 극복하는 용
어로 설명될 수 있다. 다문화 정책은 차별-배제정책, 동화주의 모형,
다원주의 모델, 다문화 모델 등으로 구분할 수 있다. 이러한 구분에
대해서도 일부 다른 견해가 있다. 다문화주의에도 여러 형식이 있고,
다원주의 모델도 실제 진행되는 방식에 따라 차이가 있다. 종전의 다문
화주의는 백인우월주의로 평가되기도 했다. 이와 다른 형식으로 사회
의 지속성을 위한 다양성을 인정하는 자유주의적 다문화주의가 있다.

또한, 각 문화 주체의 상호 주체성을 인정한 상태에서 지배 문화를 비판하고 사회정의를 실현하려는 비판적 다문화주의라는 개념도 등장했다.

산업화과정에서 서구 국가들은 국외 이민자 수용정책을 대부분 많은 노동 대비 저렴한 비용이 드는 인력의 측면에서 추진했다. 그러나 글로벌 사회의 출현 속에서 초국가적 인구이동은 보편화되었고, 글로벌 기업처럼 지구촌을 무대로 일정 기간 체류와 이동을 반복하는 노마드 형태의 인구층도 늘고 있다. 세계적인 인력이동은 주로 저개발국가에서 상대적으로 소득이 높고 생활 기반이 안정적인 선진국으로의 이동을 보였다. 그러나 종교적 이유와 인종적 이유로 일정하게 인적 이동상 제약을 받기도 한다. 실제로는 분쟁지역이나 경제위기, 식량 위기 등을 피해 유럽연합, 미국, 캐나다 등지로 이주하려는 난민도 적지 않다. 해외인력 수용 문제는 각 국가가 처해 있는 경제적 상황이나 산업구조, 다문화적 상황과 연결되어 있다. 세계 각국은 해외이주자의 수용이 국내 사회보장정책이나 사회안전망 같은 요소에 미치는 영향에 집중하고 있다. 일부 국가는 한편으로는 해외이민자의 유입을 부족한 기술 인력과 간호인력 등의 해소의 한 대안으로 반기면서도 다른 한편으로는 불법체류와 실업 증가, 외국인 범죄 등의 불안 요소로도 간주한다.[10]

2020년 1월 말 시작된 코로나19 팬데믹을 거치면서, 사회적 거리두기와 비대면 접촉에 따른 개인이나 집단적 공동체 활동이 위축되자, 막대한 피해를 겪은 계층 중 하나가 다문화 계층이다. 인간의 삶의 질을 결정하는 요소 중 하나인 사회생활과 커뮤니티의 존속은 아주 중요하다. 한국은 2000년 이후 삶의 질에 대한 시민 만족도에서 경제협력개발기구(OECD)

---

10) 실제로 불법체류 가정에서 불법체류로 발각될 위험을 감수하며 자녀를 학교에 보내는 사례는 보기 힘들다.

와 주요 20개국(G20) 회원국 39개국 중 27위였다.[11] 유엔 산하 지속가능
발전 해법 네트워크가 매년 발간하는 '세계행복보고서'는 각 국가의
1천 명에게 생활 만족도를 조사한 갤럽의 월드 폴(World Poll)에 따르면,
한국의 행복지수는 2019년 기준 54위에 불과했다.[12]

다문화 차세대가 경제적인 측면에서 한국 사회의 직업적이고 사회
적인 지위상의 불편이나 차별을 어느 정도 받는지에 대한 평가도 중요
하다. 이러한 기존 연구들은 산업인력난과 인력 수급의 불균형을 다루
고 있지만, 국내 인력시장에서 고질적인 차별이나 임금 체납, 산업재해
같은 위험 요소에 대한 진단은 적은 편이다. 내국인 노동자와 외국인노
동자 간 임금 격차 등 기존 노동시장의 이중화와 차별화의 기조는 일부
외국인 노동 인력의 도입으로 변화되지 않을 것이라는 인식을 전제로
한다.

2. 유럽 주요 국가의 다문화 교육 추진 사례

다문화 정책에 대해서는 각 국가에 따라 경험과 제도적 조건이 다르
다. 미국의 초기 다문화 정책은 주류사회로의 동화(assimilation)를 중시
하는 이른바 용광로(melting pot) 정책에 해당한다. 이는 기득권 사회의
헤게모니를 인정하고 소수자그룹의 일방적 적응을 강조한다는 비판을
받아왔다. 물론 미국의 다문화주의 방식도 발전하고 있다. 미국은 초기
다문화 교육의 목적이 문화적 다원주의에 기반하여 소수민족 학생들
에게 동등한 교육 기회를 제공하고 문화소수자들에게 고유성을 유지

---

11) 한국개발연구원은 국가경쟁력지표를 성장 동력, 삶의 질, 환경, 인프라 등 4개 부문으
로 분류하고 있다.
12) 행복지수의 주요 측정지수는 1) 구매력 기준 GDP, 2) 기대수명, 3) 사회적 지지,
4) 선택의 자유, 5) 아량, 6) 부정부패 등 6가지 변수다.

하도록 지원하는 방식이었다.[13] 그러나 1960년대 이후 인종 분리 교육 정책에 대한 위헌 및 반발을 거쳐 미국의 교육계는 인종 간 통합 교육을 추진해왔고, 인종차별과 문화적 다양성의 인정과 인간 존중을 중요한 교육적 목표로 설정하고 있다.(설동훈, 2006) 오늘날 미국의 다문화 교육은 모든 학생이 다문화사회에 효과적인 역할을 하는 방향으로 변화해왔다. 이를 위해 상담 교사를 적극적으로 활용하고 있다.

　미국에 비해 캐나다는 적극적인 다문화 정책을 표방하는 국가로 분류된다. 캐나다 헌법에도 다문화주의가 공공정책의 기본원리로서 포함되어 있을 정도다. 전체 캐나다인 인구의 20%가 다인종, 다민족으로 구성된 조건은 이와 무관하지 않다. 캐나다는 각 민족집단 간의 고유한 정체성을 인정하고, 인종, 종족, 언어, 종교와 무관한 '포괄적 시민권'을 헌법적 지위로서 부여하고 있다. 이는 모든 것을 녹여내 하나로 만들어 내는 용광로와 대비되는 이론 중 하나인 샐러드볼(Salad Bowl) 이론이다. 샐러드 볼은 서로 다양한 문화를 가진 사회구성원들이 각자의 문화 정체성을 유지하면서 사회 내에서 조화로운 통합을 이루는 것을 말한다. 이는 다문화주의의 지향과 유사하다.

　1970년대까지 유색인종의 이민을 배척하는 백호주의 행태를 보이던 호주는 1970년 이후 국가 정책의 기조가 동화주의에서 다문화주의로 전환되었다. 호주의 다문화 정책은 시민적 의무, 상호존중, 상호공평성, 공동이익 추구 등을 원칙으로 삼는다. 또한, 호주 학교에서는 교사들이 제2 언어를 가르치고, 호주 정부는 이민 관련 교육지원 및 재정지원을 강화해왔다. 특히 초기에는 다문화 교육이 영어교육과 언어 적응

---

13) 미국은 하와이 원주민, 알래스카 원주민, 인디언 원주민 집단 등 소수인종에 대해서는 이중언어교육을 위한 학교 지원이나 영어습득 교육, 현지 교사를 위한 이중언어교육과 같은 지원 및 보호 등 다문화 정책을 시행하고 있다.

프로그램 위주로 진행되다가, 점차 문화적 다양성의 존중으로 전개되고 있다. 또한, 호주 정부는 지역 차원의 다양한 문화적 화합을 이끌어가며. 다문화 교육, 종교, 스포츠 등의 프로그램을 지원하며, 소수공동체와 어우러지는 조화로운 삶을, 그리고 인종차별 및 인종주의 반대 프로그램을 통한 조화로운 삶을 강조하고 있다.

독일은 외국인노동자의 유입으로 1980년대 이후 상호문화교육 프로그램을 도입하였고, 토착문화와 비주류 문화 간의 갈등 해소를 위한 노력을 집중해왔다. 2005년 이후 이주민의 사회통합정책을 표방하면서, 이주 초기 충분한 독일어 실력을 갖추지 못한 청소년 대상 특별 보충수업을 실시하고 있다. 이뿐만 아니라 독일은 그들을 사회의 인적 자원으로 육성하기 위해 학교 교육, 직업교육, 언어교육을 집중적으로 실시하고 있다. 또한, 이 과정에서 교사교육과 함께 학부모와의 협력 활동을 강화하고, 이주민 가정의 학부모도 학부모 대표에 참여하도록 유도해왔다.

일본에는 역사적 배경과 성격이 다른 두 인구집단, 즉 올드커머와 뉴커머가 존재한다. 2005년 다문화 인구가 2백만 명을 돌파하자, 일본은 2006년 다문화 공생 정책을 채택한다. 특히 다양한 이민족의 유입에 따른 문화적이고 인종적인 다양성에 따른 사회통합의 약화와 다문화 집단 간의 갈등을 방지하기 위해 다문화 정책을 주로 국가, 지자체, 민간 단체, 기업 등 4개의 주체를 중심으로 추진해왔다. 그러나 외국인 노동자들의 지역 내 연계는 활발하지 않고, 일부는 동화정책으로 전락했다. 주로 동남아에서 연수생 형태로 그들을 수용하여 기업이나 농어촌의 노동력 부족을 해결하고자 했다. 처음에는 이주민을 지역 주민으로 수용해 이해를 높이는 방식을 취했으나, 일본문화에 호의적인 외국인 이주자들을 일본인으로 귀화시키는 방식을 선호하고 있다.[14] 이처럼 일본의 다문화 공생 정책의 성패에 대한 평가가 엇갈린다.

3. 차세대 다문화학생의 다문화 교육

제임스 뱅크스(James Banks)는 다문화 교육을 하나의 개혁 운동으로 인식하여 다인종, 다민족, 다양한 언어, 성별, 사회계층에 속한 사람들이 동등한 교육의 기회를 얻게 하는 데 있다고 주장한다. 다문화 교육은 기존 현지 민족의 문화에 대한 동조나 적응과 같은 방식의 타자의 '민족화'를 통해 이루어지지 않는다. 그것은 양자의 갈등과 충돌을 방치하는 것이 아니라 '상생과 배려, 공존'를 지향할 때, 비로소 사회 안정을 기할 수 있다. 각국의 다문화 충격 사례에 대한 조사를 바탕으로 각국의 정책을 살펴보고, 이를 토대로 한국의 실정에 맞는 객관적 지표로 논의를 발전시킬 수 있을 것이다. 그러한 과정을 통해 이행기의 다문화주의 여건에 대한 평가가 더 효과적일 수 있고, 다문화 충격에 따른 충돌이나 갈등을 관리하는 정책도 도출할 수 있을 것이다.

다문화 친화적인 교육환경의 구성은 중요하다. 즉, 다문화 교육의 구조화, 교사-학생의 다문화 소통역량의 강화, 교육과정에서 다문화 수용성의 강화는 매우 중요하다. 교과교육을 다문화 친화적으로 개선함으로써 다문화교육과 연관된 혼란을 돌파할 통로로서의 교육의 역할이 증진될 수 있다. 그동안 한국 정부는 다문화 아동 청소년들을 위한 다양한 다문화 정책을 추진해왔다. 그런데 그들의 교육여건은 생활환경의 변화에 따라 복합적인 양상을 보인다. 다문화 자녀도 여느 한국인 영유아, 아동, 청소년과 마찬가지로 발달단계에 따라 그 교육의

---

14) 일본 다문화 정책의 이중성은 올드커머에 대한 배제와 외면이다. 일제강점기의 영향으로 일본에 잔류한 재일동포와 재일중국인은 오랫동안 일본 주류사회로부터 사회적인 박해, 차별과 배제, 핍박을 받아왔다.

범위와 내용상의 차별성이 좀 더 촘촘하게 진행되어야 하지만, 이에 걸맞은 매뉴얼이 충분히 개발되어 있지 않다고 볼 수 있다.

다문화 아동 청소년의 경험은 성장 과정에서 인지적, 정서적 심리발달에 큰 영향을 미친다. 초중등학교 시기의 다문화적 감수성은 중요한 의미를 제공한다. 학교에서 집단 따돌림, 또래집단에서의 폭력이나 배제-이탈 등은 그들에게 정체성 혼란을 초래하는 부정적 현상들이다. 자기의 모습을 객관화하여 바라보고, 타자와의 관계 속에서 보편적인 자아정체성을 형성하기 위해 편견의 틀을 깨보는 등 풍부한 다문화의 경험은 특히 중학생들에게 중요한 성장의 밑거름으로 작용할 수 있을 것이다. 청소년 시기의 다문화교육과 다문화 수용성의 향상이 중요하게 대두되고 있지만, 기존 연구들은 대부분 교사와 상담가 등을 대상으로 이루어져 왔다. 최근 아동을 대상으로 한 다문화 수용성의 척도 연구나 성인 일반인 대상의 다문화 수용성에 관한 연구가 진행되고 있으나, 청소년 대상의 체계적인 다문화 수용성에 관한 연구는 아직 부족한 편이다.

다문화가정에서 자녀를 키우는 여성들의 상담과 경험적 사례에서도 나타나듯이 다문화가정의 자녀를 키우는 여성들의 불안감은 언어적, 인종적, 문화적 차이에서도 크게 나타났지만, 무엇보다 부모의 체류자격에 따른 고용 관련 불안감과 교육환경에 대한 불안감이 크게 나타났다. 자녀들의 입국 시기나 연령별 교육은 무엇보다 부모의 여건과 직결되어 있다. 초기 문화적 격차나 부적응을 극복하기 위해서는 공교육 이전 단계에서 한국어에 대한 이해력을 높일 상담 교육이나 방문교육이 매우 중요하다. 중도에 입국한 다문화 자녀들도 각자의 국내법의 지위에 따라 교육상에 큰 영향을 받기도 한다. 국제결혼가정의 자녀 중에서도 중도 입국 자녀는 한국 국적의 취득과 학교 입학 기회가 보장되지만, 본국에서 성장하고 자란 탓에 출신 국가, 출신 민족과 같은 관계에 따라 일반 학교에 진학하지 못하거나, 일부 학교에 입학 후에도 적응하지 못해 학업을 중단하는 등 부적응 사례가 적지 않다. 이와 관련하여 국제결혼 이주여성들은 한국어나 한국문화에 대한 정보 부족이 자녀교육에 어려움을 초래한다고 호소한다. 부모의 한국어 능력과 문화적 부적응은 아동 청소년기의 학교생활 부적응으로 이어질 가능성이 있다. 따라서 다문화 가정 자녀들에 대한 공동체 차원의 협력과 지원도 필요하다.

다문화 가정 자녀들이 한국 사회에 적응하기 위한 한국어와 한국문화의 준비 등은 어느 정도 일정한 시간이 필요하다. 교육부는 다문화 교육의 역량 강화를 2011년 이후 전국 30개 대학에서 추진한 바 있다. 이를 위해 대학생들을 선발하여 다문화 자녀들에 대한 학습지도 및 상담을 통해 학습 능력을 강화하는 다문화 멘토링을 추진해왔다. 이를 추진하는 한국장학재단은 재학 중인 대학생들을 다문화-탈북학생 멘티 학교생활 적응 및 기초학력 향상을 위해 기초학습, 진로상담, 문화 교류 등의 나눔을 실천하는 다문화-탈북학생 멘토링을 진행해왔다.[15]

주요 내용은 멘티의 학교생활 적응력 강화를 위한 고민 상담 및 진로 지도, 기초학력 향상을 위한 학습지도 및 예체능 지도 활동이며, 모국어 멘토링의 경우 한국어, 기초학습 지원, 학부모 가정통신문 및 학교생활 통역 지원 등으로 진행된다. 또한, 농어촌 지역 다문화 학생 특별 활동도 병행되고 있다.

한국교육학술정보원은 한국어에 익숙지 않은 다문화 학생(중도 입국

---

15) 2011년 42개 학교로 시작한 이 프로그램은 2012년 47개, 2013년 52개, 2014년 80개 대학, 2016년 90개 대학, 2018년 87개 대학, 2019년 84개 대학, 2020년 81개 대학, 2021년 75개 대학이 참여하고 있다.

학생, 외국인 학생) 등의 한국어 수준을 진단하는 '한국어 능력 진단 보정 시스템'을 운영하고 있다. 2019년부터 시작된 이 프로그램은 2021년부터는 전체 초등학생으로 확대되고 있다. 한국어 능력이 취약한 학생을 학년 단위로 묶어 학급을 구성하거나 센터관리자나 담당 교사가 진행한다. 한국어 학급 관리와 학생 관리를 통해 한국어 능력 검사 및 보정 학습을 통한 이력 관리를 지원하고, 학생별 한국어 능력에 대한 현재 수준을 파악하는 검사 도구를 통해 학생들의 한국어 능력의 성취도를 파악하고 있다. 진단, 성취도 검사, 보정학습을 거쳐 한국어 학급에서 원적 학급으로 복귀하기 위해 기존 교육과정에서 학습이 가능한 학습 능력을 점검하는 척도 검사도 진행한다.

이러한 다문화 정책의 추진 목표는 다문화 역량 강화에 있다. 이때 다문화 역량이란 자신의 문화정체성을 인식하고, 상대방 문화에 대해 배타적 태도와 편견을 버리고, 타문화를 수용할 수 있는 능력을 말한다. 이는 의사소통의 언어적 또는 비언어적 요소들과 문화적 관습을 해석할 수 있는 능력도 포함한다. 중앙정부에서도 각 부처별로 다문화 교육 정책을 꾸준히 진행해왔다. 여성가족부의 경우, 다문화가족 지원, 다문화가족의 언어 및 교육지원, 다문화가족 대국민 개선 프로그램, 동반 입국 혹은 중도 입국 청소년의 초기 적응 프로그램을 개발하고 추진해왔다. 행정안전부도 외국인 주민의 사회적응 및 자립 지원을 위해 다문화사회지원팀을 구성해 다문화 정착을 위한 교육 및 다문화 정착 지도자 양성 교육을 추진하기도 했다. 이 밖에도 문화체육관광부는 다문화 가정 자녀들의 한국 사회 친화 프로그램을 위해, 전래동화 콘텐츠 보급, 이주가정 자녀를 대상으로 한 한국어 방문학습 교재 개발 등을 꾸준히 추진해왔다.

최근에는 다문화 청소년과 한국인 학생들 간 지역 순례나 탐방, 테마

교육, 마을 축제 참석과 같은 다양한 방식으로 다문화 계층을 지역사회의 일원으로 수용하려는 긍정적인 성과사례도 나타나고 있다. 또한, 마을공동체 차원에서 다문화 자녀들에 대한 공감과 이해, 공생을 위한 어울림 축제도 활발해지고 있다. 이 밖에도 방과후 학교 교실이나 지역아동센터, 지역 청소년교류센터 등에서 다문화 청소년들을 위한 각종 문화 활동이나 교류 활동도 전개되고 있다. 일부에서는 그에 못지않게 한국 청소년들을 대상으로 다문화 수용성을 높이기 위한 청소년 다문화 인성교육을 실시하고, 전반적인 다문화 인식개선을 위한 캠페인과 지역사회의 배려와 지원도 꾸준히 추진되어야 한다고 주장하기도 한다.

■ 제5절 한국 차세대 다문화 정책

이 연구의 목적은 한국 사회가 인적 구성변화 등 다문화사회로의 이행이 불가피한 상황에서 이에 따른 사회갈등과 문화충돌을 최소화하기 위하여, 다문화 차세대의 사회적 정착을 위한 정책적 방안을 고찰하는 데 있다. 이를 위해 한국 내 다문화 현상, 이주민과 주류 한국인사회의 사회통합 문제, 다문화 차세대를 위한 다문화주의 정책의 방향을 살펴보았다.

다문화사회는 각자의 존재 방식에 대한 깊은 이해와 배려, 상호존중에 기초한 사회통합이 필요하다. 국내 다문화 현상은 취업 목적의 외국인력뿐만 아니라 귀환 동포, 난민 문제와 같은 새로운 현상에 의해 더욱 강화되고 있다. 외국인력의 도입이 언제까지나 일자리 부족에 따른 외국인력의 보완적 대체라는 측면으로 접근할 수만은 없다. 따라서, 현재 시점에서 한국 생활이 장기화하면서 한국 사회에 터전을 내린

외국 출신 이주자들에 대한 존중과 그들의 사회 정착을 위한 다문화 정책의 전환은 매우 중요하다. 외국인력의 의사소통 제약, 일하는 방식과 종교나 문화적 차이, 일의 낮은 숙련도와 정밀성의 부족, 그리고 내국인보다 낮은 생산력 등은 극복해야 할 편견일 뿐이다.

그러나 한국 사회가 다문화 현상의 확산 속에서도 미래 주역이 될 다문화 차세대가 가진 특수성을 수용하지 못하고 계속 편견과 차별적인 태도를 유지한다면, 향후 한국 사회의 집단갈등은 더욱 심화할 가능성이 매우 크다. 다문화 차세대가 청소년기에 민족과 인종을 초월한 개방적 태도를 형성하고, 다른 민족이나 인종과 긍정적인 관계를 맺는다면, 그 소중한 경험은 성인기까지 영향을 미칠 것이다. 청소년기 다문화 차세대는 한국 사회에서 겪고 있는 고통스러운 차별과 배제의 경험이 다문화 차세대의 사회진출과 직업 선택 등에 영향을 미치고, 한국 사회를 떠날 수 없는 상황에서 지속해서 갈등과 충돌의 악순환을 촉진할 가능성도 있다.

한국 사회에서 다문화가정 아동과 청소년들이 소규모 공동체에서의 다양한 대인 관계를 통해 겪는 인지적, 정서적 혼란은 그들의 심리발달에 큰 영향을 미치게 된다. 초중고등학교 시기의 집단 따돌림, 학교폭력, 다양한 일탈 행위 등은 이러한 정체성 혼란의 시기에 나타나는 부정적 현상들이라고 할 수 있다.

그동안 지속해 온 다문화 청소년과 한국인 청소년 간 차이만 중시하는 태도를 지양하고, 문화 다양성에 주목하는 개방적 사고도 중요하다. 현재 한국 정부도 미래 한국 사회의 주역이 될 청소년들의 다문화 수용성을 높일 수 있는 다양한 다문화 교육 프로그램을 개발하고 있으나, 이러한 프로그램의 효과를 평가할 수 있는 적절한 척도가 없고, 과학적 검증도 이루어지지 못하고 있다는 점이 문제로 지적되고 있다.

　마지막으로 향후 다문화 차세대가 삶의 질 개선을 통한 행복한 삶과 경제적 측면에서 한국 사회에서 직업적이고 사회적인 지위상의 불편이나 차별 정도의 평가 등 종합적인 다문화정책의 개선방안도 필요한 상황이다. 현재 한국 정부가 지향하고 있는 사회통합을 이루기 위해서는 이주자인 다문화가족과 한국 사회 간의 상호 협력이 필요하다. 따라서, 이 연구의 결과는 다문화 차세대에게 상호문화에 대한 개방의 필요성, 공생 혹은 상생을 위한 이해와 포용의 정신을 확대하는 다문화 정책이 요구된다는 점을 시사하고 있다.

참고문헌

[국문]

고길희(2008), 「"한류"와 "혐한류"로 본 일본 젊은이들의 변화」, 『일본근대학연구』 제19집.
고정자·손미경(2010), 「한국문화 발신지로서의 오사카 이쿠노쿠 코리아타운」, 『글로벌
　　문화콘텐츠』 제5호.
고재남(1996), 『구소련지역 민족분쟁의 해부』, 경남대학교 출판부.
고봉준(2008), 「재일조선인 문학에서 '기억'과 '망각'의 문제」, 『우리어연구』 30.
교육과학기술부(2008), 『다문화가정 학생교육 지원계획』.
구해근·유의영(1981), 『한국인의 미국이민』, 하와이동서문화센터.
구재진(2010), 「제국의 타자와 재일(在日)의 괴물 남성성-양석일의 『피와 뼈』 연구-」,
　　『민족문학사연구』.
국제문화산업교류재단(2009), 『한류동향보고서』.
국립민속박물관(2005), 『재외 한인동포 이주의 역사와 문화』, 집문당.
권성우(2009), 「재일디아스포라 여성소설에 나타난 우울증의 양상-고 이양지의 작품을
　　중심으로-」, 『한민족문화연구』 第30輯.
곽승지(2013), 『조선족, 그들은 누구인가』, 인간사랑.
김게르만(2005), 『한인 이주의 역사』, 박영사.
김게르만(2010), 『해외한인사 1945~2000』, 경기 파주: 한국학술정보(주).
김경희(2004), 「푸에르토리코의 언어정책」, 『라틴아메리카연구』 제7권 2호.
김경희(2010), 「한류를 통한 한국·일본·재일코리언의 새로운 관계 구축을 위한 제언」,
　　『在外韓人研究』 제22호.
김경학(1999), 『중앙아시아 한인의 사회구조와 문화』, 한국학술정보(주).
김병학(2019), 『고려인은 누구인가?』, 도서출판 고려인마을, 4-5쪽.
김병조, 김복수 외(2011), 『한국의 다문화 상황과 사회통합』, 한국학중앙연구원 출판부.
김봉섭(2009), 『재외동포가 희망이다』, 도서출판 엠-에드.
김이선·김인순 외(2008), 『다문화사회로의 이행을 위한 문화정책 현황과 발전방향』, 한
　　국여성정책연구원.
김인호(1992), 『재영 한인회 어제와 오늘』, 재영 한인회.
김원호(1994), 『북미의 작은 거인 멕시코가 기지개를 켠다』, 서울: 민음사.
김영기(1999), 「구소련지역 고려인 언론과 민족 정체성」, 『전남대학교 사회과학연구소
　　연구 총서』 5.
김영술(2020), 「국내 거주 고려인의 민족정체성과 국가정체성 형성과 변화 연구」, 『재외
　　한인연구』 51, 33-35쪽.
김용필·임영상 외(2020), 『한국에서 아시아를 찾다』, 아시아발전재단, 199-200쪽.
김영화(1998), 「재일제주인의 세계-양석일의 『피와 뼈』」, 『탐라문화』 19권, 제주대 탐라

문화연구소.

김승경(2013), 『다문화 청소년 종단조사 및 정책 방안 연구: 다문화청소년의 학교생활 적응에 관한 연구』, 한국청소년정책연구원 연구보고서.

김상준·이주한 외(2010), 「'한류'에 대한 태도가 서비스 구매 의도에 미치는 영향: 서비스 평가의 조직효과와 매개효과에 대한 중국, 일본시장의 비교연구」, 『International Trade Business Institute Review』 제16권 제2호.

김세도·서상호(2011), 「중국 시청자들의 한류 드라마 수용에 관한 주관성 연구」, 『人文社會科學硏究』 32호.

김세건(2005), 「멕시코 한인동포의 이주사와 생활문화」.

김지영(2009), 「「조국」 문화로서의 「한류」, 재일한국조선인의 「한류」 미디어 접촉을 중심으로」, 『일본문화학보』 제41집.

김재기(2014), 「광주광역시 광산구 지역 귀환 고려인의 이주 배경과 특성」, 『재외한인연구』 제32권, 139-163쪽.

김종회 편(2003), 『한민족 문화권의 문학』, 국학자료원.

김종회(2008), 「남북한 문학과 해외 동포문학의 디아스포라적 문화 통합」, 『한국현대문학연구』 25.

김태기(2004), 「재미한인경제의 규모와 구조」, 『지역개발연구』 제36권 제1호.

김태영·박재수(2006), 「재일한국인 기업가의 상황구조에 관한 연구」, 『일본문화학보』 제30집.

김판준(2022), 「다문화 정책학교의 외국인·다문화 교육 연구: 서울 대동초, 충무초, 광희초, 구로중 사례를 중심으로」, 『재외한인연구』 제56호, 57-78쪽.

김현미(2008), 「이주자와 다문화주의」, 『현대사회와 문화』 26호, 57-79쪽.

김휘정(2012), 「문화 다양성 기반의 다문화 정책 방향」, 『이슈와 논점』, 552쪽.

김환기(2009), 「재일디아스포라 문학의 '혼종성'과 세계문학으로서의 가치」, 『日本學報』 第78輯.

김환기(2011), 「재일코리언 문학과 디아스포라-이회성의 『流域』을 중심으로-」, 『일본학』 제32집.

강태중 외(2011), 『사회통합을 위한 다문화 교육의 현황과 과제』, 국회입법조사처.

곽재석(2021), 「국내 동포 밀집거주지역의 지방자치단체 외국인 주민 정책 현황과 개선방안」, 『재외한인연구』 제55권, 1-31쪽.

광주시립박물관(2019), 『광주 고려인 마을 사람들』, 엔터, 28쪽.

권희영(2011), 「다문화정책과 한인디아스포라」, 『재외한인연구』 제23권, 77-100쪽.

라틴아메리카 학회(1996), 『라틴아메리카 연구』, 서울: 집문당.

류방란(2011), 『중도입국 청소년의 교육 실태 및 교육복지방안연구』, 제71차 여성정책포럼 자료집.

류은영(2011), 「프랑스 글로벌 한류의 가능성」, 『프랑스문화예술연구』 38호.

류정아(2009), 『다문화지표 개발연구』, 한국문화관광연구원.

민만식·강석영·최영수(1993), 『중남미사』, 서울: 민음사.

민원정(2011), 「중남미 한국어교육과 한국학의 발전적 연계를 위한 한류 활용방안」, 『국제한국어교육학회 학술대회논문집』.

문경희(2008), 「호주 다문화주의의 정치적 동학, 민족정체성 형성과 인종 문화갈등」, 『국제정치논총』 제8권 81호.

문영석(2005), 「캐나다 이민정책에 대한 분석과 전망」, 『국제지역연구』 4권 1호.

법무부(2007), 『출입국관리 통계연보』.

반병률(2008), 「러시아 한인사회와 정체성의 변화: 러시아 원동 시기(1863~1937)를 중심으로」, 『한국사 연구』.

박경철(2012), 『외국인 범죄 현황 및 정책 방향』, 경기개발연구원.

박미희(2011), 「은유 추출 기법을 활용한 중국인의 한류 인식」, 『漢城語文學』 제30호.

박명규 외(1996), 『중앙아시아 한인의 의식과 생활』, 서울: 문학과 지성사.

박보리스 외(2004), 『러시아에서의 140년간』, 시대정신.

박성순·류웅재(2011), 「한류 문화산업에 대한 비판적 제언과 전망 한류 문화산업에 대한 비판적 제언과 전망」, 『우리춤연구』 제15호.

배정민(2011), 「한류가 중국소비자의 구매태도에 미치는 영향에 관한 실증연구: 임식제품 및 임식기업이미지 중심으로」, 『현대중국연구』 제11권 제2호.

백원담(2005), 『동아시아의 선택, 한류』, 펜타그램.

브라질한인이민사편찬위원회(2011), 『브라질 한인 이민 50년사(1962~2011)』.

신춘호(2011), 「심양 코리아타운 '서탑'과 한국문화: 심양 한국주간과 2010년 중국 글로벌 한상대회의 경우」, 『在外韓人研究』 24호.

심헌용(2004), 『고려인의 신이주와 NGO의 역할 – 연해주와 볼고그라드』, 러시아 고려인 역사 140년.

서성철(2005), 「라틴아메리카와 한국이민-멕시코 한인사회와 현지적응」, 『라틴아메리카연구』 17권 4호.

성상환(2010), 『다문화가정 동반, 중도입국자녀 교육수요 및 지원방안 연구』, 교육과학기술부.

손미경(2009), 「한·일 간 문화콘텐츠 영화교류와 재일코리언」, 『在外韓人研究』 제20호.

손승혜(2011), 「유럽의 한류와 K-pop 팬덤 형성 과정과 그 의미」, 한국언론학회 심포지엄 및 세미나.

송기도·강준만(1996), 『콜럼버스에서 후지모리까지』, 서울: 개마고원.

송재룡(2009), 「다문화주의와 인정의 정치학 그리고 그 너머 찰스테일러를 중심으로」, 『사회이론』 제5권 5호.

아르헨띠나 한인 이민 문화 연구원(2005), 『아르헨띠나 한국인 이민 40년사』.

암금영(2003), 「초기 멕시코 한인 이주민의 쿠바 정착 과정」, 『서어서문연구』 제28호.

이구홍(1979), 『한국 이민사』, 중앙신서, 53.

이교범(1992), 『아르헨티나 한인이민 25년사』, 선영사.

이광규(1999), 『재외동포』, 서울대학교 출판부.

이광규(2000), 『재외동포』, 서울대학교 출판부.

이광규(2005), 『동포는 지금』, 파주: 집문당.

이선옥(2007), 「한국에서의 이주노동 운동과 다문화주의」, 『한국에서의 다문화주의 현실과 쟁점』, 한울.

이선주·양애경 외(2008), 『여성 결혼이민자를 위한 사회 서비스 현황과 정책과제』, 한국여성정책연구원.

이수자(2004), 「이주여성 디아스포라 국제 성별 분업 문화 혼종성, 타자화와 섹슈얼리티」, 『한국사회학』 38권 2호.

이수정 외(2008), 「다문화사회의 이주여성에 대한 연구: 범죄피해에 대한 취약성을 중심으로」, 『한국심리학회지』 제13권 1호, 한국여성심리학회.

이종득(2004), 「멕시코 한인 후손들의 정체성 연구: 현황과 정책」, 『라틴아메리카연구』 제17권 3호.

이장섭(2006), 『중국조선족 기업의 경영활동』, 북코리아.

이창언(1998), 「캐나다 소수민족의 민족정체성과 사회문화적 적응」, 『한국문화인류학』 제1권 2호.

이은숙(2006), 「이민공간에 대한 재미한인의 지각」, 『문화역사지리』 제18권 제3호.

이영미(2005), 「가네시로 가즈키의 《고(GO)》에 나타난 '국적(國籍)'의 역사적 의미」, 『현대소설연구』 37.

이영민(2007), 「로스앤젤레스 한인타운의 지방노동시장 특성과 지역정책성 탐색 : 한인 불법체류노동자에 활동을 중심으로」, 『문화역사지리』 제19권 제3호.

이용승(2004), 「호주의 다문화주의」, 『동아시아연구』.

이용선·황형태·김승기(2010), 「중남미지역의 한류 진출 현황과 전망」, 『중남미연구』 제28권 제2호.

이용식(2010), 『재일조선인 아리랑』, 논형 출판사.

이창현·정석균(2011), 「한류 체험경로별 국가이미지 제고 효과 분석」, 『브랜드디자인학연구』 제9권 제1호.

이혜경(2007), 「이민정책과 다문화주의 정부의 다문화정책 평가」, 『한국적 다문화주의의 이론화』, 한국사회학회.

이호상(2011), 「에스닉 커뮤니티 성장에 따른 지역사회의 변화: 도쿄 신오쿠보를 사례로」, 『한국도시지리학회지』 제14권 2호.

이회성(2007), 『나의 삶, 나의 문학』, 동국대 문화학술원.

이한창(1992), 「재일 교포문학의 주제 연구」, 『한국일본학회』.

이한창(1996), 『재일 교포문학의 작품성향 연구-정치의식 변화를 중심으로』, 중앙대 박사논문.

이해창(1971), 『한국신문사연구』, 성문각.

이향진(2011), 「한류와 자이니치」, 『일본학』 제23집.

임영언(2006), 『재일코리안 기업가 창업 방법과 민족 네트워크』, 한국학술정보, 59쪽.

임영언 외(2006), 『재일코리안 기업의 경영활동』, 북코리아.

임영언(2010), 「일계인(日系人)디아스포라: 초민족공동체 형성과정 연구」, 『日本文化學

報』第46輯.

임영언(2011), 「일계인(日系人)디아스포라의 귀환과 브라질타운형성에 관한 연구 : 군마현 오이즈미마치 일계브라질타운을 중심으로」, 『한국동북아논총』 제16집 제4호(통권 61호).

임영언(2011), 「일계인(日系人)디아스포라 브라질 이주사와 전시문화콘텐츠 고찰」, 『日本文化學報』 第50輯.

임영언(2011), 「재한일본인의 이주역사와 동부이촌동 일본인집거지 형성배경 고찰」, 2011년 12월 26일 전남대학교세계한상문화연구단 공동학술회의 발표논문.

임영언(2012), 「재한일본인의 집거지 공동체 형성과 디아스포라적 문화의 특성 고찰」, 『동북아연구』 제27권 2호.

임영언(2012), 「한류문화의 코리아니즘적 성향과 코리아타운 일본인에 미친 영향」, 『일어일문학』 제55집.

임영언·임온규(2012), 「한국문화의 전파매개자로서 코리아타운 연구」, 『일본문화학보』 제54집.

임영언·임온규(2013), 「한류문화를 통한 한국이미지 변용에 관한 연구」, 『일어일문학연구』 제84집.

임영언·이석인(2013), 「한류에 대한 일본인의 의식조사-신오쿠보 코리아타운 방문자를 중심으로-」, 『일어일문학』 제57집.

임영상(2011), 「한국문화의 허브로서의 재외한인사회」, 『역사문화연구』 제40집.

임영상(2003), 『독립국가연합 고려인사회 연구』, 다해.

임천택(1954), 『쿠바한인이민사』, 아바나: 태평양주보사.

임채완·전형권(2006), 『재외한인과 글로벌 네트워크』, 파주: 한울아카데미.

임채완·허성태 외(2012), 『이미지로 보는 한인디아스포라와 한반도』, 북코리아.

임채완·허성태 외(2012), 『연해주 고려인의 법과 생활, 그리고 교육』, 북코리아.

임형백(2009), 「한국의 도시지역과 농촌지역 다문화사회의 차이와 정책 차별화 연구」, 『한국지역개발학회지』 제21권 1호, 한국지역개발학회.

오가타 요시히로(2006), 「자이니치(在日)〉의 기원과 정체성」, 연세대 대학원 석사논문.

오만석 이길상 외(2018), 『글로벌시대의 다문화 교육』, 한국학중앙연구원 출판부.

오성배(2011), 『다문화 교육 정책의 교육사회학적 탐색』, 한국교육사회학회 학술대회 발표문.

오성배(2010), 『다문화사회 교육의 현황과 문제점』, 국회입법조사서 교육과학팀.

오성배외(2008), 『다문화가정 학생교육지원 중장기 계획수립을 위한 연구』, 교육과학기술부.

오장환(2005), 『유럽지역 한인사회 역사와 현황: 프랑스 사례를 중심으로』, 국사편찬위원회.

오성환 외(2001), 『시간의 시련』, 시대정신.

오은순·김민정 외(2008), 『다문화교육을 위한 범교과 교수·학습프로그램 개발연구』, 한국여성정책연구원.

오영섭(2010), 「메디컬 에스테틱 관광과 한류 인식이 관광 이미지, 한국음식 인식, 관광

만족, 행동 의도의 영향 관계 -방한 중국인, 일본인 관광객을 대상으로」, 『한국조리학회』 16권 제5호.

외교통상부(2005), 『재외동포 단체조직현황』.

외교부(2011), 『재일동포사회 현황』.

외국인정책위원회(2006), 『외국인정책기본방향 및 추진체계』, 외국인정책위원회.

유의정·전형진(2011), 『다문화 교육의 현황과 과제-현장조사보고서』 21, 국회입법조사처.

유의정 외(2010), 『다문화 정책 추진실태와 개선 방향』, 국회입법조사처.

유연숙(2011), 「동경의 코리아타운과 한류」, 『在外韓人硏究』 제25호.

유상철·안혜리 외(2005), 『한류DNA의 비밀: 소프트 파워, 소프트코리아의 현장을 찾아서』, 생각의 나무.

유세경 외(2012), 「중국 일간지의 '한류'보도에 나타난 프레임 분석: 2001~2010년 기간에 보도된 기사 분석을 중심으로」, 『한국언론정보학보』 제57호.

유숙자(2003), 「해방 후 재일동포 문학을 일군 사람들」, 『한일민족문제학회』.

유미리 저, 김남주 옮김(2004), 『8월의 저편』, 동아일보사.

윤인진(1997), 「다인종 사회에서의 소수민족관계: 미국에서의 한흑갈등을 중심으로」, 『한국사회학』 제31집.

윤인진(2005), 『코리안 디아스포라: 재외한인의 이주, 적응, 정체성』, 고려대학교 출판부.

윤인진(2008), 「한국적 다문화주의의 전개와 특성」, 『한국사회학』, 42권 2호.

예동근 외(2011), 『조선족 3세들의 서울이야기』, 백산서당.

신현준(2012), 「포스트 소비에트 공간에서 고려인들의 과국적 이동과 과문화적 실천들-재한 고려인들의 생활세계와 문화적 교섭」, 『사이間SAI』 12, 167~168쪽.

선곡유하, 이영선(2017), 「청소년의 다문화 행동 의도와 다문화 인식, 다문화 자기효능감 다문화 태도의 구조적 관계」, 『다문화교육연구』 제10권 3호, 21-49쪽.

설동훈(2006), 「선진 외국의 다인종·다문화 정책 사례」, 『지방의 국제화』 114.

전경수(1991), 『브라질의 한국이민』, 서울대학교 출판부.

전경수(1996), 『세계의 한민족-중남미』, 통일원.

전북대학교 재일동포연구소 편(2008), 『재일동포문학과 디아스포라 1』 제이앤씨.

정경원 외(2005), 『멕시코 쿠바 한인 이민사』, 한국외국어대학교 출판부.

정병진·남빅토르(2011), 「고려인의 이주와 정체성」, 『관훈저널』 120.

정진경·양계민(2004), 「문화적응이론의 전개와 현황」, 『한국심리학회지: 일반』 제23권 1호.

정대화(2003), 『하와이 한인 이민 1세』, 도서출판 들녘.

정영태(2009), 「서구 다문화사회의 국제이주민 정책과 실태」, 『한국학 연구』 20, 인하대 한국학연구소.

정성호(1998), 「유태인 네트워크의 위력」, 『사회과학연구』 제37집.

정수영(2009), 「일본 내 혐한류(嫌韓流)의 성격과 함의」, 『한국언론학회』, 2009년 한국언론학회 50주년 기념행사 및 봄철 정기학술대회.

정수영(2011), 「일본 내 한류지형의 탐색 및 한류 수용자의 문화적 실천에 관한 연구」,

『미디어, 젠더&문화』 20호, 한국여성커뮤니케이션학회.

정수영(2010), 「만화 혐한류(マンガ嫌韓流)」의 이야기 분석을 통해 본 일본 내 혐한류에 관한 연구」, 『한국출판학연구』 제58호.

정재남(2008), 『중국의 소수민족』, 살림.

정형(2009), 『일본 일본인 일본문화』, 다락원.

장미혜(2008), 「다문화사회의 미래와 정책적 대응방안」, 『젠더리뷰』 10, 한국여성정책연구원.

장사선(2010), 「재일한민족 소설에서의 폭력」, 『현대소설』 45.

장선미(2004), 「재미한인 경제 현황 분석: 미국 5개 지역 설문조사를 중심으로」, 『한국동북아논총』 제30집.

장선미(2004), 「재미한인 자영소기업 실태분석」, 『한국동북아논총』 제31집.

장태한(2004), 『소수자로서의 재미한인』, 한울아카데미.

재일본조선인총련합회(2005), 『총련: 총련결성 5돐에 즈음하여』, 재일본조선인총련합회.

충청북도·충청북도의회 정책복지위원회(2023), 『충청북도 고려인 정착지원 정책토론회 [고려인의 권익증진과 생활 안정 방안 모색]』, 발표 및 토론 자료집.

충청북도교육청 지정 다문화 교육 연구학교 봉명초등학교(2022), 『2022. 충청북도 연구학교 박람회. 상호문화이해 교육을 통한 함께 성장하는 학교 만들기』, 안내 책자, 4-7쪽.

최금좌(2007), 「재브라질 한인이민사회: 세계화 시대 도전과 성취 그리고 전망」, 『중남미연구』 제25-2권.

최경린·박정의(2011), 「자아구성이 문화변용전략에 미치는 영향: 재한 중국인 유학생을 중심으로」, 『한국언론학보』 55권 5호.

최성수·한주희(2006), 「국가와 이민정책 미국의 이민법을 중심으로」, 『미국학논집』 제8권 2호.

최순호(2004), 『조선족 이야기』, 민음사.

최윤정(2009), 「문화체육관광부 다문화주의정책 추진현황 및 계획」, 『다문화사회의 문화예술』, 경기문화포럼.

최정(2010), 「재일 한국인 정의신 희곡 연구」, 『한국언어문학』 제74집.

최종렬(2009), 「탈영토화된 공간에서의 다문화주의 문제적 상황과 의미화 실천」, 『사회이론』 35권.

최종렬(2009), 「탈영토화된 공간에서의 베트남이주여성의 행위전략, 은혜와 홍로안의 사랑과 결혼이야기」, 『한국사회학』 43권 4호.

최종렬·김정규 외(2008), 『다문화주의의 이론적 패러다임과 국가별 유형 비교』, 한국여성정책연구원.

최종렬·최인영(2008), 「국제 결혼이주여성에 대한 문화사회학적 접근 방법론적·윤리적 논의를 중심으로」, 『문화와 사회』 4권.

최종렬·김정규 외(2008), 『다문화주의의 이론적 패러다임과 국가별 유형 비교』, 한국여성정책연구원.

최종호(2004), 「푸에르토리코의 이중언어상황과 한국에서의 영어공용화문제」, 『스페인 어문학』 제2호.

최한우(1996), 「구소련 해체 후 중앙아시아 형상과 한인의 정체성 문제」, 『한국사회사학 회』 48, 165-239쪽.

최협(1995), 「미국의 민족문제」, 『지역연구』 4권 3호.

최협·이정덕(2003), 『미국하와이지역 한인동포의 생활문화』, 국립민속박물관.

프레드 벅스텐·최인범(2003), 『코리안 디아스포라와 세계 경제』, 국제경제연구소.

프레데릭·아이버슨 피터 엮음, 유시우 옮김(2000), 『미국사에 던지는 질문』, 서울: 영림카 디널.

하상일(2009), 「해방 이후 재일디아스포라 시문학의 역사와 의미」, 『한국문학논총』 제51 집, 한국문학회.

한세르게이·미하일로비치 외(1999), 『고려사람, 우리는 누구인가』, 고담사.

함정현 외(2008), 「한국의 다문화사회 형성과 지방자치 단체의 역할」, 『동방학』 15.

홍기삼(2001), 『재일한국인 문학』, 솔.

한국통계청(2022), 『KOISS 2020년 12월 말 기준』.

한국노동연구원(2014), 『한국의 이민정책 쟁점과 과제』, 한국노동연구원.

한동욱(2011), 「특별연재: 유태인과 이스라엘의 생존, 번영방법(1)」, 『군사논단』 66권.

한·유럽 연구회(2003), 『유럽한인사: 프랑스와 독일을 중심으로』, 재외동포재단 연구보 고서 2000-1.

허명숙(2009), 「민족정체성 서사로서 재일동포 한국어 소설」, 『현대소설』 40.

헌팅턴 새뮤얼, 형선호 옮김(2004), 『새뮤얼 헌팅턴의 미국』, 서울: 김영사.

현대경제연구원(2007), 『한류현상과 문화산업 발전전략』, 보고서.

현인규 외(2010), 「중국 의류브랜드시장에서의 한류의 영향과 마케팅 전략 중국 의류브랜드 시장에서의 한류의 영향과 마케팅 전략」, 『사회과학연구』 16권 2호.

황민호(2005), 『일제하 만주지역 한인사회의 동향과 민족운동』, 서신원.

황정미(2009), 『이주민의 사회통합을 위한 지역사회 참여현황과 증진방안』, 한국여성정 책연구원.

황정미(2011), 「다문화 담론의 확산과 '국민'의 경계에 대한 인식 변화: 의식조사 결과 분석을 중심으로」, 『재외한인연구』 24호, 7-41쪽.

황현희(2018), 「다문화 학생의 현황과 시사점」, 『지표로 보는 이슈』 131, 국회입법조사처.

황혜경(2008), 「한류로 인한 일본인의 한국과 재일코리안에 대한 인식 변화-관서 지방을 중심으로-」, 『일본문화학보』 36집.

황혜경(2009), 「일본사회에서의 한류열풍으로 인한 한국인과 재일코리안에 대한 인식 변화-연령별 분석-」, 『일본문화학보』 42집.

황혜경(2010), 「재일코리안에 있어서 민족축제 의미와 호스트사회와의 관계-오사카시와 가와사키시를 중심으로」, 『일본문화학보』 46집.

[일문]

アンジェロ・イシ(1995),「「出稼ぎビジネス」の発生と生活環境の変化」,『共同研究出稼ぎ日系ブラジル人』, 明石書店.

足立伸子編著(吉田正紀・伊藤雅俊訳)(2008),『ジャパニーズ・ディアスポラ』, 新泉社.

イヒャンジン(2008),『韓流の社会学 : ファンダム、家族、異文化交流』, 岩波書店.

石川友紀(1989),「ブラジルにおける日本移民の地域的分布と職業構成の変遷第二次世界大戦前を中心に」,『琉球大学法文学部紀要』, 史学・地理学編, 32.

移住労働者と連帯する全国ネットワーク(2006), 「外国籍住民との共生に向けて—NGOからの政策提言」, 現代人文社・大学図書.

稲見敏夫・江口敏樹(2007),「出入国管理行政の現状と今後に向けて」,『国際人流』236号, 入管協会.

林永彦(2010),「日系人ディアスポラ: 超民族共同体形成過程研究.」,『日本文化学報』第46輯.

林永彦(2011),「日系人ディアスポラ帰還とブラジルタウン形成に関する研究: 群馬県大泉町日系ブラジルタウンを中心に」,『韓国東北亜論叢』第16輯 第4号.

林永彦(2011),「日系人ディアスポラ移住史と展示文化コンテンツ考察」,『日本文化学報』第50輯.

李英和(1994),『北朝鮮秘密集会の夜 : 留学生が明かす"素顔"の祖国』, クレスト社.

呉圭祥(1992),『在日朝鮮人企業活動形成史』, 雄山閣出版.

梁京姫(2009),「在日韓国人企業家が韓国の金融業界に及ぼした影響−新韓銀行を中心に−」,『現代韓国朝鮮研究』第9号.

江橋崇編(1993),『外国人は住民です』, 学陽書房.

梶田孝道(2005),「人の移動と国家の制御」梶田孝道・丹野清人・樋口直人『顔の見えない定住化』, 名古屋大学出版会.

外国人ウォッチ・ネットワーク編(2004),『外国人包囲網—「治安悪化」のスケープゴート』, 現代人文社.

外国人医療・生活ネットワーク編(2006),『講座外国人の医療と福祉』, 現代人文社.

外国人の子どもの教育と人権ネットワーク(2006), 『2005年度外国人の子どもの就学状況実態調査報告書』.

外交資料館所蔵(1918),「第7回送金目録」,『在外日本人送金送達雑件』, 第三巻参照.

金元祚(1984),『凍土の共和国: 北朝鮮幻滅紀行』, 亜紀書房.

金泳徳(2011),『韓流の今と見通し』, 東京第8回韓国人研究者フォーラム.

久保山亮(2003), 「ドイツの移民政策—移民国型政策へのシフト?」小井土彰宏編著『移民政策の国際比較』, 明石書店.

久保山亮(2005),「欧州諸国における移民政策と国内政治」山口二郎・宮本太郎・小川有美編『市民社会民主主義への挑戦』, 日本経済評論社.

小井土彰宏(1992),「メキシコ系"非合法"移民労働者とアメリカ国家—歴史的動態と1986年移民改革法—」, 百瀬宏・小倉充夫編,『現代国家と移民労働者』, 有信堂第4章.

小井土彰宏(2003), 「岐路に立つアメリカ合衆国の移民政策—増大する移民と規制レジーム

の多重的再編成過程」, 小井土彰宏編著『移民政策の国際比較』, 明石書店.

近藤敦(2001), 『外国人の人権と市民権』, 明石書店.

近藤敦(2001), 「比例原則に反し, 恣意的に退去強制されない権利と立憲性質説」, 国際人権
　　　15.

国際人流編集局(2006), 「在留特別許可に係るガイドライン」, 『国際人流』, 235号, 入管協会.

佐久間孝正(2006), 『外国人の子どもの不就学―異文化に開かれた教育とは』, 勁草書房.

自治体国際協会(2005), 『多文化共生社会に向けた調査報告書』.

杉田敦(2005), 『境界線の政治学』, 岩波書店.

樽木英樹(2001), 「ポストナショナルな市民権は可能か?―「アイデンティティの先験的選択」か
　　　らの批判的検討」, 梶田孝道編, 『国際化とアイデンティティ』, ミネルバ書房.

丹野清人(2006)「外国人住民と自治体」, 『国際文化研修』52, 全国市町村国際文化研究所.

鄭暎恵(2003)『〈民が代〉斎唱―アイデンティティ・国民国家・ジェンダー』岩波書店.

手塚和彰(2001), 『外国人と法 [第2版] 』, 有斐閣.

永野慎一郎(2010), 『韓国の経済発展と在日韓国企業人の役割』, 岩波書店.

NIRA・シティズンシップ研究会編(2001), 『多文化社会の選択』, 日本経済評論社.

浜井浩一・芹沢一也(2006), 『犯罪不安社会―誰もが「不審者」?』, 光文社.

河明生(1996), "日本におけるマイノリティの起業家活動: 在日一世朝鮮人の事例分析", 『経
　　　営史学』経営史学編集, 東京大学出版会, 第三〇巻第四号.

韓載香(2010), 『「在日企業」の産業経済史：その社会的基盤とダイナミズム』, 名古屋大学出
　　　版会.

韓載香(2007), 『民族金融機関の全国展開』, 東京大学21世紀COEものづくり経営研究セン
　　　ター.

林瑞枝(2002), 「人の自由移動と国家を越える市民権―ヨーロッパ統合のなかで」, 梶田孝道・
　　　林永彦(2004), 『韓国人企業家: ニューカマーの起業過程とエスニック資源』, 長崎出版,
　　　76等.

小倉充夫編, 『外国人・移民政策と国民国家の論理―日本の場合』, 梶田・小倉編, 前掲書.

閔寛植(金敬得・金容権訳)(1994), 『在日韓国人の現状と未来』, 高麗大学校亜細亜問題研究所.

渡戸一郎(2006), 「多文化都市論の展開と課題―その社会的位相と政策理念をめぐって」, 『明
　　　星大学社会学研究紀要』26.

渡邊博顕(2005), 「非正規就労外国人労働者の雇用・就業に関する事例」, 労働政策研究・研
　　　修機構ディスカッションペーパー.

日本ブラジル交流史編纂委員会(1995), 『日本ブラジル交流史日伯関係100年の回顧と展望』,
　　　日本ブラジル修好100周年記念事業組織委員会・社団法人日本ブラジル中央協会.

パウリスタ新聞社編(1996), 『日本・ブラジル交流人名辞典』, 五月書房.

海外移住資料館(2010), 『海外移住資料館だより』, 2010特集号.

黄盛彬(2011), 「韓流と反韓流の交差―日本人のアイデンティティと韓国認識」, 『日本学』第
　　　33輯.

米山裕・河原典史編(2007), 『日系人の経験と国際移動: 在外日本人・移民の近現代史』, 人

文書院.

渡邊博顕(2004),「間接雇用の増加と日系人労働者」,『日本労働研究雑誌』, No.531/ October.

渡辺雅子(1995),『共同研究出稼ぎ日系ブラジル人(上)論文編・就労と生活』, 明石書店.

[영문]

Abelmann, Nancy, and Lie, John(1995), *Blue Dreams: Korean Americans and the Los Angeles Riots*. Cambridge, Mass.: Harvard University Press.

Banting, Keith · Will Kymlicka(2006), *Multiculturalism and the Welfare State: Recognition and Redistribution in Contemporary Democracies*. Oxford University Press.

Beck, Ulich(1992), *Risk Society: Toward a New Modernity*. London: Sage.

Barry, Brian(2001), *Culture and Equality: An Egalitarian Critique of Multiculturalism*. Cambridge: Polity Press.

Bourque, Gilles · DuchastelJules(1999), "Erosion of the Nation-State and the Transformation of National Identities in Canada", Janet L. Abu-Lughod, *Sociology for the Twenty-first Century: Continuities and Cutting Edges*, Chicago University Press.

Brubaker, Rogers(2001),"The Return of Assimilation?", *Ethnic and Racial Studies* Vol. 24.4.

Cantle, Ted(2008), *Community Cohesion: A New Framework for Race and Diversity*. London: Palgrave Macmillan.

Castles, Steven(2002), "Migration and Community Formation under Conditions of Globalization", *International Migration Review* Vol. 36, 4.

Chang, Edward T., and Diaz-Veizades, Jeannette(1999). *Ethnic Peace in the American City: Building Community in Los Angeles and Beyond*. NY: New York University Press.

Charr, Easurk Emsen(1961), *Golden Mountain*. Boston: Forum Publishing Company.

Choy, Bong-Youn(1979), *Koreans in America*. Chicago: Nelson-Hall.

Chung, Angie Y.(2000). "The Impact of Neighborhood Structures on Korean American Youth in Koreatown." *Korean and Korean-American Studies Bulletin*, 11(2).

Chung, Angie Y.(2007), *Legacies of Struggles: Conflict and Cooperation in Korean American Politics*. Stanford: Stanford University Press.

Churchill, Ward(1996), *From A Native Son: Selected Essays on Indigenism*, 1985-1995, Boston: Southern Press.

Doble, John · Yarrow, Andrew(2007), *Walking a Mile: A First Step Toward Mutual Understanding; A Qualitative Study Exploring How Indians and Non-Indians Think About Each Other*, A Report from PUBLIC AGENDA.

Entzinger, Han(2006), "The Parallel Decline of Multiculturalsim and the Welfare State in the Netherlands", in Banting, Keith and Will Kymlicka, Multiculturalism and the Welfare State: Recognition and Redistribution in Contemporary Democracies Oxford

University Press.

Fleras, Augie · Aelliott, Jean L.(1996), *Unequal Relations: An Introduction to Race, Ethnic, and Aboriginal Dynamics in Canada*, Toronto: Prentice-Hall of Canada.

Fontaine, Louise(1995), "Immigration and Cultural Policies: A Bone of Contention Between the Province of Quebec and the Canadian Federal Government", *International Migration Review*, Vol.29, 4.

Goffman, Erving(1963), "Behavior in Public Paces: Notes on the Social Organization of Gatherings", New York: The Free Press.

Gans, Herbert(1979), "Symbolic Ethnicity: The Future of Ethnic Groups and Cultures in America", *Ethnic and Racial Studies*, Vol.2,1.

Greenblatt, Alan(1995), "History of Immigration Policy", *Congressional Quarterly Weekly Report*, Vol.53, 15.

Hawkins, Freda(1989), *Critical Years in Immigration: Canada and Australia Compared*, Kingston and Montreal: McGill-Queens University Press.

Joppke and Ewa Morawska(2003), *Toward Assimilation and Citizenship: Immigrants in Liberal Nation-States*. London: Palgrave.

Joppke, Christian(2004), "The Retreat of Multiculturalism in the Liberal State: Theory and Policy", *British Journal of Sociology*, Vol. 55, 2.

Kim, Ronyoung(1986), *Clay Walls*. Seattle: University of Washington Press.

Kim, Hyun Mee(2010), "'Branded but not Differentiated' : South Korea Goes Global with 'Multiculturalism'." *Paper presented at Multicultural Dialogues*, London School of Economics, 23-24th February.

Kivisto, Peter(2002), *Multiculturalism in a Global Society*, Malden, MA: Blackwell.

Kwon, Ho-Youn, Kim, Kwang Chung, and Warner, R. Stephen(2001), *Korean Americans and Their Religions: Pilgrims and Missionaries from a Different Shore*. University Park, PA: The Pennsylvania State University Press.

Kymlicka, Will(1995), *Multicultural Citizenship*. Oxford: Oxford University Press,

Kymlicka, Will(2007), *Multicultural Odysseys: Navigating the New International Politics of Diversity*, Oxford: Oxford University Press.

Lian, Jason Z. · Matthews, David R.(1998), "Does the Vertical Mosaic Still Exist? Ethnicity and Income in Canada", *The Canadian Review of Sociology and Anthropology*, Vol.35,4.

Lipset, Seymour Martin(1990), *Continental Divide: Values and Institutions of the United States and Canada*, New York: Routledge.

Lofland, Lyn H.(1998), *The Public Realm: Exploring the City's Quintessential Social Territory*, New York: Aldine de Gruyter.

Min, Pyong Gap(1996), *Caught in the Middle: Korean Communities in New York and Los Angeles*. Berkeley: University of California Press.

Murphy, Brian(1993), *The Other Australia: Experiences of Migration*, Cambridge: Cambridge University Press.

Nissen, Jan·Thomas Huddleston(2007), *Setting up a System of Benchmarking to Measure the Success of Integration Policies in Europe*, Directorate General Internal Policies of the Union.

Omi, Michael A.·Howard Winant(1994), *Racial Formation in the United States: From the 1960s to the 1980s*, New York: Routledge.

Parrenas, Rhacel Salazar(2001), *Servants of Globalization: Women, Migration and Domestic Work*, Stanford CA: Stanford University Press.

Patterson, Wayne(1988), *The Korean Frontier in America: Immigration to Hawaii, 1896-1910*. Honolulu: University of Hawaii Press.

Patterson, Wayne(2000), *The Ilse: First-Generation Korean Immigrants in Hawaii, 1903-1973*. Honolulu: University of Hawaii Press and Center for Korean Studies.

Pettman, Jan Jindy, "Race, Ethnicity, and Gender in Australia", Samuel P. Oliner and Phillip T. Gay(1997), *Race, Ethnicity and Gender: A Global Perspective*, Dubuque, IA: Kendall/Hunt.

Rousseau, Mark O.(1999), "Ethnic Mobilization in Quebec, Federalism in Canada, and the Global Economy" Research in Social Movements, *Conflicts, and Change*, Vol.21.

Smith, Goldwin(1991), *Canada and the Canadian Question*, Toronto: University of Toronto Press.

Stratton, Jon·2Ang, Ien, "Multicultural Imagined Communities: Cultural Difference and National Identity in the USA and Australia", David Bennett(1998), *Multicultural States: Rethinking Difference and Identity*, London: Routledge.

Swidler, Ann(1999), *Talk of Love: How Culture Matters*, Chicago: University of Chicago Press.

Takaki, Ronald(1998), *Strangers from a Different Shore*. Boston: Little, Brown and Company.

Taylor, Charles(1994), *Multiculturalism: Examining the Politics of Recognition, Princeton*, NJ: Princeton University Press.

Teraguchi, Daniel Hiroyuki(2006), "Generative Thinking: Using a Funding Proposal to Inspire Critical Thinking." *In Edith Wen-Chu Chen and Glenn Omatsu (Eds.), Teaching about Asian Pacific Americans*. Lanham, MD: Roman and Littlefield.

Velez, Jorge(2000), "Understanding Spanish Language Maintenance in Puerto Rico", *International Journal of the Sociology of Language*, Vol.142.

Waldinger, Roger(1986), *Through the eye of the Needle: Immigrants and Enterprise in New York's Garment Trades*, New York: New York University Press.

Weber, Max(1948), "The Social Psychology of the World Religions", in From *Max Weber: Essays in Sociology*, New York: Routledge & Kegan Paul.

Weber, Max(1968), *Economy and Society: An Outline of Interpretive Sociology*, Berkeley, CA: University of California Press.

[웹사이트 및 홈페이지]

국가기록원(중남미 한인의 역사), http://theme.archives.go.kr/next/immigration/economicMigrant.do.

관세청, 〈한류(韓流), 새로운 수출동력으로 활용〉 보도자료, 2011.6.24.

경기신문, 〈성매매거리로 전락한 안산 다문화거리〉, 2013.1.25.

광주드림, 〈'찐 로컬' 월곡동, 지방 소멸 시대 '뜨는' 이유〉, http://www.gjdream.com., 2023.1.2.

디오데오, 〈다문화지원 단체 조선족들, 같은 조선족 상대로 사기〉, 2013.7.26.

미국 속 유대인, http://www.aspire7.net/reference-1-22.html.(검색일: 2022.7.28.).

미주한국일보, 〈한인타운 주위의 역사〉, http://www.koreatimes.com/article/684 479(검색일: 2022.7.19.).

법무부, 〈출입국 통계〉, https://www.moj.go.kr/moj/2412/subview.do(검색일: 2022.12.25.).

위키백과사전, http://ko.wikipedia.org/wiki/

외교통상부 홈페이지, http://www.mofat.go.kr/index.jsp.

유다 블로그, http://www.gohangzhou.com/blog/xindo2.

유대인 디아스포라 http://valley.egloos.com/viewer/?url=http://white base.

전남대학교 세계한상문화연구단, http://www.hansang.or.kr/문화공동체 연구자료.

중남미한인넷, http://www.latin-hanin.net/net/index.aspx.

중앙일보, 〈고단한 이주 역사 이겨낸 조선족〉, 2013.8.13.

재외동포재단, http://www.okf.or.kr.

재일한인역사박물관, http://j-koreans.org.

재일한국인, https://search.i815.or.kr/Degae/DegaeView.jsp?nid=525.

재외동포신문, http://www.dongponews.net.

재외한인의 역사, http://theme.archives.go.kr/next/immigration/viewMain.do.

코리안넷, http://www.korean.net.

한국민족문화대백과, http://ko.wikipedia.org.

홀로코스트백과사전, http://www.ushmm.org/wlc/ko/media_nm.php?MediaId=196.

해외유학이민박람회, http://blog.naver.com/yuhak2min.

행정안전부 외국인주민 현황통계, https://www.mois.go.kr/frt/bbs/type010/commonSelectBoardArticle.do?bbsId=BBSMSTR_000000000008&nttId=88608.

Ministry of Culture and Tourism, Content Industry Statistics, 2011년 보고서.

The Korea Broadcast Culture Institute, 2010년 보고서.

찾아보기

▌저자소개

임영언   일본 조치대학(上智大學) 경제사회학 박사
         전) 전남대학교 세계한상문화연구단 연구교수
         현) 조선대학교 국제티앤커피문화학과 겸임교수
            전남대학교 정책대학원 강사
            재외한인학회장
         주요 저서 : 『재일코리안 기업가 : 창업방법과 민족네트워크』, 『글로벌 디아스포
            라와 세계의 한민족』(공저), 『재일코리안 기업의 형성과 기업가정신』,
            『사회적경제와 소셜이노베이션』(공저), 『재일코리안 기업의 성장과 모국
            기여활동』 외 다수.

이영범   모스크바대학교 러시아어문학 박사
         전) 청주대학교 러시아어문학과 교수, 한국노어노문학회 회장 역임
         현) 청주대학교 교양학부 교수(다문화주의와 글로컬리즘, 성의 사회학, 인간의
            가치, 생활 러시아어, 러시아 문화 산책, 러시아 문학과 사상 등 강의)
         주요 저서 : 『러시아 문화와 예술』(공저), 『한－러 전환기 소설의 근대적 초상』
            (공저), 『러시아 문화와 생활 러시아어』, 『러시아 문학과 사상』, 『시와
            노래로 배우는 러시아어』, 『러시아 제국의 한인들』(공역), 『대위의 딸』
            (역서), 『인생론』(역서), 『참회록』(역서), 『크로이처 소나타』(역서), 『체
            호프 유머 단편집』(역서) 외 다수.

글로벌 이주와 다문화의 이해

2023년 8월 31일 초판 1쇄 펴냄

지은이 임영언·이영범
펴낸이 김흥국
펴낸곳 보고사

책임편집 이경민
표지디자인 김규범

등록 1990년 12월 13일 제6-0429호
주소 경기도 파주시 회동길 337-15 보고사
전화 031-955-9797
팩스 02-922-6990
메일 bogosabooks@naver.com
http://www.bogosabooks.co.kr

ISBN 979-11-6587-561-9 93300
ⓒ 임영언·이영범, 2023

정가 18,000원